新旧之间

——《樊山政书》中的清末变法与省级司法

康建胜 著

中华书局

图书在版编目(CIP)数据

新旧之间:《樊山政书》中的清末变法与省级司法/康建胜著.
—北京:中华书局,2020.4
ISBN 978-7-101-14448-2

Ⅰ.新… Ⅱ.康… Ⅲ.法制史-研究-中国-清后期 Ⅳ.
D929.52

中国版本图书馆 CIP 数据核字(2020)第 039831 号

书　　名	新旧之间——《樊山政书》中的清末变法与省级司法
著　　者	康建胜
责任编辑	王传龙
出版发行	中华书局 (北京市丰台区太平桥西里 38 号　100073) http://www.zhbc.com.cn E-mail:zhbc@ zhbc.com.cn
印　　刷	北京市白帆印务有限公司
版　　次	2020 年 4 月北京第 1 版 2020 年 4 月北京第 1 次印刷
规　　格	开本/920×1250 毫米　1/32 印张 10¾　插页 2　字数 250 千字
国际书号	ISBN 978-7-101-14448-2
定　　价	68.00 元

目 录

序 言……………………………………………………… 霍存福 1

绪 论……………………………………………………………… 1

一、研究缘由 ……………………………………………………… 3

二、研究现状 ………………………………………………………10

三、研究方法 ………………………………………………………18

第一章 樊增祥其人其事其文…………………………………………21

一、樊增祥的一生 …………………………………………………23

二、樊增祥的司法实践 ……………………………………………33

(一) 州县的司法实践 ………………………………………33

(二) 两司的司法实践 ………………………………………35

三、《樊山政书》的文风之源…………………………………………37

(一) 张之洞的影响 ……………………………………………37

(二) 李慈铭的影响 ……………………………………………40

第二章 《樊山政书》与清末法制变革 ……………………………43

一、《樊山政书》的时代……………………………………………45

(一) 时代背景 …… 45
(二) 时人观念 …… 50
(三)《樊山政书》与清末变法事件 …… 52
二、樊增祥的变法观 …… 55
(一) 樊增祥的中西文明观 …… 55
(二) 开民智是变法的基础 …… 60
(三) 循序渐进的变法进路 …… 68
三、法制变革措施的施行 …… 77
(一) 咨议局选举 …… 77
(二) 举办巡警 …… 81
(三) 罚金替代笞杖 …… 90
(四) 设立罪犯习艺所 …… 93
四、教案的处理 …… 97
(一) 教会与教民 …… 98
(二) 对待教会、教民的态度 …… 99
(三) 樊增祥对教案的处理原则 …… 103
五、樊增祥在变革中的矛盾 …… 107
(一) 智民与愚民的矛盾 …… 107
(二) 传统与革新的矛盾 …… 108
(三) 政令与现实的矛盾 …… 109

第三章　樊增祥任臬司、藩司的司法实践 …… 113
一、清代的省级司法职能 …… 115
(一) 清代的省级司法 …… 115
(二) 臬、藩两司的司法职能 …… 120

二、臬、藩两司司法的特点 …… 124
(一) 官府司法权威的维护 …… 124
(二) 对地方司法的规范性指导 …… 127
(三) 积案与越诉的平衡 …… 129
(四) 词讼的书面审断 …… 131
(五) 重视司法效率 …… 133
三、上控案件的审理模式 …… 136
(一) 上控不准的原因 …… 138
(二) 上控的审核原则 …… 144
(三) 上控受理案件的处理模式 …… 147

第四章 情理法的司法理念 …… 155
一、情理法与传统司法实践 …… 157
(一) 情理法的内涵 …… 157
(二) 传统司法实践中的情理法模式 …… 160
(三) 情理在传统司法实践中的价值 …… 162
二、樊增祥的情理法观 …… 165
(一) 深知律意 …… 165
(二) 变通灵活 …… 174
三、传统的司法方法——以汪辉祖为例 …… 182
(一)“旧制不可轻改”的保守主义 …… 183
(二)“法贵准情”的情法结合 …… 186
(三)“断案不如息案”的息讼做法 …… 188
(四)“忌辣手”的慎刑思维 …… 191
(五)“省事”的贵民观念 …… 195

四、樊增祥的司法方法 …………………………………………… 201
(一) 事实与规范 ………………………………………………… 201
(二) 身份与判断 ………………………………………………… 204
(三) 当断则断 …………………………………………………… 207
(四) 辣手惩恶 …………………………………………………… 211
(五) 裁判重实效 ………………………………………………… 216
五、情理法视域下的“能动”司法 ……………………………… 220
(一) 中国传统司法中的“能动”现象 ………………………… 221
(二) 为“礼”服务的传统“能动”司法 ……………………… 223
(三) 传统“能动”司法的社会土壤 …………………………… 225
(四) 传统司法“能动”主义的价值 …………………………… 227
附:儒法之争与合——以《武侠》中的情、法冲突为例 ……… 230
(一) 儒法之争:不同的方法,相同的目的 …………………… 231
(二) 儒法合流:情、法关系的演变 …………………………… 236
(三) 结论与启示:传统情法关系的当代价值 ………………… 241

第五章　月报词讼册与州县细故诉讼监督 …………………… 243
一、清代州县月报词讼册制度 …………………………………… 245
(一) 月报词讼册制度 …………………………………………… 246
(二) 月报词讼册责任 …………………………………………… 247
二、从《樊山政书》看月报词讼册制度的实施 ………………… 249
(一) 词讼册的实际作者 ………………………………………… 250
(二) 州县月报的态度与时效 …………………………………… 251
(三) 上报的词讼数量 …………………………………………… 253
(四) 词讼的审断质量 …………………………………………… 255

三、“好手”——词讼册的文字要求 …… 257
(一)“作官须读书人” …… 257
(二)“胸有墨水”,“文采斐然” …… 260
(三)“简洁了当”,“但取明通” …… 261
(四)“分肌劈理”,“斧以断之” …… 262
四、“老手”——词讼册的审断要求 …… 263
(一)“老手”的特点 …… 264
(二)“老手”的审断过程 …… 267
(三)“老手”断案“圆洁干净” …… 276
(四)“好手”与“老手”的关系 …… 279
(五)对词讼审断不当的批驳 …… 281
五、月报词讼册的功能 …… 285
(一)加强对州县司法的监督 …… 285
(二)司法的行政解决方式 …… 286
(三)对词讼审理的督促作用 …… 287

第六章 转型时期的司法文体与谐语 …… 295
一、传统司法文体的特点 …… 299
(一)伦理、词章 …… 299
(二)衡文断案 …… 300
(三)形式主义 …… 301
(四)书办气息 …… 303
二、对西方文体的接受与抵制 …… 304
(一)西方文体的影响 …… 304
(二)基于传统的反抗 …… 306

三、司法文体的标准 …… 309
(一) 明白 …… 309
(二) 驯雅 …… 312
(三) 简洁 …… 313
(四) 实际 …… 314
四、司法公文中的谐语 …… 315
(一) 揶揄之语 …… 316
(二) 福报之语 …… 318

结　语 …… 321

参考文献 …… 323

后　记 …… 332

序　言

康建胜《新旧之间:〈樊山政书〉中的清末变法与省级司法》一书,是在其博士学位论文《〈樊山政书〉研究——以法制变革中的司法实践为中心》基础上,润饰修改而成的。其间,已有不小变化。《樊山政书》因是汇集樊增祥任陕臬(按察使)、陕藩(布政使)及宁藩两司时的公牍,其内容“或批复州县文禀,或判决百姓讼案,或者申详部院,或者访查民隐”,[①] 写作时间适值清末辛丑(1901)至庚戌(1910)的政治法律变革显著时期,其所思、所言、所为,都是值得仔细探讨的。

作为旧学体系养成的官僚精英,樊增祥对传统法律精神的理解是深邃的。以“情理法”而言,他以为:“天下事专论情理,尽人皆知。至情理中又有情理,则非天资高、才识敏者不知也。”[②] 实际上,他发现了“情理”是作为网络结构而存在的这样一个事实、这样一种特征。这一点,无人能及。同时,他又是通达的。是他也唯有他喊出了“情理外无法律”,以为“抱旧本者不知,讲西例者亦未合也”。[③] 这一命题,堪与沈家本“不能舍情理而别为法也”相媲美。

---

① [清]樊增祥:《樊山政书》,那思陆、孙家红点校,“代前言:转型中的法律与社会”,中华书局2007年版,第4—5页。

② 《樊山政书》卷一三《批华阴县词讼册》,第372页。

③ 《樊山政书》卷一九《批韩城县词讼册》,第556页。

该书专设一章"情理法的司法理念",就传统司法实践与樊增祥的"情理法"观念进行探讨,有重要意义。确实,在许多问题上,樊增祥达到了传统法律、法学思想的顶层。该书进而就该问题所作的扩展——引入汪辉祖与樊增祥的比较,以及电影《武侠》所反映的情、法冲突等,都凸显了"情理法"这一中国法哲学范畴在古今法律理论与实践中的存在状态及其面相。

但樊增祥不是薛允升,更不是沈家本。樊增祥未曾任职刑部,他先是出任县令,后出任臬、藩二司,最后护理总督。在樊增祥担任陕臬、陕藩、宁藩等地方大员,在行政、司法上颇为得心应手并且大展身手时,大略也正是沈家本受委担任修订法律大臣(1902)至结束(1911)的时期。这一时间关系,为康建胜所注意。该书探讨了《樊山政书》与清末变法事件的联系,详列了"樊增祥、《樊山政书》与变法事件"表格,专门论及樊增祥的变法观,并就当时推行的数项新政,如开设咨议局、开办罪犯习艺所、设置巡警、实施以罚金替代笞杖刑等具体制度,剖析樊增祥在变革中的矛盾,及其应对策略与方法。他不是积极的变法派,但又不得不附和变法,并推行新政。

盖因樊增祥一直在地方任职,与沈家本没有可比性。他没有阅读西方法学、法律的工作需要,他虽有涉及西法、西学的议论,但不深入。作为地方大员,他需要对变法的一些举措进行一定程度的落实,比如兴学、修筑铁路、学律变法,皆能积极推动。但他主张变法应"循序渐进",无论"改轻刑律"也好,还是将来实行宪法也罢,都要缓进。他在地方新政的推行上,"学堂、工艺、巡警、路矿以及常备新军无一不实力举行,而法政独从其后也"。[①] 在最要紧的问题上,表现出守旧

① 《樊山政书》卷一八《批泾阳县蔡令宝善禀》,第512—513页。

者本色。诚如康建胜所谓“樊增祥自称是接受‘新法’的‘旧人’”，他一直纠缠在“转型时期的‘变’与‘不变’、‘新’与‘旧’之间的冲突”中；樊增祥“虽接受‘新’，但他的根本在于‘旧’”。

樊增祥对州县月报词讼册有过不少批词，总计有104篇，词讼册自然也成为康建胜研究中最重要的核心词汇。该书通过对词讼册制度及其在地方实施情况的分析，分别对清代州县词讼册的有关规定、实际作者、上官要求、发挥的功能等进行了概括和总结。这也是全书的亮点之一。盖在这方面，包含了樊增祥对地方司法理想的期待，也有他个性化色彩较浓的个人愿望。对词讼册的文字要求和审断要求，就比较明显地反映了樊氏的立场和风格。

该书在研究方式上有许多可取之处。比如严格依据原始资料进行分析的立场。该书从头至尾，引用《樊山政书》达420多处，皆一一指明具体出处。这使得该书的论证，须臾不游离于对象之外，摆脱了那种举例说明式的研究，而显示出资料翔实、引证充分的特征。这是我们法律史研究中所需要的精神。

再比如表格的使用，除前述的表一“樊增祥、《樊山政书》与变法事件”外，表二“《樊山政书》的公文形式及数目”，分别就樊增祥任陕臬、署陕藩、陕臬、署陕藩、署陕藩、陕藩、宁藩等7个时期所作的各类公文形式及其相应数量，分别予以显示，并进行详细统计，包括批控、批呈、批禀、批详、详、札、批词讼册、牌示、其他等。这对了解当时臬、藩二司工作的内容、程式、司法权的行使方式与配合等问题，具有重要的数据价值。

在总体上，该书结论、评价比较公允。当然，涉及思想或观念的部分，容易出现不同意见。对樊增祥观念的分析，尽管依据的是其个人著作，但因其表达上的详略不同，以及言意关系的问题，后人在理解上,容有不同。比如,对樊增祥之“新”与“旧”的定性,激进与保守的评价,本有不同说法。加之,时代潮流裹挟下的各种思潮,对时人的影响,或隐或显、或巨或微,又不能一概而论。重要的是,康建胜做到了自成一说,逻辑自洽。而这,才是最重要的。

霍存福

于沈师大 3U 生居

2019 年 12 月 10 日

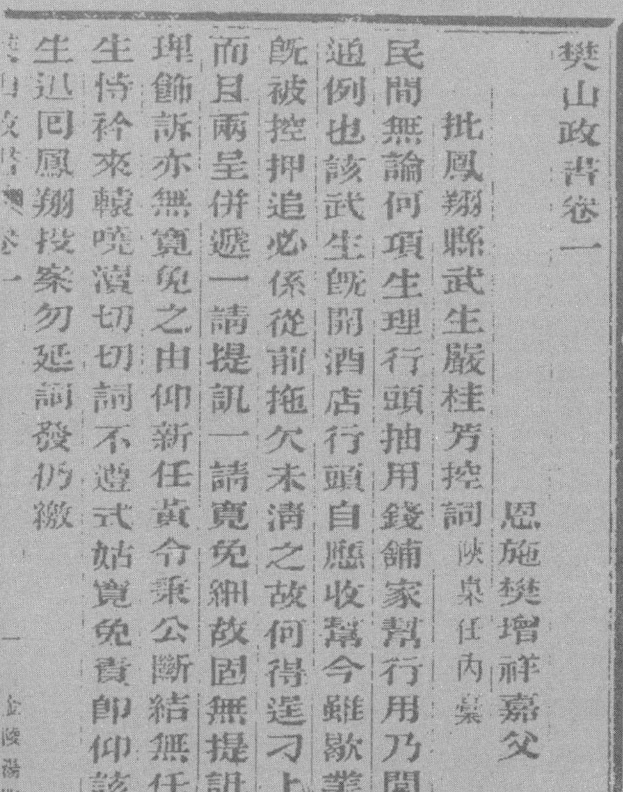
樊山政書卷一　　恩施樊增祥嘉父

批鳳翔縣武生嚴桂芳控詞 陝臬任內稾

民間無論何項生理行頭抽用錢鋪家幫行用乃閭閻通例也該武生既開酒店行頭自應收幫今雖歇業然既被控押追必係從前拖欠未清之故何得延刁上控而且兩呈併遞一請提訊一請寬免細故固無提訊之理飾訴亦無寬免之由仰新任黄令秉公斷結無任劣生恃衿來轅嘵瀆切切詞不遵式姑寬免責即仰該武生迅回鳳翔投案勿延詞發仍繳

樊山政書卷一　一　金陵湯明林

绪论

风潮鼓荡，难缓须臾。

——《樊山政书》

清末的法制变革是中国法制近代化的开端。这一时期,维系了两千多年的帝制走向尽头,中华法系开始解体。每次从历史“旁观者”视角去读《樊山政书》的时候,笔者都能感受到那个时代的“当局者”对于传统文化和固有法律制度的自信与依恋,对于法律制度被迫陵替的无奈与迷茫,同时也夹杂着对于国家命运的担忧与憧憬。

毫无疑问,《樊山政书》是“旧式”司法技巧、理念的绝唱。如果我们对它尝试进行设身处地的考量,而不是简单的以今非古、横加指责,就会发现其中蕴含着对这个满目疮痍甚至于山河破碎的古老国家的丰富情感,以及对传统法律制度的自豪、自尊和对西方法律制度渗透的接受与排斥。

“一民族一国家历史之演进,有其生力焉,亦有其病态焉。”[①] 中华法系曾经的灿烂辉煌,并不能使我们“守株待兔”,从制度层面上适应现代社会。但其中所蕴含在司法实践中的“多元性格”,[②] 对现代司法制度的完善仍是一笔宝贵的经验与财富。

一、研究缘由

清末法制变革之大,影响之深,可以说是亘古未有。[③]《樊山政书》的写作时间与清末变法的时间基本吻合,它是樊增祥任陕西按察使、

① 钱穆:《国史大纲》,商务印书馆 1996 年版,引论第 25 页。

② 指中国法律在支配法律实践活动价值基础上的双元格局、法律规范内部的多层结构和法律规范与非法律规范互补的实施渠道等多元化特征。参见武树臣:《论中华法系的多元性格与时代意义》,载于《学术前沿》2013 年第 2 期,第 36 页。

③ 赵晓耕:《近代不平等条约与清末法制的变革》,载于《浙江社会科学》1999 年第 1 期,第 92 页。

布政使以及江宁布政使期间对民人呈控、下级禀详的批词和对上级的详文等公文的汇编,反映出转型时期官民对于法制变革的态度及樊增祥任藩司和臬司期间的司法理念。

1. 对清末变法多元解读的必要性

数千年从未间断的传统法制是中华文明重要的组成部分。这个早熟的法系从体系生成后就不再有大的变革,因袭和微调是中华法系的主色调,因此被英国学者梅因称为“静止的社会的法律”。[①] 从社会学的角度来说,这种“内卷化”的发展模式使传统法制走向了僵化。[②] 复杂而有条理的法典、根深蒂固的思维阻碍了人们对法律发展的思考和创新。从皇帝到各级官员,从士绅到贩夫走卒,都固守习惯所带来的“行为预测”与“心理安全”,所有人在这“无往不在的枷锁”中不能自拔。[③] 在封闭的环境中,法律像是一座老机器,步履蹒跚但却依然有条不紊地运行着。

中国庞大的市场吸引了西方新兴资本主义国家的强烈兴趣,在利益的驱动下,它们通过一系列的手段——甚至以战争方式——打开了中国的国门,摧毁了中国传统的小农经济。西方给中国带来的

---

① [英] 梅因:《古代法》,商务印书馆 1959 年版,第 16—17 页。

② “内卷化”由美国学者吉尔茨(Clifford Geertz)提出,指一种社会或文化在某一阶段稳定后,便停滞不前或无法转化为另一种高级模式的现象。美国学者黄宗智在《长江三角洲小农家庭与乡村发展》中,把“内卷化”这一概念用于中国经济发展与社会变迁的研究,称没有发展的增长是“内卷化”。

③ 卢梭在《社会契约论》开篇就讲:“人生而自由,却无往不在枷锁之中。”这里的“枷锁”可以理解为人一出生就会受到固有文明的影响,学习先辈传授的“正确”行为规范。这些从小形成的行为习惯与思维惯式改变起来困难重重,也可以说,这就是文明的“惯性”。越是古老的文明,其“惯性”越大。参见[法]卢梭:《社会契约论》,何兆武译,商务印书馆 2003 年版,第 1 页。

冲击不仅仅体现在经济上，而且还体现在制度和文化上，西方列强通过不平等条约获得了领事裁判权，严重损害了中国的司法主权。[①] 在“苏报案”中，清廷感觉到了失去司法主权的切肤之痛，[②] 于是“穷则变，变则通，通则久”[③] 的祖训再次成为“变法自强”的精神支柱。清末的法制变革有迫于时局压力的成分，也有清廷为维持统治稳定的原因。甲午海战及庚子事变后，清廷才真正意识到不变法就覆亡的危险，开始了自上而下的变法活动。

中央的变法需要地方的积极配合。清末剧烈而短暂的变法尚未对州县产生较大影响，但是省级官府作为中央政令的首要面对者，已经切身感受到了“风潮鼓荡，难缓须臾”的变革。[④]《樊山政书》中关于变法的批词、详、牌示很多，涉及到了法律、教育、财政、军事、邮政等多个方面，可见当时变法政令的频繁。樊增祥面对朝廷的政令，纵然对其中一部分的措施心存疑惑但仍旧身体力行。通过对新旧交替过程中遇到的各种阻碍的思考，樊增祥形成了“办理新政，先除积弊”的基本思路。[⑤] 推行新政效果不佳，令人疲惫不堪，又让他发出“世

① 列强认为中国的法律过于“野蛮”且不讲程序，因此拒绝在华本国国民适用清政府的法律。领事裁判权开端于 1843 年中英《五口通商章程》，后被其他西方国家按照最惠国条款援引，曾经在中国享有领事裁判权的国家有二十余国之多。

② 在“苏报案”中，清廷对于在报纸上公然辱骂光绪皇帝“未辨菽麦”“小丑”的章炳麟和公然鼓吹“造反”的邹容无何奈何，租借地司法主权的丧失大大刺激了清廷。在西方列强“一俟查悉中国律例情形及其审断办法及一切相关事宜皆臻妥善，英国即允弃其治外法权”（1902 年《中英续议通商行船条约》第十二款）的许诺下，清廷开始加速法律的修改。

③《周易 · 系辞下》。

④《樊山政书》卷一八《批泾阳县蔡令宝善禀》，第 512 页。

⑤《樊山政书》卷一九《牌示》，第 543 页。

竞言变法自强,有法无人,强于何有”的感慨,[①]实际上还是中国传统“徒法不能以自行”的观点。[②]我们认为,对于清末法制变革的研究,不能仅停留在清廷发布的上谕、颁布的法令上,还要关注地方政府的执行措施、效果,以及官民对于变法的观念。[③]只有这样,才能对于清末的法制变革的效果有一个全方位的解读,而《樊山政书》恰恰给我们提供了这样一个视角。

2. 清代省级司法研究的意义

清代的省级司法衔接中央和府、县,在整个司法体系中起着“承上启下”的重要作用。目前学界对古代司法制度的研究总体上呈现出“两头热,中间冷”的现象——对于中央和州县的研究较多,而对于省、道、府的研究较少。《樊山政书》与《西江视臬纪事》《清臬署珍存档案》一样,都是省级司法活动的珍贵资料,是研究清代省级司法实践的很好素材。[④]《樊山政书》与后二者的不同之处在于其涉及到传统法律制度解体初期的各种取舍与矛盾,而后二者还是传统司法制度运行模式的记载。

---

① 《樊山政书》卷五《批凤翔府杨守禀》,第 113 页。

② 《孟子·离娄上》。

③ 按照现代法律适用的理论,守法是法律得以实现的最重要的前提,而民众从内心接受法律又是守法的前提。完全依靠罚则从外部强迫人们遵守的法律,往往会陷入“法不责众”的尴尬境地。

④ 《西江视臬纪事》为凌燽在雍正十一年(1733)至乾隆八年(1743)任江西按察使期间所撰,凡四卷,续补一卷,目前有乾隆时期的刊本。该文献保存了大量的政令文书,于行政方面的法律条文的记载最为详细,同时也涉及不少当时社会生活和经济情况。《清臬署珍存档案》汇编的是清光绪九年(1883)至光绪十二年(1886)湖北臬署内部律令,以及各府上报民事与刑事案卷、臬署往来公文、臬署看语等。目前有全国图书馆文献缩微复制中心 2004 年出版的 6 册版。此档案较为全面地表现出清代湖北省省级司法吏治、刑狱制度、审判程序、刑法实施等方面的实际状况。

清代省一级虽有名义上的专门司法机关——按察使司，但是由于不存在现代意义上严格的行政与司法的分权，督抚、布政使甚至学政等只要是官员都有一定的司法职能，司法层级与分工也较为复杂。《樊山政书》所体现的省级司法活动中，最值得关注的是对于细故词讼的审理模式。自理案件虽由州县一审断结，并不存在像命盗重案那样层层上报的要求，但由于呈控、禀详以及月报词讼册上报等原因会呈现在省级官员面前。如同现代人诟病的“屁股决定脑袋”一样，因职位的不同，必然会带来视野的不同。省级官员(特别是樊增祥所任的两司)的司法思维模式通过多种方式对州县产生影响，因此，省级司法实践的研究是中国古代司法制度研究的一个重要方面。

此外，各地在司法适用中的“省例”对于司法的实际运行也会产生重要的影响。[①]

3.《樊山政书》所具有的代表性

樊增祥具有传统官员的典型特征。他出生在官宦家庭，从小受到严格的传统文化教育，但后来家道中落，少年贫困，也是尝到了生活的不易与艰辛。樊增祥按照中国传统的成才模式，通过自己的刻苦努力参加科举考得进士，然后铨选任官，在州县为官多年后逐步升迁。仕途虽不十分显赫，但其成长的过程具有代表性。在这种传统

① 省例作为地方性法规在清代法律体系中占有重要地位。省例是由省级政府长官制定，以地方性行政法规为主体，还部分含有地区性特别法的法规汇编。现见的比较有名的省例有《福建省例》《乾隆朝山东宪规》《治浙成规》《江苏省例》等。这些省例对各地的司法、行政过程都发挥了很大的作用。参见王志强：《法律多元视角下的清代国家法》，北京大学出版社 2003 年版，第 21 页。另外，胡震 2019 年在社会科学文献出版社出版了《清代省级地方立法：以“省例”为中心》一书，较为全面地展示了省例的文本与实践。

模式下成长起来的樊增祥,固守中国正统思想,恪守中庸,既不迂腐也不激进。因此,在变法的态度上,对于新旧变化总是试图调和。此外,樊增祥以文学为家,[①]为官勤于政事,司法技巧娴熟,声誉颇好,是当时官员的楷模。樊增祥的司法理念虽然没有摆脱传统的情理法思维,但是转型时期面临各种新问题,这些问题处处考验和挑战着他固有的司法阅历。樊增祥尽力通过对旧法的"衡平"来把新问题纳入到传统法制中。[②]

《樊山政书》是不可多得的清末省级政务史料,其内容包罗万象,绝大部分与司法相关,涉及的地域也是从"偏在一隅"的陕西到经济较为发达的江宁。这些批词所表达的是那个时代士大夫对于时局、对于新法的看法,是官绅对于变法的矛盾心态及自我适应过程的真实写照。

此外,《樊山政书》的一个独特价值在于其与州县衙门所保存的档案不同,[③]它是樊增祥任两司以来所作公文的汇编,具有明显的个性。同时它又与"官箴书"不同,官箴书主要是为官判案的指南,带有总结性,而《樊山政书》仅仅是"重述",这种"重述"往往不像官箴书那样进行后期的加工,只有后期的选择,具有客观性。

① 古代官员的文学水平可以大大增加其人格魅力,很多官员往往通过诗词歌赋展示了自己的魅力后就会将具体的行政事务交给幕僚和胥吏。但是樊增祥与之不同,他在文学上的声誉并没有掩盖他在政务上的能力。

② "衡平"是现代法律适用的技巧,指的是遇到法律没有明确规定的案件时,通过对于法律的解释、原则的理解来解决纠纷,同时符合当时人们对于法律公正的期待。只有穷尽了所有的"衡平"办法后才能考虑修改法律,因为法律需要稳定,频繁的变动必然会损伤法律的权威性。

③ 这方面的档案有淡新、巴县、宝坻、黄岩、冕宁、紫阳等地的司法档案。

4.《樊山政书》的现实意义

古今的变革与社会转型，大致都存有相同之处，都有对旧制度缺陷的深恶痛绝和对新制度、新观念的怀疑与试探。从情理社会到法治社会的转变是一个复杂而漫长的过程，不可能一蹴而就。只要承认我们的国家仍然是“中国”，就必须接受传统文化，至于哪些适合现代人，哪些不适合现代人，是另外一个问题。[①] 一个民族只有在原有的基础上才能继续发展，如果完全抛弃了固有的文化，那么就意味着一个民族的消亡。中国传统法制体系的解体，并不能否认传统法律制度和司法技术的价值。钱穆先生认为：“一个国家，绝非可以一切舍弃其原来的历史文化、政治渊源，而空言改革所能济事。”[②] 中国向来注重“以史为鉴”，尊重前人的经验教训。一个不可否认的事实是，文化的延续性使得传统制度在人们的潜意识中仍然有重要的作用。因此有必要追本溯源，对我国古代司法制度进行更加细致的研究。

《樊山政书》所体现的传统情理法观念在时代变迁中的坚守与变化，西方法律文化与固有文化的冲突与调适等问题，也是我们当代法治中国所面临的问题。新中国法制的发展经历了从学习苏联到学习西方的转变，改革开放后，法律制度逐渐完善，但仍然面临着很多的问题。社会主义法律体系建成后如何处理与西方法律体系的关系，新时代中国特色社会主义法治的发展方向等问题，需要认真研讨。

---

① 中华之名词，不仅非一地域之国名，亦且非一血统之种名，乃为一文化之族名。这里的“文化”其实就是这个民族所确信而坚持的道义。参见王泽应：《论中国精神对民族复兴的伟大意义》，载于《齐鲁学刊》2014 年第 3 期，第 70—71 页。一般认为，“中国”之所以为“中”国，不因历史悠久，也不以地域广阔，而在于道义传承。

② 《国史大纲》，第 900 页。

2015年10月20日,习近平在英国议会发表讲话时指出:“现在,中国人民正在全面推进依法治国,既吸收中华法制的优良传统,也借鉴世界各国法治的有益做法。”很明显,新时代中国特色社会主义法治体系的完善与发展,绝对不是对于西方法律制度的简单照搬与移植,必须充分考虑到法治所存在的土壤。[①]只有认真对待传统法律文化以及司法技巧,沟通古今,才能发展出真正属于自己的法制体系。

二、研究现状

樊增祥以文学见长,所以学界对于樊增祥的研究大多数在其诗词歌赋方面。[②]对樊增祥在司法方面的研究也有不少,但主要集中在其任州县时期的判牍方面,[③]这与持续兴盛的“州县司法热”是相关的。[④]

1. 关于樊增祥的为政经历

樊增祥的司法经历实际上就是他的从政经历,他的为政理念的形成与其成长过程、师承都有相当大的关系。关于樊增祥生平,一般以余诚格为《樊山集》所作的序最为可靠,毕竟这是经过樊增祥自己

---

① 苏力认为中国法治的发展要挖掘本国“民间法”的资源,建构本土化的法律体系。所谓的“民间法”充斥着传统意义上的纠纷解决方案、情理法的思维等。很明显,苏力受到了萨维尼、梅因等人的影响,把法律作为“一种地方性知识”(吉尔茨语)。参见苏力:《法治及其本土资源》,中国政法大学出版社1996年版,第17—20页。

② 以“樊增祥”“樊山”为搜索词,在知网的搜索结果中80%以上都是文学方面的研究。

③ 主要是《樊山批判》、《樊山公牍》、《樊山判牍》。

④ 美国学者提出了中国古代法律的“表达与实践”问题,认为成文法典以及官方的史书、官员的官箴书都是为了表达儒家伦理的价值观,并不在乎现实的实际运行,因此对于中国古代法律制度的研究,应该更多地从司法文档出发。这种研究思路与方法对于我国的法律史研究产生影响。参见[美]黄宗智:《清代的法律、文化与社会:民法的表达与实践》,上海书店出版社2007年版。

认可的经历。其他有钱海岳《樊樊山方伯事状》、蔡冠洛《樊增祥传》、邵镜人《同光风云录·樊增祥》及王森然《樊增祥评传》等。[①] 这些作品基本上都撰写于民国时期，大都是对余诚格的樊增祥生平资料的叙述，且重复、相悖处不少。

现代对于樊增祥生平的研究成果主要有20世纪80年代的贾熟村的《对樊燮控告左宗棠案的考察》，刘厚章、郑正的《鄂西籍近代文学家樊樊山生平纪略》，邓治凡的《清末文学家樊增祥》。[②] 三文对樊山的生平以及作品作了粗线条勾勒，尚未对樊增祥的从政经历进行严格考证，错讹之处甚多。

潘宏恩的博士论文《樊增祥评传》首次对樊增祥进行了全面而系统的研究，比较清晰地勾画出了樊增祥的为政履历。[③] 此文作为文学专业的博士论文，聚焦点仍是作为文学家的樊增祥，对于樊山的司法实践与观念有所涉及，但是内容不多。秦燕春的《文人"情色"——"丽才"易顺鼎与"吏才"樊增祥》[④] 一文将樊增祥的文学修养和为政风格联系起来，认为《光宣诗坛点将录》所言樊山"生平以诗为茶饭"，"性不食肉"，生活极为自律，这与他为政恪守礼法是相一致的。薛超睿在《清末在陕名宦樊增祥仕途履历考述》中较为全面地考证

① 王森然：《近代名家评传》（二集），三联书店1998年版，第1—16页。

② 贾熟村：《对樊燮控告左宗棠案的考察》，载于《近代史研究》1986年第2期，第112—122页。刘厚章、郑正：《鄂西籍近代文学家樊樊山生平纪略》，载于《鄂西大学学报》1986年第1期，第57—63页。邓治凡：《清末文学家樊增祥》，载于《武汉教育学院学报（哲学社会科学版）》1988年第2期，第33—45页。邓文错误颇多，最明显的是年表中将1901年至1910年这一段时间的官职一律写为江宁布政使。

③ 潘宏恩：《樊增祥评传》，苏州大学2013年博士论文。

④ 秦燕春：《文人"情色"——"丽才"易顺鼎与"吏才"樊增祥》，载于《书屋》2013年第2期，第69—78页。

了樊增祥的生平,认为樊增祥具有“过渡时代体制内士人由昏昧走向开明的典型特征”,又言樊增祥“力行中体西用,恪守文化保守”,[①]前后观点存在矛盾。特别是将樊增祥在民国的行为界定为其走向开明的证据,在逻辑上存在问题,因为对现实的接受不能简单解释为思想的“开明”。

2. 关于清代省级司法的研究

对于省级司法组织、司法职能的研究主要根据清廷的立法及史书的记载,在中国古代司法体系的研究中,普遍对省级司法机关的主要职能进行了介绍。[②]由于乾隆以后督抚成为地方官吏,所以清代省级司法机关比较混乱,在清代省级司法活动的研究中,学者对此多有辨析。如对于按察使是否属专门司法机关有争议,一方认为按察使除主持一省刑名之外,还掌管监察、驿站、保甲、民政、科举等事务,所以不能称之为专门司法机关。但另一方认为不能僵硬地用现代司法机关的含义去套用古代,只要是承担了司法职能的机关,都可称为司法机关,以司法为主要职能的机关就可以称之为专门司法机关。一般都认为清代省级最高司法机关应为督抚,按察使属于督抚的属员。[③]

近年来出现了一些专门研究按察使职能的论文,这些论文系统

① 薛超睿:《清末在陕名宦樊增祥仕途履历考述》,载于《渭南师范学院学报》2017年第15期,第79—84页。

② 参见那思陆:《中国审判制度史》,上海三联书店2009年版,第232—241页;张晋藩主编:《中国法制通史》第八卷《清》,法律出版社1998年版;朱勇主编:《中国法制通史》第九卷《清末中华民国》,法律出版社1998年版;张可:《清代审级制度研究》,中国政法大学2011年博士论文。

③ 详见本书第三章。

地研究了按察使的渊源、执掌变化、司法职能。[①] 魏淑民认为按察使常常表现出较为明显的就事论事的刑名技术色彩，而督抚则更多基于地方行政大局以至君臣关系的考量通盘筹划，对具体的刑名司法问题大而化之，甚至偶有否决按察使刑名建议的情形发生。[②] 汪雄涛通过对道咸年间官员张集馨的自撰年谱《道咸宦海见闻录》的分析，认为臬司作为司法体制的中层，其链条角色，主要是维系下层，在司法中起兜底和洗冤功能。[③] 这些研究的视野已经不局限于律例的规定及《清史稿》、实录等正史史料。

在清代关于司法层级的研究成果中，多关注刑事案件中的省级司法活动。依据《刑案汇览》等材料，对省一级徒刑案件的审结、流军遣死案件的上报程序进行了细致的研究。近年来，学界也提高了省级司法活动对民事审判影响的关注，有学者专门就民事案件的"上控"对州县审理"细故"案件的影响、省级地方立法对州县民事案件审理的影响等方面进行了专门研究。[④]

近年来国内外对于省级司法实践的研究开始加强，使得我们对中国古代司法制度的认识更加全面。基于《清臬署珍存档案》《樊山政书》《西江视臬纪事》等省级司法活动档案、材料的研究成果也多

① 参见苗月宁：《清代两司行政研究》，南开大学2009年博士论文；苗月宁、滕淑珍：《清初两司兼任问题探析》，载于《鲁东大学学报(哲学社会科学版)》2012年第4期，第8—11页；孙洪军：《清代按察使历史角色及其嬗变研究》，苏州大学2008年博士论文。

② 魏淑民：《清代司法实践中督抚和按察使的差异化行为特征》，载于《中州学刊》2015年第6期，第122—127页。

③ 汪雄涛：《清代司法的中层影像：一个官员的知府与臬司经历》，载于《政法论坛》2014年第6期，第70—79页。

④ 参见柏桦：《清代的上控、直诉与京控》，载于《史学集刊》2013年第2期，第65—72页。

了起来,[①] 并出现了关于省级司法实践的专著《清代乾隆朝省级司法实践研究》。[②]

3. 关于《樊山政书》的研究

《樊山政书》的内容较为丰富,所以基于此的研究也呈现出多视角、多样化的特点。

刘家楠比较系统地分析了樊增祥的司法实践和司法观念,[③] 虽然他的研究范围不限定于《樊山政书》,但对于《樊山政书》的研究占了很大篇幅。《樊增祥的司法实践与司法理念研究》从个案司法分析了樊增祥的司法理念,同时认为对于清代司法的阐释必须要结合司法实践。万彩红的《樊增祥政法类著作考略》结合文献学知识对《樊山批判》《樊山公牍》《樊山判牍》《樊山政书》这些著作加以叙考。[④]

从情理法的角度进行的研究,以霍存福教授的《沈家本"情理法"观所代表的近代转捩——与薛允升、樊增祥的比较》以及未刊稿《"情理外无法律"——樊增祥"情理法"观》为代表。文章认为在法律与"情理"的关系上,视"情理"为法律应有的、必具的、甚至是唯一的内容,在清末法律界两个代表性人物——沈家本与樊增祥那里,出现了惊人的一致。樊、沈二人的差别在于,沈家本的"情理法"观出自立

① 参见魏淑民:《清代司法实践中督抚和按察使的差异化行为特征》,载于《中州学刊》2015年第6期,第122—127页;陈佳佳:《凌燽与清中叶江西地方社会治理——以〈西江视臬纪事〉为中心》,江西师范大学2014年硕士论文;常建华:《乡约·保甲·族正与清代乡村治理——以凌燽〈西江视臬纪事〉为中心》,载于《华中师范大学学报(人文社会科学版)》2016年第1期,第71—76页。

② 魏淑民:《清代乾隆朝省级司法实践研究》,中国人民大学出版社2013年版。

③ 刘家楠:《樊增祥的司法实践与司法理念研究》,中国政法大学2014年博士论文,第134页。

④ 万彩红:《樊增祥政法类著作考略》,载于《当代图书馆》2009年第1期,第38—40页。

法层面者多；樊增祥则出自司法层面者多。霍存福教授认为樊增祥并无孤立的、单纯的法律观念，对案件、对纠纷，他的第一反应是“情理”而非法律；“理”，多指法理；“情、法”关系的复杂性，源于“情”的多层面性、多义性、复杂性。樊山之“情”，或指案件或事件的情节，或指普遍的人情、常情（人类情感）。① 赵娓娓分析了南部县档案和《樊山政书》中涉及婚姻的讼案，指出“情理”对于问官断案是关键，但它的含义又十分微妙，很难用语言来总结，需学养、天赋、阅历兼备才能运用得当。② 胡谦通过对《樊山政书》细故案件的分析，认为在“律例”与“情理”的冲突中，往往要从“情理”的角度进行判断，同时“情理”的模糊性也造成上下级认识的差别，影响对案件的裁判。③

省级两司对于州县词讼的监控也是《樊山政书》研究的一个重点，俞江认为《樊山政书》中省对州县词讼册的监督要求“州县裁判不光是要说服当事人，而且要说服潜在的阅读者‘吏民’”，“碰到规则不明确，或者判词有突破律文之嫌，州县官的下判是谨慎的，说理也尽可能充分，因为既要得到上司衙门的认同，又要让社会可以接受”。④ 胡谦认为月报词讼册使得清代上级衙门可以对州县讼案的审鞫、判决情况实施监督，但是，上级衙门通过词讼册对州县词讼审理

① 霍存福：《沈家本“情理法”观所代表的近代转捩——与薛允升、樊增祥的比较》，载于《华东政法大学学报》2018 年第 6 期，第 99—115 页。霍存福：《“情理外无法律”——樊增祥“情理法”观》，未刊稿。

② 赵娓娓：《晚清知县对婚姻讼案之审断——晚清四川南部县档案与〈樊山政书〉的互考》，载于《中国法学》2007 年第 6 期，第 92—109 页。

③ 胡谦：《清代州县词讼审断中的“律例”与“情理”——以〈樊山政书〉为中心的考察》，载于《石家庄学院学报》2014 年第 2 期，第 50—55 页。

④ 俞江：《明清州县细故案件审理的法律史重构》，载于《历史研究》2014 年第 2 期，第 40—54 页。

监督的效果比较有限。[①]魏淑民认为清代两司在处理州县小民越讼事件时,态度复杂,一方面洞悉州县官员因循迟延造成的大量积案,另一方面又反感小民扰乱行政程序的越讼行为。[②]张翅通过对于《樊山政书》司控案件的分析,认为对于上控案件的处理方式有维持原判、撤销原判发回重审、直接改判、部分改判四种,并认为清代上控的功能有平冤、纠错、督官、预防等四项功能。[③]

在清末法制变革方面,苏全有认为樊增祥对于变法持有中西会通的观念,同时对西学中一些不适宜中国的情形进行了批评。[④]胡谦认为晚清社会秩序动荡,以严惩为目的的案件速决成为官府重点关注对象。在樊增祥的批答之中,作为法定死刑、军流刑的替代刑罚,杖毙、锁系等法外刑被州县衙门广泛使用,这是清末刑罚的一个显著特征。[⑤]霍存福教授通过对于重责百板、千板,以及锁系八年、十数年者的统计,认为樊增祥不"依法办事",但相对而言,没有越出太多,也正符合樊突破法律的倾向。[⑥]

在行政政务方面,苏全有认为樊增祥的施政风格为:尚实、重情、

① 胡谦:《从〈樊山政书〉词讼册批语看清代州县讼案审断监督》,载于《兰台世界》2014年4月中旬期,第126—127页。

② 魏淑民:《张力与合力:晚清两司处理州县小民越讼的复杂态度——以樊增祥及其〈樊山政书〉为例》,载于《河南社会科学》2013年第8期,第81—86页。

③ 张晋藩主编:《制度、司法与变革:清代法律史专论·司法卷》,法律出版社2015年版,第385—458页。

④ 苏全有:《论清末政府阶层中西文化观的两种形态》,载于《南阳理工学院学报》2010年第5期,第36—45页。

⑤ 胡谦:《从〈樊山政书〉看晚清州县刑罚嬗变》,载于《兰台世界》2015年12月下旬期,第72—73页。

⑥ 霍存福:《"情理外无法律"——樊增祥"情理法"观》,未刊稿。

灵活、渐变、重才，同时认为樊增祥对“法治”予以相当的认可。[①]当然这种“法治”是儒法合流之后的“法治”，与现代法治的含义迥异。此外，樊增祥坚持的“奸民”观念的形成基于他对民风不良、民智未开、士绅刁劣、陋规的认识，樊增祥主张对奸民予以严惩，以达到保护良民的目的。[②]

此外，张小也关于讼师与健讼关系方面的研究，将健讼行为放在基层社会结构中看，认为这其实也是一种对权力的诉求。[③]李文军认为客民是清代地方诉讼中的一个特殊群体，从《樊山政书》所载案件来看，官吏认为客民属于刁民的边缘，对他们具有天然成见，这使得他们的上控很难得到足够的重视，只有樊增祥对初断官员的道德或能力存在疑问时才会出现例外。[④]汪世荣的《中国古代判词研究》一书中，用专章对《新编樊山批、公、判牍精华》的文书形式、法律适用、法律程序进行了研究，对于理解《樊山政书》的公文有重要的参考价值。[⑤]

4. 对现有研究成果的评述

第一，在传统法制框架下，从情理法的角度研究词讼上控、呈报案件的处理，以及考察其中所体现出来的樊增祥对于情理理念的研究已经比较细致周详了。但是在清末传承情理法司法模式的时候，

---

① 苏全有：《从〈樊山政书〉看樊增祥的施政风格》，载于《大连大学学报》2011年第1期，第1—9页。

② 苏全有：《从〈樊山政书〉看清末政府官员的奸民观念》，载于《新乡学院学报》2014年第9期，第21—25页。

③ 张小也：《清代的地方官员与讼师——以〈樊山批判〉与〈樊山政书〉为中心》，载于《史林》2006年第3期，第50—55页。

④ 李文军：《清代地方诉讼中的“客民”——以〈樊山政书〉为中心的考察》，载于《唯实》2010年第2期，第67—71页。

⑤ 汪世荣：《中国古代判词研究》，中国政法大学出版社1997年版，第82—115页。

基于社会变革是否也会出现相应的变化?这些变化呈现出什么样的特征?这些问题有进一步研究的价值。

第二,关于省级司法的研究集中于命盗重案中的臬司司法,而对于省级司法官员在词讼中作用的研究并不多且分散凌乱,没有形成体系。月报词讼册制度实际上创设了上级官府对于基层自理案件的监督渠道,对于它的忽视会影响到我们对于词讼审理方式的全面把握。

第三,现有的成果对于《樊山政书》体现的转型社会的法制变革研究不多,基本上都是从传统司法的视角出发,没有突出《樊山政书》中"变"的关键词。孙家红教授总结《樊山政书》特点有四:一、樊增祥不反对变法但更主张开启民智,循序渐进,寻找一条适合中国"民俗风情"的道路。二、中国旧律不可尽废,外国法政不可尽学。三、抵制新学之弊端,但又无可奈何于旧学之衰败。四、对中华民族的复兴充满信心。[①] 我们认为,这四个方面还有进一步阐释的必要性。

第四,樊增祥的司法理念的研究集中在其州县阶段,尽管任两司之后不会有大的变化,但是终究会因为职能的不同而产生不一样的观念,现有的研究基本上是樊增祥州县司法观念的延续,没有突出前后的变化。

现有的研究成果所呈现出来的多视角以及方法、结论对本书研究多有启发。本书是在现有成果基础上从"变法"角度阐释《樊山政书》的一种尝试。

三、研究方法

法律史的研究方法,一直存在两种不同的研究进路——"描述

① 《樊山政书》序言,第5—8页。

性的法史学”与“解释性的法史学”。[①] 换句话说就是制度史的研究视角与思想史的研究视角,二者的侧重与归属都不同。从根本上来说,这是“史学”与“法学”两个学科不同研究旨趣所造成的,作为交叉学科的“法律史学”具有史学和法学的双重属性,在研究方向上是倾向于史学还是法学一直存在争论。

法律史作为法学的二级学科,研究对于当代社会的价值是不可规避的责任,如陈景良教授所言:“对中国法律史的深入研讨,离不开对现实问题的观察。”[②] 当然,上述两种方法也不是非此即彼的关系,黄源盛教授认为,一切历史都在描述,也都在解释;而所有研究法律史的人,在探讨传统文化时,都有权根据某一意识形态或者某一种思想理论,加以诠释。但无论其所依据的理据为何,均应回归历史事实,以历史事实为基础来解释历史。[③]

本书在研究中将《樊山政书》放在它所处的历史时代进行分析,研究法律运用与法律思维。从历史的背景中去解读,不盲目使用现代西方的概念去重构古代法律及古代官员的司法模式。从社会发展、统治秩序的角度分析古代法官的法律思维所产生的背景与实效。毫无疑问,实践中的历史比理论上的历史更加贴近历史实际。

因此本书首先从解读《樊山政书》文本的字词及语句开始,在此基础上进行实证分析和文化阐释,通过客观性研究迫近樊增祥任两司期间的法政“世界”。当然做到完全客观也是不现实的,诚如日本

① 胡旭晟:《描述性的法史学与解释性的法史学——我国法史研究新格局评析》,载于《法律科学》1998 年第 6 期,第 38—43 页。

② 陈景良:《用现实的眼光洞察法史,于法史研究中体悟现实》,载于《法学研究》2009 年第 2 期,第 205—206 页。

③ 黄源盛:《中国法史导论》,广西师范大学出版社 2014 年版,第 33 页。

学者丸山所言:“由人来叙述的历史与事件构成的客观历史本来不可能相同,它多多少少包含撰写人主体的结构。”[①] 但是摒弃“以今非古”这种简单的方法是本书能够做到的。

其次,本书通过对《樊山政书》的个案、语言、形式的分类整理,经过归纳发现其中的规律与模式。做到言必有据,避免盲目的猜测和用现代思维的先入为主。徐忠明教授认为个案解读与计量分析不是矛盾的而是互补的,个案解读可以通过相同案件总结樊增祥的观念与行为的模式,也可以通过一则案例分析他的多层次性。[②] 很多时候,计量分析与个案分析之间并不一致,出现这种结果的原因是不同角度所带来的正常差别。在归纳过程中,不可避免地受到已有理论与成果的影响,不刻意标新立异,以事实说话,对于已有的一些观点进行进一步的证实与丰富。同时,对其他相关的史料与《樊山政书》进行比较研究。

最后,传统的“经世致用”观在法学研究上有一定的合理性,法律史的研究不可能完全脱离现实世界。因此,本书在《樊山政书》的时代背景下,以及其实效观察中寻求客观规律,并对这种规律运用现代的法学理论、政治观点去评述。这样做并不是用有色眼镜看待它,而是寻找其中可以值得现代人思考的经验教训,以期对于当今社会的法治建设有所借鉴,这是法学研究的旨趣所在。

---

① [日]丸山真男:《日本近代思想家福泽谕吉》第2版,区建英译,世界知识出版社1997年版,第200页。

② 徐忠明:《情感、循吏与明清时期司法实践》,上海三联书店2009年版,序言第2页。

第一章

樊增祥其人其事其文

不及之時乃須藉本地官紳之力竭力幫僱價由局發此皆一定章程因該生等不明此意特為宣諭仰即同局妥慎辦公勿延此飭

批臨潼縣民孫世定等控詞

稟詞未免過火孫世定以從九而當鄉約其不立品可知鎮約既非馬牙縣差胡魁何能向爾等勒要馬匹爾等即居然買馬三匹輸之縣廄均屬可怪爾豈不知一次是情二次是例爾等既自開其端此時又迭控不止實屬糊塗刁妄姑仰西安府轉飭臨潼縣錄案稟奪勿延

第一章

吾侪此时作官，惟有我尽我心，我行我法而已。

——《樊山政书》

一、樊增祥的一生

樊增祥，字嘉父，号云门，别署樊山，湖北恩施县人。① 生于道光二十六年(1846)，卒于民国二十年(1931)，享年八十六。

樊增祥所处的时代，正是中国发生最大变革的时代，他出生前六年的清道光二十年(1840)，鸦片战争爆发，古老而固执的东方帝国开始无可奈何地面对西方文明。衰弱的国力经不起与新兴文明的对抗，清廷处于风雨飘摇之中。面对西方文明所带来的冲击，朝野之人均以惶恐的心情，注视在新的环境下涌现的新问题，并在困境中寻找出路。总而言之，樊增祥出生以及其生命所及的时间，中国传统社会开始解构，西方的思想与制度对于中国传统社会的制度、观念产生了极大冲击，从国家到个人在被动中不是很情愿地做出转变。

自春秋战国肇始而从无间断的中华法系面临着空前的挑战，在西方人眼中，中国法律与这个庞大而腐朽的帝国一样，是野蛮、落后和不可理喻的。西方人绝对不受这种法律的拘束，法外之权对于国家主权造成极大的影响，这使得有识之士和清廷开始关注中国法律与西方接轨的问题。

1. 武官家庭与少年艰辛

道光二十六年(1846)，清政府在西方列强的压力下，弛禁天主

① 作为一名文人，樊增祥的字号非常多，如樊增、樊僧、樊嘉、蝶霜、鹅溪老人、牟珠簃主、天隐老人、湘烟阁主、无病居士等；室名堂号有东园、镜烟堂、画妃亭、微云榭、身云阁、晚晴轩、香溪草堂、东溪草堂、萝溪书屋、双红豆馆、五十射麝斋等。这里面字号大多数是在民国用过的。参见杨廷福、杨同甫编：《清人室名别称字号索引(增补本)》(下册)，上海古籍出版社2004年版，第860页。

教。[①] 这一年,宜昌府中营游击樊燮的续弦夫人徐氏“随军”到了宜昌镇官舍,并在这里生下了樊增祥。樊增祥的弟子余诚格记载:“岁丙午,太翁官宜昌游击,先生生于官舍。”[②] 樊家是一个武官世家,用樊增祥的话说就是:“兜鍪七叶,聿开金彗之祥;棨戟一门,并致绯鱼之贵。”[③] 樊增祥的高祖、曾祖都曾担任清军总兵,是正二品的将军,祖父樊从典,曾任宜昌镇中营游击。父亲樊燮,1831 年承袭一等轻车都尉,1846 年出任宜昌府中营游击,后来也官至总兵。[④]

古代军人,大多给人以粗鲁的形象,在极端“崇文”的社会中,同品级文官的地位远比武官高。在这样的风气中,武官自然也要附庸风雅。在樊增祥的记载中,父亲从小就很重视他的诗书教育。《樊山续集 · 樊山自序》中记载了樊增祥七岁时,父亲对他的对联考核:“先君曰:汝能对‘开帘见月’否?余应声曰:‘闭户读书’。先君心喜之而虑其狂也,诃曰:‘书’可对‘月’耶?”[⑤] 后来樊燮罢官居家,最主要的事情就是督促孩子学习:“太翁日坐斋中,督课属文,每数行必取阅,阅必数数诃骂,盖望之过深也,而文亦因是益进。”[⑥]

樊增祥自小就显示出与众不同之处,余诚格记载:“儿时不好弄

① 第一次鸦片战争以后,大批西方传教士涌入中国,逐渐向内地渗透。道光二十五年,法国公使剌萼尼利用《黄埔条约》换约之机,要求清政府公布弛禁令,同年,正式颁布天主教弛禁令,发还康熙末年以来没收的天主教堂。

② [清]樊增祥:《樊山集 · 余序》,清光绪十九年渭南县署刻本。

③ [清]樊增祥:《樊山文集》,广益书局民国二十五年版,第 87 页。

④ 邓治凡:《清末文学家樊增祥》,载于《武汉教育学院学报(哲学社会科学版)》1988 年第 2 期,第 33 页。

⑤ [清]樊增祥:《樊山续集 · 樊山自序》,清光绪二十八年西安臬署刻本。

⑥《樊山集 · 余序》。

恒，于室中独步，且行且语，或窥之即止。”[①] 颇有少年老成之夫子的形态。樊增祥自述：“余九岁始就傅，七岁已能属对。”[②] 余诚格载：“九岁始入塾，然未授读以前已能辨四声，窃观诸小说，与兄姊讲说不倦，人称奇童。十一岁能诗，十三学经义。”[③] 总而言之，樊增祥从小受到了良好的教育，并在很多方面表现出了异于常人的一些个性。

平静的生活在咸丰九年（1857）被打破。樊燮因为与左宗棠的矛盾，在咸丰帝前打了一场“你死我活”的官司，最终樊燮被罢官。[④] 樊燮归家向樊增祥说：“一举人如此，武官尚可为哉？若不得科举，非吾子也。”[⑤] 给樊增祥定下了考取功名的任务，试图通过樊增祥在“学历”上压倒左宗棠来解心头之恨。父亲的罢官，给十三岁的樊增祥在生活方面产生了很大影响。据记载，樊增祥十五岁时，家境已经到了“贫不能延师，与兄訒斋自相师友”的地步。同治六年（1867），樊增祥中举时愈加贫困，家里值钱的东西几乎都被典当了：“太翁归，有衣裘数笥，斥卖略尽，并太夫人钗珥缺焉。”在这种情况下，樊增祥开始

---

① 《樊山集 · 余序》。

② 《樊山续集 · 樊山自序》。

③ 《樊山集 · 余序》。

④ 徐宗亮在《归庐谈往录》载：“一日，樊提督诣文忠（骆秉章谥号），延文襄（左宗棠谥号）出共谈，意大龃龉，遽起批樊颊大诟，樊不能堪，致为互揭查办之举。”沈云龙主编：《近代中国史料丛刊》第七十五辑，文海出版社 1966 年版。另参见贾熟村：《对樊燮控告左宗棠案的考察》，载于《近代史研究》1986 年第 2 期，第 113 页。

⑤ 《归庐谈往录》。民国时期刘禺生在其笔记中记载，樊燮革职返乡后，书耻辱牌置之于祖宗神龛下侧，令增裪、增祥两兄弟咸服女衣裤，命考秀才进学，脱女外服；中举人，脱内女服；中进士，点翰林，则焚洗辱牌，告先人以无罪。这种说法过于怪异，古代男子穿女装是对人格极大的侮辱，实不可信。参见刘禺生：《世载堂杂忆》，中华书局 1960 年版，第 44 页。

“勤工俭学”:“先生既乡举,即为人司书记,博菽水资。”[①]

但正是此种“贫贱日久”,以及后来“阅历世故三十年”的个人历练,造就了樊增祥以后“其于物态诡随,情伪百变,无不揣摩已熟”的“吏才”。[②] 同时又再一次验证了“天将降大任于是人也,必先苦其心志,劳其筋骨,饿其体肤”的成才模式。[③]

2. 科举与师承

同治六年(1867),樊增祥乡试中举,时年二十一岁。然而这并不是这一年最为重要的事情,因为这一年樊增祥被时任湖北学政的张之洞所赏识。余诚格记载:

> 会南皮[④]张先生视学至宜昌,见先生文,奇赏之,招致宾座,又荐为潜江院长。先生虽天资高异,而己巳岁以前,无书可读,见南皮后,始知学问门径。南皮亦奇其敏惠,尽以所学授之。[⑤]

毫无疑问,张之洞对樊增祥的治学与从政都产生了极大的影响。樊增祥在《樊山政书》中对时局、变法的看法多引用自张之洞的观点。与对樊增祥文学风格有极大影响的李慈铭相比较,张之洞赏拔樊增祥,尤在李慈铭之前。且正是因为得到张的赏识,樊增祥得窥学术堂奥:“庚午岁,从南皮师游,始有捐弃故技,更授要道之叹。”[⑥] 樊增祥通过与张之洞的交往,完成了他人生中最重要的转变。

---

① 《樊山集·余序》。

② 秦燕春:《文人“情色”——“丽才”易顺鼎与“吏才”樊增祥》,载于《书屋》2013 年第 2 期,第 78 页。

③ 《孟子·告子下》。

④ 张之洞出生于贵州兴义府,祖籍是直隶南皮(今河北省南皮县),故有“张南皮”之称。

⑤ 《樊山集·余序》。

⑥ 《樊山续集·樊山自序》。

同治十年(1871),樊增祥遇到另外一个对他产生重大影响的人——李慈铭。对于李慈铭,樊增祥如见亲人,于是“深相慕结,及丙子(1876)夏课,遂与陶子珍、仲彝昆季俱受业焉”。① 樊增祥对于李慈铭的经史辞章十分推崇,他说:“近执经于越缦,聆其余论,稍知朴学。于是劣辨形声,间通雅诂。”② 对于这样的传统文士生活,樊山非常喜欢,他沉浸在了这种“世外桃源”的自娱自乐之中,似乎已经忘记了张之洞给他的教诲。事实证明,生活在这样一个多事之秋,所谓的与世无争只不过是一种自我安慰罢了,他的老师李慈铭这种近乎“出世”的洒脱也仅仅是其仕途不顺的掩饰。

一年后,樊增祥又见到了张之洞,张之洞对他的这种生活方式极其不满,给他敲响了警钟。并且苦口婆心地让樊增祥明白“词章之学”只是手段,不是目的,为政救国才是一名文人实现抱负的方式。余诚格记载:

> 丁丑(光绪三年)通籍,南皮自蜀还京,与先生别且久,相见叹曰:“子其终为文人乎?事有其大且远者,而日以风雅自命,孤吾望矣。”先生皇然请业,尽屏所为词章之学,非有用之书不观。南皮与先生故皆好谈,至是谈益剧,达昼夜不止,相与上下千古,举凡时政得失之由、中外强弱之形、人才消长之数,每举一事,必往复再三,穷其原始,究其终极,所著《广雅堂问答》一卷,即当日疏记者也。③

① 《樊山集・余序》。

② [清]樊增祥:《樊山集》卷二四《答潘凤洲孝廉书》。转引自周容:《论李慈铭与樊增祥的诗歌理论及其创作》,上海大学 2009 年博士论文,第 6 页。

③ 《樊山集・余序》。

张之洞经营的是“有用”的“经世之学”,他提醒樊增祥应关注“时政得失之由、中外强弱之形、人才消长之数”。樊增祥自云:“丁丑通籍,侍南皮师于京邸,教以经世之学,书非有用勿读。卒亦未废吟啸。”[①]这次相遇基本上奠定了樊增祥对于时政的认识,他开始积极面对现实,成为“经世之学”的追随者。

光绪三年(1877),三十一岁的樊增祥得中进士,实现了父亲的夙愿。从这以后,樊增祥开始了七年之久的幕僚之业,一方面养家糊口,另一方面积累从政经验。后来,樊增祥以散馆入都考核外放时受到了不公正对待,似乎就此有点心灰意冷,又一次陷入到了消沉之中,整日在家以诗文为娱。这也表明中国文人为政的脆弱性,顺利的时候是“老虎”,而不顺的时候就变成了“丧家犬”。好在这段时间并不长,樊增祥也没有深陷其中。

光绪七年(1881),樊增祥因父亲去世守孝在家,服满后仍无意外放,“太夫人促之乃起,既谒选得陕之宜川令”,[②]从此开始了十余年的县令之任。

3. 县令之任

光绪十年(1884),樊增祥以三十八岁的年龄谒选为陕西宜川知县,任职七个月后,短暂调居省府。后于光绪十一年(1885)九月调醴泉知县,两个月后署理咸宁县知县。十二年(1886)四月,调补省会首邑长安知县,七月又调署富平知县。三个月后因丁母忧开缺回籍。樊增祥如此记载这段初入仕途的三年经历:

> 自甲申冬讫丁亥,星纪再周,余自宜川而咸宁,而富平,而长

① 《樊山续集·樊山自序》。

② 《樊山集·余序》。

> 安，易地者四，劳形案牍，掌笺幕府，身先群吏，并用五官，……宰长安六阅月，以礼去官。[1]

这期间，樊增祥禁种罂粟、清丈复荒、禁卤滩利、重兴乡校、续修县志等，皆通达利病，颇具政声。他虽“劳形案牍，掌笺幕府，身先群吏”，仍在闲暇时间“结兴篇章，怡情书画”，并将自己的诗词整理，编成二十余集。光绪二十年（1894）第一次将自己的作品集付梓刻印，是年中日甲午战争爆发。

服丧期间，樊增祥曾短暂入张之洞、鹿传霖幕府。光绪十七年（1891）十月，樊增祥题补“大邑”渭南任知县。十八年（1892），樊增祥再任咸宁知县（署咸宁令），十九年（1893）二月开始任渭南知县达六年之久。樊增祥在渭南任上共审理了三千余案，并将判牍出版，称为《樊山判牍》，为人广泛称颂，当时已有数千部流布，到了民国初期，仍是律学必读，可见影响之大。

樊增祥在十余年的县令位置上，积累了丰富的基层司法经验，也形成了他的基本司法观念、逻辑方式以及断案个性。

4. 两司之任

光绪二十四年（1898），樊增祥被陕西巡抚魏光焘保举入京，次年开缺，以道府用。后入荣禄幕府，参武卫军事，这段经历对于樊增祥以后的仕途影响很大。

> 戊戌（光绪二十四年），荣禄窃柄，大权独揽，置武卫军，以官西安将军时，夙器增祥才识，遂以道员充禄幕僚，运筹帷幄。庚子拳匪乱作，随銮扈从逃西安，遣李鸿章为全权大臣，与联军议

① 《樊山续集 · 樊山自序》。

> 和。其后《罪己》《变法》诸诏,皆出其手。剀切委婉,颇似陆敬舆。后擢至臬司,入觐,孝钦后垂询履历甚详,谓尔为张之洞弟子,之洞才备文武,尔必能肖尔师。再迁陕西藩司,荣位显达,盛极一时。[①]

樊增祥因为随同慈禧太后西迁,并为之起草了《罪已》《变法》等诏书,受到了慈禧太后的赏识,加之他又是张之洞的弟子,于是仕途开始鸿翔鸾起。光绪二十七年(1901)六月,樊增祥补授陕西按察使;八月署陕西布政使。二十八年(1902)四月回臬司任,十二月调补浙江按察使,奉旨入京预备召见。二十九年(1903)四月交卸陕西按察使,九月真除陕西布政使。三十年(1904)正月回陕到任,三十一年(1905)在陕藩任。这段时间是《樊山政书》一至十九卷的写作时间。

正在樊增祥准备大展宏图,"维新时代无穷事,谁与闲吟冷醉来"的时候,[②] 光绪三十二年(1906)十月,樊增祥被陕甘总督升允所劾,三十三年(1907)罢官居家。[③] 三十四年(1908)六月,经张之洞特保,开复江宁布政使;宣统元年(1909)在江宁藩司任,护理两江总督。宁藩任上是《樊山政书》第二十卷的写作时间。

---

① 《近代名家评传》(二集),第1页。

② [清]樊增祥:《樊樊山诗集》,涂晓马、陈宇俊点校,上海古籍出版社2004年版,第3页。

③ 关于樊增祥被罢免的事由,可以参见福建博物院收藏的清朝末年中枢重臣鹿传霖致陕西布政使樊增祥的两封信。升允弹劾的理由是,"樊某竟将其奏派往查之傅秉鉴看管,无复纪纲,请将其解任,听候查办",以及"县报效款以粮羡作抵未经奏明"。作为陕西布政使,未经奏明便以粮羡作抵报效款,其被免职的理由似乎充足,但深层次的原因则是升允与樊增祥之间的矛盾,为此,鹿传霖感叹:"秦中诸要政,皆足下一人力任劳怨为之。竹帅忽失此臂助,独不设法挽回,听新政之中辍耶?"参见曾伟希:《鹿传霖致樊增祥信函二通》,载于《文物春秋》2010年第4期,第74页。

5. 前朝遗老

宣统三年(1911),武昌起义爆发,12 月 2 日江宁城为革命军所破。樊增祥在破城之前携带布政使官防逃离江宁,[①] 进入上海租界,开始了他二十年前朝遗老的生活。这一年,樊增祥已是六十六岁的老人,不再是有抱负、有志向的干吏了。

1913 年,樊增祥与瞿鸿禨(瞿同祖的祖父)等人组织“超社”(1915 年改为“逸社”)。樊增祥在阐述“超社”社集的旨趣时云:

> 吾属海上寓公,殷墟犁老,因蹉跎而得寿,求自在以偷闲,本乏出人头地之思,而惟废我啸歌是惧,此超然吟社所由立也。……人生多事则思闲暇,无事又苦岑寥。闭户著书者,少朋簪之乐;征逐酒食者,罕风雅之致。惟兹吟社,略仿月泉,友有十人,月凡再举,昼夜兼卜,宾主尽欢。[②]

樊增祥在上海租界与遗老们吟唱悠游,离开了政务的“樊美人”似乎也没有亡国的悲伤,[③] 从一个执法者变成了一个纯粹的文学家。但实际上,樊增祥晚年频繁出仕隐退,时人目为“三朝元老”,官瘾甚大,其

① 关于樊增祥的弃城而逃,时人颇为诟病。史料记载:“(宣统三年) 九月初十,清廷下停战文告,但南京城依然在张勋等旧军把持下,樊增祥劝两江总督张人骏宣布江宁独立,顺应形势,不许;十八日,新旧军交讧,樊增祥见大势已去,遂谒张人骏交印求去,张谓‘尔奉政府命,承宣于兹,请向政府辞职’,樊‘不安于位,又虑张勋将不利于己,于是昌言同官以去为计,径率各官员出城’,乘火车逃往上海。”可以看出樊增祥当时的无奈。参见扬州师范学院历史系编:《辛亥革命江苏地区史料》,江苏人民出版社 1961 年版,第 511 页。

② 《樊樊山诗集》,第 1982—1983 页。转引自王标:《空间的想像和经验——民初上海租界中的逊清遗民》,载于《杭州师范学院学报(社会科学版)》2006 年第 1 期,第 36—37 页。

③ 樊增祥诗作艳俗,故有“樊美人”之称。

心态并非一般遗老可比。[①]

从樊氏离开政治舞台到去世的十五年中,这个庞大的国家的走向似乎与他已经没有什么关系了。以前的理想、壮志以及对于时局的看法,对于这位老人来说,都已经烟消云散,也只有诗歌能够证明他的存在。樊增祥为官还算清廉,在上海过得比较拮据,曾为梅兰芳润色剧本,获得一些收入。

民国四年(1915),法政学社再行刊印《樊山判牍》,认为樊氏“引经断狱,案无留牍,往往与文明法律互相发明”,“际司法独立改良裁判之时,法学人才亟待养成,倘能循兹途辙,实地研究,则谓此编为法官树之鹄焉可也”,并在该书扉页标识“审判必需”四字。此外,《新编樊山批、公、判牍精华》之“凡例”亦谓“樊樊山先生文章政事为当代泰斗,久为吾人所宗仰”。樊增祥的司法经验与理念受到了当时司法官吏的赞赏,也许这是对樊增祥最好的安慰。[②] 虽然改朝换代了,但是百姓间的纠纷依旧,人们解决纠纷的方法与思维也没有太大的变化。

1931 年 3 月 14 日,樊增祥病故于京寓,年八十六岁。樊增祥晚年的一首《元夜与石甫踏月归寓》可以说是他当时心态的写照:

浦西地僻车马稀,街鼓紞如扶醉归。……

① 民国三年(1914)春末,樊增祥受北京政府的邀请,任北洋政府总统府顾问,又兼职清史馆,5 月,袁世凯解散议会,设参政院,遗老樊增祥被聘为参政,与“筹安会六君子”一起参与袁世凯复辟帝制活动。1916 年 8 月,樊增祥在民国的政治生命随着袁世凯称帝失败而彻底结束,从此远离政治。

②《新编樊山批、公、判牍精华》,上海文华书局排印本,民国四年(1915)初版。线装本,1 函 12 册 41 卷,收批牍 820 篇,公牍 117 篇,判牍 12 篇。参见万彩红:《樊增祥政法类著作考略》,载于《当代图书馆》2009 年第 1 期,第 38 页。

寓公居处何清闷，广陌三条远城市。[①]

二、樊增祥的司法实践

(一) 州县的司法实践

自光绪十年(1884)至光绪二十四年(1898)的十余年间，樊增祥先后出任陕西宜川、咸宁(今西安)、富平、长安、渭南等县知县，樊增祥也从三十八岁的壮年到了五十二岁的老年。樊增祥此期间在司法实践上的表现，王森然先生这样表述：

> 丁艰起，选陕西宜川县知县，听讼明决，片言折狱，闻者悦服。所为判辞，庄谐并茂，敏妙中窍，远近争传诵，脍炙人口。其公牍尤有名，法家咸奉为圭臬。受知鹿传霖，调补渭南，大邑也，历权诸烦剧，皆有能名，重儒劝学，嫉恶爱民，屡膺卓荐。[②]

由此可知樊增祥断案的特点是"明决"，不拖泥带水，而且逻辑严密，说理周详，"片言折狱，闻者悦服"，可谓是一代干吏。其批判更是为人称颂，被同行视为范文。"宰渭南六年，尝裒其公牍批判付诸剞劂，已数千部流布人间矣"，[③]可见其判词受欢迎的程度。樊增祥在《樊山批判》自序中如此说：

> 余服官十年，凡有讼牒，皆手自批答，先后殆以万计。……

---

① [清]樊增祥：《樊山集外》卷二。

② 《近代名家评传》(二集)，第1页。

③ 《樊山政书》自序，第1页。

> 大率讼笺之来,不外准驳两途,讼师即持是以觇官之能否。每一批出,能择摘纰漏,动中款要,使无情者不得肆其诪张,而冤结者先有伸理之望,未经讯鞫,而人心震动矣。及至升堂判决,平情断事,枉直分明,使观者莫不同声称快,固是居官之一乐也。[①]

要想解决纠纷,案结事了,首要的就是熟悉案情,明白双方诉讼所争执根源,这是基础。然后抓住争议的关键,并就此在批词中“择摘纰漏,动中款要”,说理析律,使双方为之折服。等到了升堂断案的时候,就可以水到渠成,“平情断事,枉直分明”。此种断案可谓行云流水、一气呵成。同时官员也是事半功倍,能体会到作官之乐。可见其对于批词在断案息讼中的作用非常重视。

樊增祥州县司法实践的一个重要心得就是断案要“切情入理”。樊增祥云:“沈君子培亦云,古今政书虽夥,求其切情入理、雅俗共喻者盖鲜,而因余之判事为独有心得。”[②] 樊增祥情理运用娴熟令人称道,但不能说只据情理不据法。何勤华教授就收文 415 件的《樊山判牍》,从其“尚无判决意见的禀词、呈词”中,看出“樊增祥在受理各案时的法律意识和法律观念是很强的”。因为即使“在处理家庭赡养、婚姻、继承、时效、立嗣、借贷、民事诉讼、土地纠纷等一系列民事案件时,适用的准则几乎都是《大清律例》上有规定的条文”,并列举了樊山在 22 个判牍中所适用的许多具体法律规定、一系列法律原则的细节。在情理方面,有感于滋贺秀三揭示“情理”含义时所列举的 13 个案例,“虽然使我们对情理的认识更为直观,但在把握‘情理’一词

---

① 徐立志整理:《历代判例判牍》第十一卷《樊山批判》,中国社会科学出版社 2005 年版,第 1 页。

② 《历代判例判牍》第十一卷《樊山批判》,第 1 页。

时仍嫌单薄和笼统”，何勤华教授除了揭示清代雍正、乾隆、道光、同治间的8个案件所涉“情理”的具体含义，更详细列示了《樊山判牍》中樊增祥诠释“情理”的14例。[①] 樊增祥任藩司后，对断案全面满足“情、理、法”各方面的州县官员，他称赞：“于理、于例、于人情，无不推求至当，夫岂俗吏所能耶？”[②]

司法文体也为樊增祥所重，李慈铭曾对樊增祥说“公牍别是人间一种文字，可与入官者作前马”，樊增祥深以为然。[③] 所以其所治判牍，特别讲究遣文造句、清晰明白、雅俗共赏，因此“以仲由折狱之长，杂以曼倩诙谐之笔，妙解人颐，争相传诵”，[④] “每一批词挂发，吏民传写殆遍”。[⑤] 《樊山政书》为这种文风的延续。

（二）两司的司法实践

美国学者孔飞力在论述上级官府与州县官府司法上的区别时认为：“公堂上的用刑虽能逼人招供，却往往会因为受到指控的被告到上一级官府翻供而使供词难以作数。当某件案子到达省一级时，官员们因为远离肮脏的县府大堂上的种种压力与诱惑，对于被告的偏见也要小得多。”[⑥] 虽然说“板凳决定思维”的说法并不十分科学，但是“在其位谋其政”，官位的不同必然会带来思维的不同。

---

① 何勤华：《清代法律渊源考》，载于《中国社会科学》2001年第2期。转引自霍存福：《“情理外无法律”——樊增祥“情理法”观》，未刊稿。

② 《樊山政书》卷一八《批长武县李令焕墀词讼册》，第512页。

③ 《历代判例判牍》第十一卷《樊山批判》，第1页。

④ [清]樊增祥：《樊山判牍》序。

⑤ 《樊山政书》自序，第1页。

⑥ [美]孔飞力：《叫魂：1768年中国妖术大恐慌》，陈兼、刘昶译，上海三联书店1999年版，第20页。

《樊山政书》的写作时间为1901年至1910年,樊增祥五十五岁到六十五岁。这一时期的樊增祥已有近十年的幕僚经历和十余年的官场历练,也是明白了"世事洞明皆学问,人情练达即文章"。[①]樊增祥对于州县的禀详总以"过来人"的口吻:"各属月报册大抵三两案居多,本司是过来人,岂不知某州某县每月当有若干案";[②]"本司决狱多矣,如此平反疑狱,实不能会衔具详";[③]"本司曩在渭南,曾经审判数起,皆将驮户痛加惩治,其风稍息";[④]"本司于陕中民情深知底蕴,从无轻举妄动之事";[⑤]"本司身亲阅历,深悉赔粮之苦,尤不以专打官话为然";[⑥]"吾作令久,深知提省受累甚于在县含冤"。[⑦]说明自己不可被轻易欺骗。有时候甚至到了苦口婆心的地步:"天下事,一节不足以绳人,一眚不足以掩德。本司阅历之言,以谢该令,并告同寅,诸君子察焉。"[⑧]樊增祥对于下属的拳拳之心与督促之意跃然纸上。

樊增祥在州县任上所获司法经验,以及形成的司法理念,基本上沿用到了两司任上。通过霍存福教授对《樊山政书》中情理法思想的研究,可以看出在运用情理法的司法实践中,樊增祥延续了州县任上的观念与做法。[⑨]当然樊增祥在批示府县时,经常会出现"但言情理,未查律例"的表述,表明其毕竟不直接开堂审理案件,对于律例细

① [清]曹雪芹:《红楼梦》(上),人民文学出版社2008年版,第69页。

② 《樊山政书》卷一二《批石泉县词讼册》,第342页。

③ 《樊山政书》卷一七《批岐山县赵令详》,第487页。

④ 《樊山政书》卷一八《批咸阳县杨令调元禀》,第500页。

⑤ 《樊山政书》卷一八《批扶风县谭令禀》,第523页。

⑥ 《樊山政书》卷五《批郃阳县仇令继恒禀》,第143页。

⑦ 《樊山政书》卷一八《批西安府光守禀》,第503页。

⑧ 《樊山政书》卷八《批雒南县张令详》,第220页。

⑨ 霍存福:《"情理外无法律"——樊增祥"情理法"观》,未刊稿。

节的熟悉程度比不上以前了，但是樊增祥依然很自信地认为自己对于律例的情理理解已然足够应付上控呈报的案情了。

当然，两司司法与州县司法还是存在很大的不同。州县的大部分精力在于词讼，而两司对于词讼的接触在于上控和府、县关于疑难案件的请示、汇报中；另外樊增祥任两司期间变法频繁，社会俗情与前已大有不同，所以樊增祥也经常发出不能按照以前的经验断案的感慨：

> 若欲人心大快，惟有将该雇工所娶之妻与道新为室，而将道新故妻与傅祥一同杖毙，方昭公允。然此等快事行之今日，未免骇人听闻。[①]

关于樊增祥省级两司的司法实践与理念，本书将在第三章详述，不在此处赘述。

三、《樊山政书》的文风之源

樊增祥为政及司法的观念，有其经验的成分，但也有其师承的原因。张之洞与李慈铭对樊增祥的影响很大，尽管张、李二人交恶，但樊增祥游走于二人间。二人的思想与文风也融进了樊增祥司法公文中，其为政思想受张之洞影响较大，而文风则李慈铭影响较大，实为二者之结合。

（一）张之洞的影响

张之洞（1837—1909），字孝达，号香涛，同治二年进士，屡任各

① 《樊山政书》卷一八《批临潼县禀》，第497页。

省督学,后督抚各省达三十年,是清末洋务派的主要代表人物。他的思想,概而论之为"中体西用",他提倡经世实学,并开办京汉铁路、萍乡煤矿、汉阳铁厂,但其目的在于"群天下改其闭塞聪明之习",因此"终不偭大中至正之归"①。

张之洞对樊增祥有知遇之恩,樊增祥每每提起张之洞,都充满着敬意:

> 曩张文襄师最爱鄙文。每秦报至鄂,欣然披览。时对僚属诵之,且曰"云门下笔有神,每言出若口,必与人异"。已而曰"藩司官不为小,而好作谐语是其一病",感念斯言,为之泣下。②

张之洞对樊增祥的仕途有提携之恩,其为政观念也对樊增祥有很大的影响。在《樊山政书》中,樊增祥施政与断案,往往以张之洞为依据,以论证自己行为的合理性:

> 往年山西灾后劫掠公行,南皮尚书抚晋,曾有格杀勿论之示,劫夺为之顿戢。彼一时,此一时也。地方缉获匪徒,量其情罪,立予重惩。本司在此,提刑决不拘牵文法,朝邑、岐山早已立竿见影矣。③

此以张之洞对劫匪用重刑的措施,为自己重惩匪徒做注脚。还有专门关于张之洞为政之道的记载:

---

① 《劝学篇》,王永言重刊跋语。转引自萧公权:《中国政治思想史》,新星出版社2010年版,第521页。

② 《樊山政书》自序,第1页。

③ 《樊山政书》卷五《批兴安府金守禀》,第118页。

> 忆鄙人初改官时，孝达师问曰：“子为政何以？”对曰：“以仁。”师喜曰：“得之矣。人心不慈祥，既贼民而亦害己。”吾终身诵之。特世风益薄，害马当除，故治邑尚严，其初颇有不谅者，久亦知其无他。尝谓作官有何奇节，勿讨好，勿沽名，行其心所安，求其事之是，知过决改，见贤思齐，如是焉已矣。[①]

张之洞的“为政以仁”在于“人心慈祥”，而不是无节制的“讨好、沽名”，所以樊增祥认为在世风日下的时期，严惩害群之马并不是自己“不仁”，他心中一直诵读师训，这只是一时不得已的做法，由此招致的误解也只能“行其心所安，求其事之是”。

如果自己在一些问题的处理上与老师不同，樊增祥要专门作出解释：

> 顷年吾师张少保总制两湖，湘鄂诸生遍布环球学校，自余诸行省亦各有人焉，为喁于之和，独吾陕阙如焉。此非吾之吝而固也。风气未开，士无远志，一；新政繁兴，事须渐及，二；根柢未固，难语开通，三；年少远游，无人督率，四。[②]

对于自己没有积极开展学生留洋，樊增祥的解释是陕西地处偏僻，风气未开，根柢未固。两湖“诸生遍布环球学校”没错，陕西“独阙”也是有特殊情况的，只能因地制宜。

张之洞虽提倡维新，而亦重在卫道，很多方面拒绝西方的制度与思想，比如张之洞认为“民权之无一益而有百害”。他说明了四个理由：一、用民权立议院，但民智未开：“明者一，暗者百，游谈呓语，将焉

① 《樊山政书》卷一〇《批朝邑县曾令自理词讼月报清册》，第279—280页。

② 《樊山政书》卷一四《送陕西高等学堂学生留学东洋序》，第386页。

用之”;二、用民权开工厂、立公司,但“有赀者自可集股营运,有技者自可合伙造机”,在这方面民权无用;三、用民权来开学堂,但“从来绅富捐赀创书院,立义学,设善堂,例予旌奖。岂转有禁开学堂之理,何必有权”;四、用民权来练兵御辱,但“徒手乌合,岂能一战”?[①] 因此,伸民权只会使国家陷入混乱而亡国。樊增祥完全继承了张之洞的这一思想:

> 今之新学大抵聪明者多,彼岂不知现在之人格万不足以语此,而姑且先伸民权以为快用,是益扩其议论自由之势力,而阴遂其劫持官吏冒上亡等之私心,何尝取天下人格而秤量之哉?[②]

樊增祥认为:“世竞言变法自强,有法无人,强于何有?”[③] 民智不开,就不能倡导民权,否则只会成为一些人实现私利的工具。

因此,樊增祥既主张变法但又固守传统的思维在其司法中得以体现。所以说,张之洞“中学为内学,西学为外学;中学治身心,西学应世事”的观念对于樊增祥的基本的时局观、变法观有着极大的影响。

(二) 李慈铭的影响

李慈铭(1830—1894)为清末文学大师,“为文沉博绝丽,诗尤工,自成一家”,[④] 被称为“旧文学的殿军”。他的这种文风对于樊增祥产生了很大的影响。樊增祥初见李慈铭便十分钦佩,即拜李慈铭为师。

① [清] 张之洞:《劝学篇 · 内篇》。
② 《樊山政书》卷一八《批泾阳县蔡令宝善禀》,第 513 页。
③ 《樊山政书》卷五《批凤翔府杨守禀》,第 113 页。
④ [清] 赵尔巽等撰:《清史稿》卷四八六《文苑传三 · 李慈铭》。

李慈铭虽是文学大家，但其仕途并不顺利。他参加了十一次乡试，在四十一岁时中举，而后又经过多次考试，五十一岁中进士，作官只作到七品的监察御史，一生怀才不遇，郁郁而卒。

与张之洞对樊增祥政务方面的影响不同，李慈铭的影响主要在樊增祥的公文规范方面。[①] 樊增祥曾云："李炁伯师语余，公牍别是人间一种文字，可与入官者作前马。"[②] 正是基于这样一种要求，樊增祥非常重视判词、批答的遣词造句，这也是他的判牍、批词为他人崇尚的重要原因。

李慈铭对于变法持保守态度，拒绝革新。樊增祥虽然并不是很认同这种主张，但是并不反驳。樊增祥游移于新旧之间的立场，使他兼用李慈铭辞章之才和张之洞经世之术。他是很少能与李、张同时保持良好关系的人，其为人处世之道颇为高明。

樊增祥追随张之洞三十九年，跟随李慈铭二十三年。樊增祥在对待中西文化的态度上，一方面，忠实履行着张之洞的中体西用思想，另一方面，也意识到要以李慈铭对中学的保守态度，来制约盲目崇拜西学的不良倾向。[③]

总之，文以载道，樊增祥的文风决定于其对于世局和世事、情理的观念，而其观念又深受张、李二人的影响。《樊山政书》所体现出来的精明干练有张之洞之风，而遣词造句的尔雅文风则来自于李慈铭。

---

① 韦力：《樊增祥：生平恩怨两文襄》，载于《收藏》2011 年第 10 期，第 114—117 页。

② 《历代判例判牍》第十一卷《樊山批判》，第 1 页。

③ 周容：《论李慈铭与樊增祥的诗歌理论及其创作》，上海大学 2009 年博士论文，第 31 页。

第二章

《樊山政书》与清末法制变革

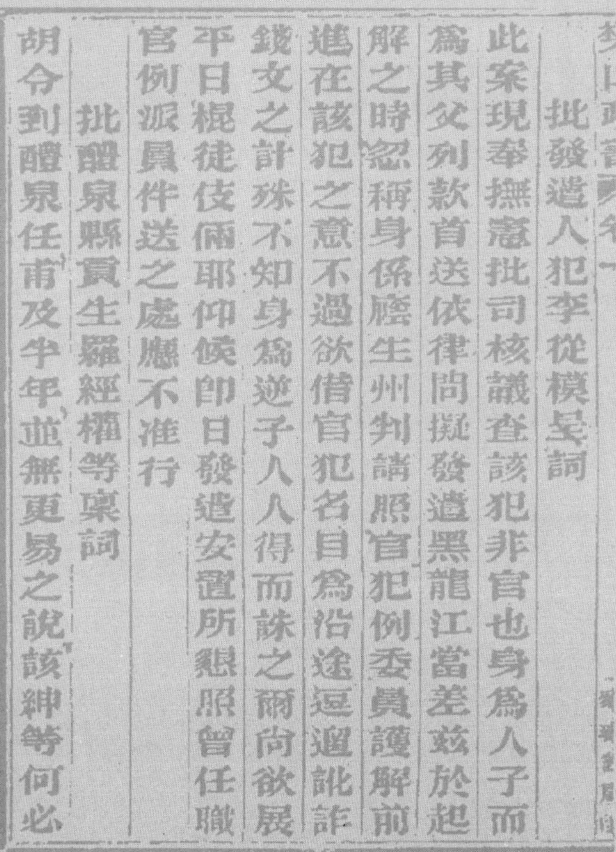
批發遣人犯李從模呈詞
此案現奉撫憲批司核議查該犯非官也身為人子而
為其父列款首送依律問擬發遣黑龍江當差茲於起
解之時忽稱身係廩生州判請照官犯例委員護解前
進在該犯之意不過欲借官犯名目為沿途逗遛訛詐
錢文之計殊不知身為逆子人人得而誅之爾尚欲展
平日棍徒伎倆耶仰候即日發遣安置所懇照曾任職
官例派員伴送之處應不准行
批醴泉縣貢生羅經權等稟詞
胡令到醴泉任甫及半年並無更易之說該紳等何必

第二章

世皆言新法，而身是旧人。

——《樊山政书》

一、《樊山政书》的时代

《樊山政书》的写作时间是1901年到1910年,这一时期是清廷统治的最后时期,同时也是中国传统法律制度逐渐解体、近代法制开始创设的阶段,“立法之频繁,变化之巨大,亘古未有”。[①] 无论是“士风朴质,胸少积书,僻在西隅,罕知域外”[②] 的陕西,还是“虽号开通,然开通者仅止士大夫,非所论于匹夫匹妇也”[③] 的江宁,樊增祥都切身感到了时代之变革与法制之变化,这些变化以及樊增祥的态度通过《樊山政书》表现了出来。

(一)时代背景

1. 农业经济的解体与中西文明冲突

马克思认为,社会意识形态以及与之相适应的政治法律制度和设施等上层建筑建立在一定的经济基础之上。[④] 近代西方工商业文明对中国农业文明的侵略,迫使中国的政治制度、法律制度以及社会结构解体乃至崩溃。

中国古代农业社会以家为基本单位,由男耕女织的自耕而食与自织而衣,发展为家庭手工业,再发展为家族性的合伙工业。在封闭的社会环境下,社会秩序尚称安定,也能维持其酌盈剂虚、以有通无的自给自足生活方式。鸦片战争后海禁大开,涌入大量资本,从

---

① 曾宪义主编:《中国法制史》(第三版),北京大学出版社2013年版,第279页。

② 《樊山政书》卷二《批商州尹牧昌龄禀》,第39页。

③ 《樊山政书》卷二〇《批泰州禀》,第602页。

④ 《马克思恩格斯选集》第2卷,人民出版社1972年版,第32页。

中国输出工业原料及劳动力,将机器制造的商品,源源不断地通过低额关税而主宰整个市场,使中国手工业窒息。于是,家族的经济基础逐渐破产,家族的意识形态逐渐幻灭,家族的社会结构逐渐崩溃,中国社会发生了质的变化。

"大朝上国"的固执被枪炮撕掉了遮羞布,西方的制度、文化伴随着商品一起冲击着老态而僵化的传统制度,迫使人们开始"睁眼看世界"。由于长时间的隔阂,人们从不同的角度解读中西文明。樊增祥这样描述时人的看法:"今世之人,大率无知者多,其所谓有知者一半喜新一半守旧,喜新者拾欧西之余唾,守旧者盗理学之虚名,其实此两种人无非热中图富贵,仍归于一无所知而已。"① 可谓一针见血。如果对于西方文明不了解,无论是"喜新"还是"守旧"都不过是基于"站队"图富贵。甚至有人从中国人固有的"托古改制"思维来调和中西方的矛盾,认为"西人之学皆窃我圣帝明王之绪余以致富强",② 这种无知真是令人瞠目。变革时代的纷繁芜杂,让人目不暇接的同时,更使人陷入到一种困惑和迷茫之中。

2. 治外法权的刺激及对固有法制的反思

鸦片战争后,清廷与外国列强签订了一系列不平等条约,其中司法权的沦丧是一个重要的特征。领事裁判权源自1843年10月中英

① 《樊山政书》卷二《批商州尹牧昌龄禀》,第40页。原文为:"今世之人,犬率无知者多。其所谓有知音,理学之虚名。其实此两种人,无非热中图富贵,仍归于一无所知而已。"少了"一半喜新,一半守旧,喜新者拾欧西之余唾,守旧者盗"等语。今据宣统二年刻本补齐。

② 《樊山政书》卷一〇《书王令景峩试卷后》,第285页。

缔结的《五口通商章程》第十三条“英人华民交涉词讼”，[①] 英国在华侨民，因此豁免中国法权之管辖。其后，列强迭相效尤，1844年的《中法条约》与《中美条约》，1847年的《中瑞挪条约》有相同性质的约定。

第二次鸦片战争失败后，1858年签订《中英天津条约》，于领事裁判权的约定，范围愈趋广泛，内容更加详明。

> 第十五款　英国属民相涉案件，不论人、产，皆归英官查办。
>
> 第十六款　英国民人有犯事者，皆由英国惩办。中国人欺凌扰害英民，皆由中国地方官自行惩办。两国交涉事件，彼此均须会同公平审断，以昭允当。
>
> 第十七款　凡英国民人控告中国民人事件，应先赴领事官衙门投禀。领事官即当查明根由，先行劝息，使不成讼。中国民人有赴领事官告英国民人者，领事官亦应一体劝息。间有不能劝息者，即由中国地方官与领事官会同审办，公平讯断。[②]

主权日削，司法权沦丧。细究其产生的原因，黄源盛认为：“固由于列强具侵略野心，狃于西方文明先进的成见，但清廷当时本身司法制度及刑律的严重缺陷，理应先提出来检讨。……当时为在华外人抨击最甚的，莫过于刑律上的中法酷刑，尤其，缺乏独立的民事法典

① 《五口通商章程》第十三条“英人华民交涉词讼”：凡英商禀告华民者，必先赴管事官处投禀，候管事官先行查察谁是谁非，勉力劝息，使不成讼。间有华民赴英官处控告英人者，管事官均应听诉，一例劝息，免致小事酿成大案。其英商欲行投禀大宪，均应由管事官投递，禀内倘有不合之语，管事官即驳斥另换，不为代递。倘遇有交涉词讼，管事官不能劝息，又不能将就，即移请华官公同查明其事，既得实情，即为秉公定断，免滋讼端。其英人如何科罪，由英国议定章程、法律发给管事官照办。华民如何科罪，应治以中国之法，均应照前在江南原定善后条款办理。

② 王铁崖编：《中外旧约章汇编》（第一册），三联书店1957年版，第98页。

及诉讼法典,且无所谓的辩护制度;狱政的腐败与苛虐,更是引人把柄。"[①] 平心而论,中国僵化的法律制度已经腐朽到了极致,这也是列强摄取治外法权的一个借口。

基督教的传播、自由思想的蔓延、权利观念的抬头,使得原本建立在自然经济基础上、以实现专制统治为目的的固有法制,已无法适应新的内外社会形势,必须要加以变革。

近人何启与胡翼南曾用"五不平、五不公"来深刻揭露固有法律的弊端。

> 今者中国之律例,其有平乎?无也!罪案未定,遽用刑威,何平之有?供证无罪,辄罹笞杖,何平之有?毙于杖下,意气杀人,何平之有?瘐死狱中,有告无诉,何平之有?凌迟枭首,死外行凶,何平之有?今者中国之法司,其有公乎?无有也!缙绅名帖,可逮无辜,何公之有?苞苴载道,上下皆同,何公之有?情面枉法,贫者无辞,何公之有?吏胥勒索,富室倾家,何公之有?监牢刻酷,不得为人,何公之有?其不平不公也如是,即中国人尚欲高举远扬,避水火而寻衽席,而谓外国人肯明知故犯,投罗网而入樊笼哉?吾料欧州诸国斯朝廷,苟非丧心病狂,盲聋否塞,必不忍以其商民、赤子付诸威福任意之华官者。故曰其决不肯从者,以中国无公平之故也。[②]

这近乎声泪俱下的控诉,直指中国司法毫无公平可言,如果没有对于西方法制的了解,断然不会说出如此言语。在这样的背景下,樊增祥

① 《中国法史导论》,第329页。

② 陈忠倚:《皇朝经世文三编》卷一四《治体二政本下》,何启、胡翼南:《书曾袭侯中国先睡后醒论后》。

亦认为法制变革乃势所必至，他认为："近日者内而改轻刑律，外而考察宪法，来牍所谓风潮鼓荡，难缓须臾，亦属理有固然而势所必至。"[①]樊增祥所说的"理有固然而势所必至"，说明内因与外力共同促成了变法。

3. 移植西方法律的动力与目的

与清廷的节节败退相对应，曾经作为殖民地的日本通过变法，不仅使国家司法权得以完整保留，而且短时间走向了富强的道路。日本改革法律及司法制度，得以在 1899 年废除领事裁判权，这样的先例鼓励了清政府，使之产生了恢复司法主权的意愿。苏报案中的挫败，让清政府进一步认识到丧失司法主权给皇权带来的危害与尴尬。[②] 列强对清廷收回治外法权有明确的承诺，是清末修律的重要诱因和催化剂。[③]

清廷自"庚子之乱"后，对抗西方制度、文化的方法与花样已经

---

① 《樊山政书》卷一八《批泾阳县蔡令宝善禀》，第 512 页。

②1903 年章士钊担任主笔后对《苏报》进行了革新，推出邹容以反满为核心的《革命军》。章太炎更是在文中直呼光绪皇帝的名字，并称他是"未辨菽麦"的小丑，号召"公理之未明，即以革命明之"。狂歌"杀尽胡儿才罢手"、"借君颈血，购我文明，不斩楼兰死不休，壮哉杀人"之类惊世骇俗的词句。清廷震怒，给英美租界施加压力，要求重惩涉事人员。1903 年 7 月 7 日，《苏报》被封，章太炎等人被逮捕。邹容激于义愤，自动投案。在会审公廨过程中，清廷试图"引渡"的愿望受阻。1904 年 5 月，在英美领事的直接干预下，租界额外公堂判处章太炎监禁 3 年、邹容监禁 2 年的刑罚。在苏报案审理过程中，皇室与百姓对簿公堂、公开辩论，以及对于章、邹的谋逆行为的"轻判"极大地刺激了清廷。

③1902 年《中英续议通商行船条约》第十二款规定：中国深欲整顿本国律例，以期与各西国律例改同一律，英国允愿尽力协助，以成此举；一俟查悉中国律例情形及其审断办法及一切相关事宜皆臻妥善，英国即允弃其治外法权。参见赵晓耕：《近代不平等条约与清末法制的变革》，载于《浙江社会科学》1999 年第 1 期，第 92 页。

用完。在已然技穷的状态下,“不得不幡然改计,实行变法”。[①] 清廷之所以变法,目的是为了维持风雨飘摇的统治,也就是说有不得已而为之的外部压力。美国学者费正清用“冲击——反应”模式来概括这种变化。[②] 也有人持不同意见,认为“近代中国历史的特征并非是一种对西方的被动反应,而是一场中国人应对内外挑战的主动奋斗,力图更新并改造国家,使之从一个落后的儒家普世帝国,转变成一个在国际大家庭中拥有正当席位的近代民族国家”。[③] 这也许表明了清末变法人士的自尊心理,但在客观上这种想法并没有实现。

在舆论的压力、列强的承诺、日本的榜样以及维持统治根本目的等因素下,清廷开始了两方面的法制变革:一是推行宪政,开始预备立宪;二是改变中国固有的法律体系,进行大范围的立法和法律修改活动。

(二) 时人观念

19 世纪 90 年代之前,西学对中国的影响很小。费正清认为:“在 1840 年后的将近半个世纪以内西学的输入是缓慢的,它对中国士大夫的影响是表面的”;当然,西方观念的潜移默化作用也不可忽略,于是“在 1860 年以后的数十年间,基督教传教士向中国内地的渗透,就思想的交流而言,收效甚少;但事实上,这种渗透引起了社会文化的冲突,扩大了中国和西方之间的心理上的隔阂。中国大多数的士大

---

① 王伯琦:《近代法律思潮与中国固有文化》,清华大学出版社 2005 年版,第 27 页。

② Ssu-yu Teng & John K. Fairbank, *China's Response to the West*. Harvard University Press, 1979.

③ [美]徐中约:《中国近代史》,计秋枫等译,世界图书出版公司 2013 年版,第 412 页。

夫仍然生活在他们自己传统的精神世界里”。[①] 这一点和日本主动接受西方文明的态度是截然相反的。甲午战争惨败，中体西用的模式受到质疑，所谓“根本不净，百事皆非”，[②] 人们开始思考统治体制的变革。

饱读诗书的有识之士，有足够的资源与能力去接触、思考西方文明，他们尝试从不同的角度去理解国家落后的原因。具有留洋经历和洋务背景的人是变法的生力军，积极推动清末变法。他们观察到：近代西欧由于科技的突飞猛进，催化了经济社会的剧变，牵连到法制的革新。他们认识到：民智日开，个人主义勃兴，欧洲各国普遍受到近代民主法治思潮的洗礼，各项新式法典层出不穷，而清朝的社会、法律却一仍其旧。

19 世纪以后，西方启蒙思想家的学说传入，中国近代革新派何启、郑观应、谭嗣同、梁启超等人，论及拯救清廷、振兴工商的时候，都谈到了民权和法治。他们主张改革旧典，制定新律，为清末的法制变革起到了先导作用。

传统律学出身的沈家本理性地打破传统与近代的两极观，强调传统中国法律的出路是接受近代化的批判和改造，从而开拓出“会通改制”的变法修律的方向，创造中国法制发展的一条全新道路。倡导变法的人中，保守与激进之间没有明确的界限，他们的目的都是一致的，只是在方法、急缓等方面有不同的认识。比如对樊增祥影响很大的张之洞，洋务运动时期是比较激进的，但是到了修律的时候成了保守的情理派代表人物。

① ［美］费正清等编：《剑桥中国晚清史》（上卷），中国社会科学出版社 1985 年版，第 323—324 页。

② 康有为：《上清帝第四书》。

总之,在亘古未有的“华夷”变局中,“开创”是迫于前所未有的外在压力,具体的措施也带有诸多的无奈。樊增祥所代表的主流士大夫们对以往的历史和传统有着深切的感受和同情,但他们不得不忍痛割爱,被裹挟进“顺者昌,逆者亡”的世界潮流之中。[①]

(三)《樊山政书》与清末变法事件

《樊山政书》写作的时间,正是清末法制变革的剧烈时期。这十年,细而分之,可分为两个阶段。第一阶段是光绪二十八年(1902)到光绪三十三年(1907),为新政时代的改革,重在对旧律的改革。第二阶段是光绪三十三年(1907)到宣统三年(1911),为预备立宪的立法,重在预备实行宪政制定新法。[②] 从下表可以直观地看出《樊山政书》与变化的契合之处。

表一:樊增祥、《樊山政书》与变法事件

年份	年龄	官职	相应卷册	变法事件
1901年(光绪二十七年)	55	六月补授陕西按察使;八月署陕西布政使。	卷一至卷四	八月,刘坤一、张之洞等上《江楚会奏变法三折》。
1902年(光绪二十八年)	56	四月回臬司任;十二月调补浙江按察使,奉旨入京预备召见。	卷四至卷六	清廷下诏变法。
1903年(光绪二十九年)	57	四月交卸陕西按察使;九月真除陕西布政使。	卷六至卷一一	刑部通令各省筹设罪犯习艺所;十二月,《钦定大清商律》颁行。

① 马小红:《中国法史及法史学研究反思——兼论学术研究的规律》,载于《中国法学》2015年第2期,第223页。

② 李贵连:《沈家本评传》,南京大学出版社2005年版,第110页。

续表

年份	年龄	官职	相应卷册	变法事件
1904年(光绪三十年)	58	正月回陕，任布政使。	卷一一至卷一九	五月十五日成立修订法律馆；《公司试办章程》和《商标注册试办章程》颁行。
1905年(光绪三十一年)	59	在陕藩任。		预备立宪，十二月五大臣出洋，翌年七月回国；沈家本、伍廷芳上《议复江督等会奏恤刑狱折》；设巡警部。
1906年(光绪三十二年)	60	被陕甘总督升允所劾，罢去。	卷一一至卷一九	法律学堂成立；张之洞上书，开始“礼法之争”；九月宣布预备立宪；《破产律》颁行；大理寺改大理院，《大理院审判编制法》出台。
1907年(光绪三十三年)	61			《大清刑律草案》编定；十月清廷下诏，决定在各省设立咨议局，并筹建资政院；《各省审判厅试办章程》颁行。
1908年(光绪三十四年)	62	六月开复江宁布政使。	卷二〇	七月，清廷批准颁布《各省咨议局章程》和《咨议局议员选举章程》；八月，公布预备立宪计划，颁布《钦定宪法大纲》，公布咨议局章程；起草了《城镇乡地方自治章程》。
1909年(宣统元年)	63	江宁藩司任，护理两江总督。		《大清刑事诉讼草案》完成，《修订刑律草案》上奏；各省举行第一次咨议局选举，召开第一次会议；公布《资政院章程》，开始选举；《法院编制法》颁行。
1910年(宣统二年)	64			五月，《大清现行刑律》公布；十月资政院召开第一次会议，起草了《府厅州县地方自治章程》；冬，《大清民律草案》完成。

十年变法的风起云涌,或同时、或晚一些反映在了樊增祥处理公务的文字中。可以说《樊山政书》是清末变法在地方实践的记录书。

随着沈家本主持的变法修律活动的开展,以及清廷的推动,各省陆续开始改革司法体制,制定了相应的"省章",设立了"咨议局""审判厅""巡警""罪犯习艺所"等机构。由于各省情况不同,实施情况差异很大。陕西地处内地,有五道,七府、直隶州,八十县,五散州,二厅,时任陕甘总督升允顽固保守,对于变法措施的实施并不是很积极,地方官员在落实清廷的变法政令时面临很多棘手的问题。《樊山政书》中对此多有反映,本书后文详述。

从主观上来讲,清末修律是先秦儒家"礼法时移",法家"法与时转"、"治与世宜"思想的实现。变法修律的直接目的是收回领事裁判权,实现国家主权完整。清廷为列强屡败屡辱,知道不变只有死路一条,所以一开始就对于自强颇有决心。然而要自强,必须得变,从祖宗之法开始变,逐渐涉及到政权的统治问题,也就是说权力的问题。而中国古代政治是建立在权力不可分割的基础之上的,其统治完全在于掌握全部的权力,而不在于所谓的万世一系的威信,所以失去权力往往就意味着失去统治。在这样的状况下,清廷又站在了曾经是自己积极倡导(主导)的变法的对立面,对于变法进行阻挠。钱穆所言极是:"满洲君臣倾心变法,不过求保全满洲部族之地位。令变法而先自削弱其地位,满君臣虽愚不出此。"[①] 传统中国政治文化中最欠缺者,莫过于对于异己的不能容忍,以致于倾轧排斥,无所不用其极。

无论目的为何,"从历史的角度看,清末之修律,系为自为封建的身份伦理支配之旧律及旧制,转向法律之前人格平等,以自由契约为

① 《国史大纲》,第 894 页。

基础的现代市民法制”。[①] 变法在客观上起到了积极的作用，尽管这种结果可能是“被历史潮流潜移默化地推导着”的产物。

传统精英政治社会中，受教育程度的高低往往决定其社会地位的高低。与“愚夫愚妇”相比，精英肩负着这个国家存续以及发展的责任。史家常言中国历史就是一部“相斫史”与“起居录”。由于长时间的愚民教育，王侯将相对于社会发展起着重要的作用，他们所掌握的资源与知识甚至垄断了对于国家发展的担忧。虽说“国家兴亡，匹夫有责”，但这只是强调个人对于朝廷的保卫义务，而对于国家的发展与命运，个人不能随意发表意见。此外，变法本身是对现有秩序的改变，在《樊山政书》中我们看到，变法措施的推行很多时候加重了民众的赋税，影响了民众对于变法的态度，民间多有反对变法者。

“匹夫匹妇”对于变革时代的体会是切身的，又是混乱和矛盾的，所以在考察中国人对西方的看法时，不得不依靠上流社会学者们的著作。这些人受到过中国经典学说的彻底熏陶，因而最不可能背离对待外国人的传统态度。[②]

二、樊增祥的变法观

（一）樊增祥的中西文明观

1. 对西方文明的选择

面对“船坚炮利”的西方，时人明显感觉到了西方器物技艺的先进，进而也开始了解西方文明。在如何看待西方文明的问题上，樊增

① 李贵连：《沈家本年谱长编》，山东人民出版社 2010 年版，黄静嘉序第 1 页。

② 《剑桥中国晚清史》（上卷），第 141 页。

祥批判了两种极端的观点。一种是守旧观念。持有这种观点的人仍然沉浸在“天朝”“寰宇中心”的幻想之中,认为西方文明不过是“皆窃我圣帝明王之绪余以致富强”,这是一种极端的自以为是的看法。另一种是“全盘西化”的观念。这种观点认为西方的物质、文化皆是先进事物,是世界未来发展的方向,中国若是要实现“中兴”,就应该毫无保留地向西方学习。所谓“欲一切规仿西人,学西学,行西政,习西艺,居处饮食衣服无不效之”,[①] 主张全面西化。

樊增祥对以上两种看法都不认同。他先从人的先天资质上讲起,指出中国人与西方人并不存在人种、智商上的天然差距,即“人无论中西,种无论黄白,其资性未尝不同”。西方文明并非其“资性”先天的优势而导致,中西方文明均有各自之优势。因此中国学习西洋文化首先要学会选择,“择之无方”则会“行之无序”,最终陷入“徒歆羡乎外人而不自度其能否也,忘其高卑远迩之程度而侥幸于速成也”的尴尬境地。那么什么该学、什么不该学呢?樊增祥认为关键要分清何为西人之先进,何为华夏之精髓。为了解决这一问题,他首先分析中西方出现差距的原因。

2. 中西差距的原因

是什么造成了中西方的差距呢?樊增祥从四个方面予以解释。

一是“运会”。[②] 樊增祥说:

---

① 《樊山政书》卷一〇《书王令景峩试卷后》,第 285 页。

② “运会”是邵雍所阐发的理学的宇宙论,指的是一种不可思议的宿命的变化。这种理论认为存在着一种人们不可抗拒的神秘力量,这种力量通常不可预见,但会表现出来,给人类世界和自然界带来极大的变化。严复运用“运会”理论,认为中国正在经历秦代以来的最大变化,变化的原因是不可知的。王韬、郑观应和汤震也持如此观点。详见《剑桥中国晚清史》(下卷),第 158 页。

> 泰西各国后先开辟以来才一千八九百年，中国邃古，勿论自尧以来已三四千年，以彼之朝当吾之午，以彼之午当吾之晡，天地之钟毓，人物之蕃殖，彼方壮盛，吾已衰迟，此气运之异也。

樊增祥的此种看法，通俗而言，就是“三十年河西，三十年河东”。面对“运会”这种人类没有抗拒能力的神秘力量，似乎只能无奈地接受。从现代人的角度来看，这实质上是一种“阿Q”式的自我安慰，充斥着消极与逃避。

二是“国情”。樊增祥秉承了中国传统的认识，认为“欧美诸洲，岛国林立”，生存环境恶劣，需要充分发挥个人技能才能保国存己。

> 不有奇技异能则君不能自保其国，民不能自赡其身，是以各竭其智力以求通微入化之学，极智创巧述之致。

这种西方环境恶劣，人们迫于生计而奋发图强，而中国富饶怡人，容易懒惰的想法，骨子里还是“中国中心论”的一种表现。

三是“商战”。西方在相对恶劣的生存环境中，通过经商来富国。上引所谓的“奇技”便是商业发达之技术。商贸遍及世界各地，安全便是一个大问题，因此需要发展军队予以保护。中国人说“国之大事，在祀与戎”[①]，这句话套用到西方，可以说成“国之大事，在商与战”。这种思维实际上仍是战国法家的“商战”策略的变体，樊增祥认为这是一种急功近利的强国措施，不是国家长治久安之道。

四是“人才”。要使“商战”兴盛，最终还是要靠人，樊增祥讲西方：“人才必需教育，而遍设大小蒙养诸学堂，使人人皆有爱国之心，皆知立国之本。”在这样的教育体制下，政治体制“任官惟其才，论事求其

① 《左传·成公十三年》。

是",于是乎"国有大事下议院条其可否,上议院定其从违,而君若相折衷焉"。这样的政治体制得以运行的原因是:"盖其国无不学之君,无不学之臣,无不学之士与民,此议院之所以开而议员之所以有益人国也。"从另外一个角度,反映了樊增祥对于当时中国教育的不满。

西人因为上述四个原因取得进步,中国在这些方面存在明显的不足。那么如何能"迎头赶上"呢?樊增祥认为关键还在于"人"——人格不齐、民智不开是落后的根本原因。樊增祥首先从历史的角度分析:

> 中国自祖龙愚黔首,而汉之经术、隋唐以后之科目皆欲举天下聪明才智之士驱而纳诸无用之域,而我得万世为天下君,故唐文皇有英雄入彀之言,宋太宗有纂辑《御览》之命。自前明用时文取士,至我朝嘉道以后文字之腐烂已极,人才之阘冗亦无复加矣。

樊增祥认为中国的现状是有识且理智(中立)之士太少,他认为:"今下议院鲜智士,而上议院乏断才,纷纷藉藉者谋之,泄泄沓沓者断之。"[①] 都是为了追逐私利,怎么能实现议院的目的呢?此观点与张之洞反对开议院的意见如出一辙。[②]

3. 议院开设的条件

有人质疑,按照樊增祥的说法,中国就不能建立君主立宪的议院制度了吗?樊增祥的回答是:"有西人之智则可,无西人之智则乱。"要实现议院制度,须"建言与听言相需而成",而目前的实际情况是"今下议院鲜智士,而上议院乏断才",在中国当时的实际情况下,根

---

① 论中西差距文字,均见《樊山政书》卷一〇《书王令景峩试卷后》,第285—286页。

② 详见本书第一章。

本就不具备开西方议院之条件，议院也就不能发挥其在西方的作用。

但是主张新学的人也会说，现今是过渡时期，过渡时期与实行时期不同，所以不能用实行时期的要求来判断中国是否可以开设议院。樊增祥对此意见不以为然，他说：

> 夫所谓过渡者，由此岸达彼岸，方及中流之时也。全国之人方半济于风涛之中，半立于崩沙之上，而欲学彼岸之人之坦行捷步，正坐危言，是又责婴乳以掇巍科，策病夫以行万里，必不能矣。①

按照樊增祥的理解，所谓的过渡也必然有其要求，断然不是超越已身之实际情况空言前行，否则只会导致更加恶劣的后果，国家富强无望，灭亡却近在咫尺。

通过对于错误说法的驳斥，樊增祥最后总结了自己对于开设议院的观点：

> 事穷势极以至于今，欲于学堂中求速成，悉索后求骤富，无是理也。然风气渐开，运会渐转，百年内外学益精而工益巧，天悔其祸，人竭其才，地呈其宝，必有驯致富强之一日，则中国漫漫长夜有时而旦矣。而泰西诸国亦容有中昃盈蚀之忧。则以吾之朝乘彼之暮，或者城濮之战，其报在邲乎？至于吾国民智尽开，则立宪可也，共和可也，有议院可也，无议院可也。若徒愤数百年压制之害，与上下内外壅蔽之深，未开民智，欲伸民权，为天下有才无遇者姑为是过屠之一嚼焉，吾未见其可也。②

---

① 《樊山政书》卷一〇《书王令景峩试卷后》，第 286 页。

② 《樊山政书》卷一〇《书王令景峩试卷后》，第 287 页。

总而言之,樊增祥对于立宪开议院的态度是首先不能着急,要先发展教育,等待时运之变换;立宪、共和、议院必须建立在开民智的基础上,否则就会形同虚设;而单纯的、激进的民权运动对于国家的强盛不会有实际效果。

可以看出,樊增祥对于西方文明崛起原因的分析有一定的合理之处,对于中国传统制度的批判也不可谓不深刻,并且他也能够认清时代发展之潮流。然而樊增祥作为传统文化的继受者和传统制度的受益者,对于传统文化的眷恋促使他在变法问题上找了太多客观的理由,同时也夸大了变法的困难。从后文也可以看出,在变法措施的实施上,樊增祥言语上"唱高调",而行动上则"原地踏步"或者"迈小碎步"。孙家红教授认为这种行为方式是"那个特殊的转折年代一个具有相当人文与社会关怀、具有强烈民族自豪感和自尊心的人所做出的正常反应"。[①] 这种说法有一定的道理。

(二)开民智是变法的基础

樊增祥一再强调西方制度是建立在"民智大开"的基础之上,这是中不如西的主要表现,也是变法措施不能实施的根本原因,樊氏云:

> 民智未尽开通,强欲仿行西法,明白者什二三,糊涂者什七八……其深费踌躇者,则以宪法既须实行,部限又极迫促,固不能因噎废食,亦岂能势迫刑驱。总须破其愚迷,乃得行吾法令。[②]

清廷的政令,施行非常着急,但当时缺乏施行的基础,面对普遍"愚

---

① 《樊山政书》序言,第8页。

② 《樊山政书》卷二〇《批扬州府禀》,第603页。

迷”的国民，樊增祥左右为难。

1. 变法须变人

樊增祥信奉“徒法不能以自行”的传统观念，认为要变法首先要“变人”。他说：“世竞言变法自强，有法无人，强于何有？”[①] 因此他坚持：“特弊生于久，政举于人，既无百年不弊之法，即不敢谓以后必无舞弊之事。语云‘有治人无治法’，及‘无治人则更不可不有治法’。”[②] 变法的成功不仅仅在于统治者措施的变化，更在于被治者的接受。为此，樊增祥总是感叹：“吾陕风气未开，每办一新政，民间必有浮议。”[③] 说明民间对于变法的抵触情绪还是很明显的。樊增祥无奈而言：“陕西素未开智之民不达事情，不说好话。”[④] 总而言之，民不变，法难行；法欲行，人必先变。

作为在州县历练多年的“亲民官”，樊增祥深知制度变革能够实现依赖于人们观念与行为的接受。[⑤] 法制变革首先面对的是人之“积习”，无论在对下级的批示上所说的“本司向来持议，欲办新政，先除积习”，[⑥] 还是在对上级的汇报中所言的“变法者，必自变积习始”，[⑦]

---

① 《樊山政书》卷五《批凤翔府杨守禀》，第 113 页。

② 《樊山政书》卷一三《详抚部院》，第 371 页。

③ 《樊山政书》卷一六《批长安县举人寇鸿恩等呈词》，第 451 页。

④ 《樊山政书》卷一七《批渭南县刘令禀》，第 485—486 页。

⑤ 现代法学理论也认为法律得以实施根本原因在于守法，比如哈特将人们对法律的态度分为内在观点与外在观点。持内在观点的人认可法律的规定，遵守法律是出于对法律的承认；而持外在观点的人并不认可法律，遵守法律是因为惧怕违反法律而导致的消极后果。只有对一法律持有内在观点的人占绝大多数，法律才可能生效。在这一点上，樊增祥的观点无疑是正确的。参见[英]哈特：《法律的概念》(第二版)，许家馨、李冠宜译，法律出版社 2011 年版，第 77—80 页。

⑥ 《樊山政书》卷一六《札凤翔府尹守等》，第 455 页。

⑦ 《樊山政书》卷一六《详抚部院》，第 441 页。

樊增祥都认为改变“积习”乃是实现变法的前提。

何为“积习”？樊增祥所说的“积习”就是“秦制”以来的愚民政策导致的民众愚昧。[①] 表现为逐“小惠”而舍弃“大道”（儒家伦理）的各种“低素质”的观念与思维。[②] 樊增祥似乎与现代人对各种“中国式”问题有着同样的烦恼。因此樊氏强调:“其大要在‘无私’二字,人人无私心,中国之自强其有望矣。”[③] 中国古代重家族而轻国家,“重义轻利”的价值观掩盖不了民间追逐私利的现实。西方的价值观认为“私欲”是人的本性,樊增祥最终也是关注到了人性的问题。对于愚民之品格低下,樊增祥深恶痛绝:“吾尝谓民智不开、人格不齐是中国大患。”[④] 然而为何西人的“积习”就好于国人？归根结底是重教育、用人才,人人皆有爱国之心,“任官惟其才,论事求其是”,因此,西方富强是建立在“无不学之君,无不学之臣,无不学之士与民”的基础上的,中国的变法图强同样在于民众“人格”之改变。

2. 人性与品格

亚里士多德认为人是社会的动物,[⑤] 马克思也说:“人即使不像亚里士多德所说的那样,天生是政治动物,无论如何也天生是社会动

① 秦制为秦朝构建的维护皇权专制两千年的制度之称。有学者认为在中国纷繁复杂的历史表象中,存在两条线索,一为维持皇权专制的“秦制线索”,一为追求自由的“儒家线索”。“儒家线索”的存在是传统制度自新的来源。参见吴钩:《中国历史演进的自由线索》,载于《东方论坛》2012 年第 5 期,第 7—23 页。

② 关于“小惠”与“大道”,可参见康建胜:《古代治庸的规范、实效及启示》,载于《求索》2017 年第 3 期,第 64 页。

③ 《樊山政书》卷二〇《批睢宁县禀》,第 564 页。

④ 《樊山政书》卷一九《批定边县吴令禀》,第 540 页。

⑤ [古希腊] 亚里士多德:《尼各马可伦理学》,廖申白译注,商务印书馆 2003 年版,第 59 页。

物。”[①] 人的社会性注定社会改革离不开不同时代的不同人性，中国的先哲也有从人性出发分析社会的习惯。[②] 樊增祥对于变法的理解也是建立在人性论的基础之上，对于中国人的人性中存在的问题以及和西方法律不适宜之处予以详细的论述。

樊增祥一方面认为中国人品格低下，不懂得西方权利的真正含义，只会运用西方法律观念无理取闹；另一方面对于依照法律主张权利的人又大加驳斥。这种矛盾显示出那个时代守旧官员的普遍看法：西方虽然很好，但中国人的品格不能适应，至于什么是西人法治之品质，又语焉不详，但对于西方所主张的“权利”对于伦理社会的破坏作用十分警惕。樊增祥对于中国人性的分析是从长时间“治民”的过程中总结出来的，具有很强的现实性。樊增祥云：

> 总由人心易惑，人格难齐，江苏虽号开通，然开通者仅止士大夫，非所论于匹夫匹妇也。益以好乱乐祸之奸民造言煽诱，蛊惑愚蒙，彼愚民者本不知宪法有何益，调查为何事，其妄相揣测者疑伏抽丁纳税之根，而素性愚迷者遂信摄魄勾魂之说。[③]

樊增祥很注意区分愚民与乱民。扬州府有一起案件，起因于户口调查。有人造谣：“北海造桥，以户口册埋诸铁柱之下，使人民尽死，令其魂魄守护桥梁。”[④] 樊增祥认为此谣言并不高明，因为“户口册非

---

① 《马克思恩格斯全集》第 23 卷，人民出版社 1972 年版，第 363 页。

② 《孟子 · 告子上》中讲到：“人性之善也，犹水之就下也。”而《荀子 · 荣辱》则认为：“人之生固小人。”二者从对人性的不同理解出发，进而阐释他们的政治观。

③ 《樊山政书》卷二〇《批泰州禀》，第 602 页。

④ 这种传言由来已久，曾经在乾隆时期大规模爆发过。美国汉学家孔飞力曾据此进行了社会学和法学的研究，写出了《叫魂：1768 年中国妖术大恐慌》一书。

洋法也,亦非新法也,中国保甲之法历朝以来均从户口册入手”,后来查明真正的原因是老百姓怕抽丁纳税,而借匪徒的妄语来对抗调查。樊增祥对此的态度是:

> 与愚民说话,如家庭教小孩然,不可一味朦哄,尤不可专用压力,是在贤吏正绅之尽心化导,示之以信,感之以诚。[①]

对于造谣聚众、毁人庐舍、强抢财物的主犯,要严办,不能姑息。而对于其他民众则不能一味牵连,要“好为解散”。樊增祥一再强调:“吾辈作地方官,既有人造谣,即当穷其究竟”,民间愚昧,若是谣言不及时控制,有可能会引发大规模的混乱,必须要有足够的重视。樊增祥对于民众似乎没有信心,总是感慨“吾辈作官总对得住百姓,百姓对官不住与吾辈无干”,[②] 秉承一种“做好自己”而无论西东的豁达。

3. 教育的作用

既然“积习”影响变法,变法又不可不变,那么就必须要改变“积习”。如何变?樊增祥仍旧从中国自古以来的“教化”思维出发,只不过这个词在樊增祥的时代已经被称为“教育”。古人大抵认为人天性善良,坏人也是被蒙蔽了良心的人,因此,教化对于个人道德的提升是有明显效果的。樊增祥强调兴学对于开民智的重要作用时说:

> 吾尝谓,往时牧令以尽心民事为循良,今日牧令以振兴学堂为急务。缘科举既停,非学务大兴,士类无由进身,朝廷亦无由得士。[③]

① 《樊山政书》卷二〇《批扬州府禀》,第 603 页。

② 《樊山政书》卷一七《批渭南县刘令禀》,第 486 页。

③ 《樊山政书》卷一四《批绥德州禀》,第 396—397 页。

代表中国政权开放性的科举制度，经历了一千三百余年的漫长时期后，在光绪三十一年（1905）举行了最后一科进士考试后终止。依托科举的旧式学堂也要逐步被新式学堂所代替，然而新式的教育还是有很多问题的。从政府的视角来看，教育的目的是为了清廷推行变法，获得列强的肯定，继而延长大清国的国祚。但是面对庞杂而“混乱”的西学，如果没有基本价值观的引领，没有基于本国实际情况的选择，往往会“走火入魔”，起到相反的作用。樊增祥对此极为警惕，他说：

> 今日无知少年迷于平权自由之邪说，为子弟者皆不知有父师。本司决不容此辈鸱张，亦不忍听好好青年美质沦于禽兽也。[①]

按照樊增祥的认识，西学总有很多不适合中国的“邪说”，若是不加辨别地学了这些“邪说”，就会出现“好好青年美质沦于禽兽”的恶果。所以兴学首先要解决的是什么该学，什么不该学。樊增祥的观点是西方的学问仅仅只是工具，断不可丢掉祖宗的伦理道德这个根本，囫囵吞枣，成为一知半解的愤世嫉俗者。

> 东南各省民智早开，官私学舍其比如栉。人习和文，士多横议。西学好处，一无所知，一无所能，而专以平权自由之谬说互相夸煽，此偏于新学之弊也。[②]

樊增祥认为时人对于西学的“一知半解”的现象非常普遍，但他对于西学的认识大多数也是根据张之洞的教诲以及邸报中的宣传，也不算对西学“了然于心”之人。不过是樊增祥批判起来，丝毫不觉

① 《樊山政书》卷一六《批洵阳县辛令景舒详》，第442—443页。

② 《樊山政书》卷一〇《批郃阳县仇令禀》，第274页。

得心虚,其原因有二:一则,新式教育为旧有伦理服务,这是朝廷的变法原则;二则,教育改革是官方自上而下推行的,并非民间所能议之事。事实上,从统治者的角度来看,樊增祥的观点不无合理之处,以晚清以降中国的法政速成教育为例,尽管在日本和国内通过速成法政教育培养出大量"应急"人才,但最终非但没能挽救清朝灭亡的命运,反而从事实上加速了清朝的覆亡。[①]

教育之不彰,使樊增祥极为担心变法人才不足的问题:

> 中国以四万万人料之,妇孺去其半,此一半中兵农工商杂户舆隶僧道之属什去六七,所谓读书识字附属于仕籍黉校者不过数十万人,此数十万人中虽读书而无所知,虽入官而无所能者,又什去六七,此外非旧党即新党,中立不倚者落落然百中之一二耳。[②]

按照樊增祥的算法,四万万人中只有数十万人能够"读书识字附属于仕籍黉校",这说明清代的文盲率非常高,达到了90%以上。这些有知识的人中能够"中立不倚者"不过百分之一二,也就是说,政府可用的变法人才最多也不到万人。在这样的情形下,樊增祥发出了这样的拷问:"欲以泰西议院之制望诸中国未尝开智之人,是犹效颦以示妍,揠苗而助长也,不其惑欤?"

樊增祥所谓的教育,与传统的士子教育是有区别的。有人对樊增祥否定科举取士制度提出质疑,樊增祥对此进行了解释,他说:"彼一时此一时也",时世不同,科举的作用与价值也不同。

① 孙家红:《欲速则不达:清末法政速成教育之反思》,载于《社会科学论坛》2019年第4期,第219页。

② 《樊山政书》卷一〇《书王令景峩试卷后》,第286页。

> 中国历朝以来皆以一人坐制天下，惟恐奇杰之士逞其嚣然不靖之气，窥觎宝位，窃据神州，乃啖之以科名，纳之于场屋，使天下才智之士窃老尽气致力于文字之中，其下者则听其生活于兵农工商及一切杂徭贱业之内。设有不靖，以中国之人平中国之乱，不必奇材异能也。向使汉祖唐宗早知六合以外犹有跳龙卧虎十数大国，可以远越重洋以夺吾国之美利，损吾国之威权，而我制举之文与徒搏之勇举不足当其万一也，则亦必亟开民智早图富强，何待今日始成为过渡之时代哉？[①]

以前无外患威胁的时候，就要着力于内部的安定，“奇杰之士”没有生存空间。把每个人绑定在各自的事务中，[②]八股之文风，训诂之学风，使知识分子“窃老尽气致力”于此，无暇“逞其嚣然不靖之气”，从而实现社会的安宁。国家一旦面临外敌入侵，根本有没有御敌之人与变法之才。清末之时，开民智与图富强是时代需要，与以往的世情已经有很大的差别。要完成这一艰巨的任务，科举已经无法适应，必须要通过新的教育方式培养人才。

此外，樊增祥也相当重视报纸宣传的作用。

> 吾秦远在西陲，风气之开，较东南为晚。虽复学堂大启，兼综中西，而士守陈编，商无远志，京沪诸报，贫者不购，迂者不观，其购而观者又或少年浮动，习其非圣无法之言，而略其智创巧述之事，则不惟无益而有害矣。[③]

---

① 《樊山政书》卷一〇《书王令景裳试卷后》，第286页。

② 古希腊所谓的“正义”何尝不是如此，比如，柏拉图认为正义就是“只做自己的事而不兼做别人的事”。参见柏拉图：《理想国》，商务印书馆1986年版，第154页。

③ 《樊山政书》卷六《秦中官报序》，第168页。

清末时的报纸是了解世界及朝廷变法意旨的窗户,但是,民间不关注政治的现象又很普遍,穷人买不起报纸,买得起报纸的也不看,偶尔有观看的,也是拾取一些“碎片化”的言论,这种“不求甚解”没有好处,只有坏处。

总而言之,樊增祥关于开民智的方法最终归结为教育。然而革命本身就是通过激烈的手段而进行的社会启蒙运动,“愚民”体制内部的教育如何“自我升级”转而开民智,这是个大问题。

(三)循序渐进的变法进路

通过教育来开民智,不是一朝一夕的事情,需要“慢工出细活”,变法也是不能着急的。

1.“速变”不现实

樊增祥首先意识到变法是“势所必至”。在“必须变”这方面,“识时务”的樊增祥对变法持支持态度。他看到了“近日者内而改轻刑律,外而考察宪法,来牍所谓风潮鼓荡,难缓须臾”的现象,明白这是“理有固然而势所必至”[①]的趋势。为此,樊增祥断言:“时会所趋,宪法断不能不立。”[②]既然必须要变,该怎么变,何时变?在《樊山政书》中,樊增祥有自己的看法。

其次,樊增祥分析了“速变论”存在的问题。面对动荡的局势,迫在眉睫的压力,有人很着急,认为变则要一蹴而就。而樊增祥则认为中西各有优点——文化西不如中,器物中不如西,这虽是戊戌变法之前的普遍看法,但还是被樊增祥顽固地坚持着。他常以守古之人

---

① 《樊山政书》卷一八《批泾阳县蔡令宝善禀》,第512页。

② 《樊山政书》卷二〇《批睢宁县禀》,第563页。

自居,给自己的定位是:“举世维新,岂可无人存古?”[①] 樊增祥将无知之世人分为喜新和守旧两类,“喜新者拾欧西之余唾,守旧者盗理学之虚名”,这两类人的共同特点就是都热衷于图富贵,迎合不同的朝廷势力,对于真正的变革往往一无所知。樊增祥重点批评了“喜新”人的缺点:“甫见西书,即背圣教,遵西人如父,奉逆党为君,自鸣于众,曰:我知时务。”樊增祥对此等“拾人牙慧”的人嗤之以鼻,认为他们是忘本之人,“天下又岂有无君无父之豪杰乎?此时诲人之法,不必谈理学。惟以忠孝为本,不必分中外,惟以有用为归”。[②] 忠孝是根本,是不可变的,“速变”往往会“奉逆党为君”,这样的变是忘本,根本不可行。

第三,缓行留学。对于日益勃兴的西洋留学,樊增祥也持有消极的态度,他认为陕西的实际情况是:

> 风气未开,士无远志,一;新政繁兴,事须渐及,二;根柢未固,难语开通,三;年少远游,无人督率,四。[③]

基于上述四个理由,留学是否能服务于统治是个很大的问题。樊增祥的这一观点从统治者的角度来看并非全然无理,清廷想通过留学生学习西方的技艺,为富国强兵服务。这些留学生倒是有一部分实现了清廷的目的,但更多的却被培养成了思想激进的反对者。留学成了革命的土壤,这显然与清廷派遣留学生的目的南辕北辙。当然我们从时代发展的角度出发,樊增祥的观点是保守的。

第四,樊增祥对地方自治导致的“民权日伸”表示忧虑。他认为

---

① 《樊山政书》卷一五《批延安府禀》,第 409 页。

② 《樊山政书》卷二《批商州尹牧昌龄禀》,第 40 页。原文文字有缺漏。

③ 《樊山政书》卷一四《送陕西高等学堂学生留学东洋序》,第 386 页。

如果用人不当,办事不力,就会导致"正绅杜门,劣绅横议"的现象,如此政事必然受到掣肘。如果官吏"贪劣庸懦",但得到了正绅的扶持,对于政事的推行是有所裨益的。但是"果锐明决"的官吏遇到了"恶劣迂庸豪横贪鄙"之绅,那就麻烦了。这些"劣绅"在所谓民权的鼓励下,任何事都想染指,动辄抵抗,或者向官吏的上级告状。如果上级相信了"劣绅"的告状,则会导致能吏灰心丧气,只求解职而去。樊增祥虽然认为变法需要开民智,但是开了民智后对于固有制度的影响似乎没有做好准备。

对于"劣绅",樊增祥如此比喻:"人心每欠公道,人妻欲其悦己,己妻欲其詈人,大愚真不可解。"因为乡绅都是还乡之官吏,二者如果都存私心,"为官则欲保官权,为绅则欲张民权,皆拒人悦己之私心也",那就大坏了。官绅本是一体,所以应该:"官与绅须相助为理,好官不用正绅,何以办地方之新政?好绅不借官力,何以拒乡党之棍徒?当此相依为命之时,断不可存彼此异同之见。"[①] 简而言之,就是在变法的时候官绅要互相配合,断不可各执己见。然而议院本就是发表见解的地方,按照樊增祥的认识,不过是又徒增了一个中央政令的"执行机构"。

基于以上的现实与理由,樊增祥认为激进的"速变"论不符合实际。

2."渐变"的理由

樊增祥反对"速变""不变",其意在"渐变"。他说:"鄙意非不主变法也,惟凡事须循序渐进。"樊增祥认为变法应该因地制宜,考虑各地不同的实际情况:

---

① 《樊山政书》卷二〇《批睢宁县禀》,第563—564页。

未有不问士民之品第何如而遽以西法概中人，且以一成不易之法概施于二十一行省，万有不齐之人者。

樊增祥一再强调“吾非不以宪法为是”，并通过形象的比喻说，“特以时未至而强为之，犹饭未熟而加餐，必为脏腑之患，兵未练而浪战，必贻军国之灾”，说明循序渐进的好处。具体的理由如下：

首先，开民智需要时日。如前文所述，樊增祥认为实行变法的基础是“教育普及，民智大开”。

盖必士民中多有明是非、识道理之人，然后天下有议员，有议员而后可以开议院，上下议院皆得其人，然后宪法乃立。

樊增祥对于中国普通民众完全没有信心，与其长期州县政务中接触了众多的“刁民”有关。他甚至认为“今之民若马贼，若会匪，若枭匪，若讼棍，若土豪，几于充塞天下”，整个国家没有几个良民。樊增祥极为警惕西法中的民权观念，认为这会被“别有用心”的“刁民”利用，就会“先伸民权以为快用，是益扩其议论自由之势力，而阴遂其劫持官吏冒上亡等之私心”，若用此等刁民，会造成“朝廷与乱人共治天下”的状况。这种情形在中国和西方都不存在，“不惟黄帝尧舜以来之中国无此政法，即欧美诸邦亦岂有此宪法哉”？樊增祥担心，“事事与民同之，能事事如我意又如人意否”？还是在强调民众对于变法的服从。可以看出，儒家的等级秩序、精英治国理念在樊增祥的心中根深蒂固。

其次，要先做实业，缓行法政。变法事项纷繁，立宪与刑制改革首先进行，但是樊增祥认为变法应该有个次序，不能“揣其本而齐其末”。他提出实业为本，法政为末，“此吾所以学堂、工艺、巡警、路矿以及常备新军无一不实力举行,而法政独从其后也”。[①] 其实中国民族实业的发展状况已经证明,没有制度与法律的保障,没有对于财产、自由等权利的认可,实业的发展始终面临着极大的风险,可能会随时因政治或官吏之变易而崩塌。实业与法政相辅相成,并没有先后次序的关系。此外,对于法政改革中改轻刑法是立宪的本源的观点,樊增祥不认同。他认为在案件的审理中,不用笞杖,无法获得口供,案件就不能终结;与人推心置腹,当事人双方能说实话吗?这倒是印证了孟德斯鸠所说的中国人最会欺骗的说法。[②]

即使不得不学西方法政,樊增祥认为应该从技术角度出发,学习一些最急需的法律。

> 各国律法既选留学生肄习矣,而我国商部所颁商律尤非切实研究不可。闻蜀中所订铁路集股章程,经商部援律议驳多条,是非就其范围必至事无归宿。今陕西官商非惟于商律未经讲求,且多未见此书者,拟即由局详请电咨到陕,饬令官书局翻印若干部,发给局员,令其讲习,并于本局所开学堂学生课程内增入此书,作为正课,以资讨论而宏造就。[③]

西方列强几乎都是商业文化国度,与之最主要的交往便是商业贸易,必然会涉及到非常多的商贸法律问题,而这在中华法系中并不存在

① 以上引“渐变”之文字,皆引自《樊山政书》卷一八《批泾阳县蔡令宝善禀》,第512—513页。

② [法]孟德斯鸠:《论法的精神》(上卷),商务印书馆2010年版,第327—328页。原文为:“中国人的生活完全以礼仪为指导,可是,他们却是世界上最狡黠的民族。……斯巴达允许偷窃,中国允许欺骗。”

③ 《樊山政书》卷一七《详议西潼铁路办法章程二十二条》,第472页。

现成的规则。所以急需商律的出台,急需培养熟悉各国商法的留学生,加强商贸法律的教育。樊增祥实际上意识到了"技艺""工具"层面的法律远没有宪政、国体类的法律对统治秩序的危害大,所以支持此类法律尽早出台。

第三,法制变革要循序渐进。在与西方长时间的谈判与商业交往后,中国逐渐承认了西方的国家主权和国家平等的观点,"夷"逐渐被"西洋""远""外国"等词替代。[1] 改革派都意识到了中国传统法律所存在的问题,认为中国法律不公正和量刑太严,而且由于权力的干涉,这样的法律往往得不到严格的执行,所以迫切希望朝廷更改法律后恢复司法主权。

尽管樊增祥认为宪政应该缓行,但是对于朝廷所决定的宪政九年预备的政策是无条件支持的。宪政之实行与法制变革密切相关,此时新的法律草案、新的法律观念冲击着旧有的法律与观念。对此,樊增祥退而求其次,认为法制变革不能"尽改中国之法律"。

樊增祥是个坚定的"国情派",这一思想贯穿其一生,是那个时代的主流思想。樊增祥的逻辑是,法律之实现有官民两面。官的问题是"吏治之坏,冤狱之滋",造成这一现象的原因是官"皆由不学而入官,既入官而仍不学,不习吏事,不识物情,卤莽升堂,颟顸判事",指出官吏不学无识的情形。民的问题是"中国之民犹是旧日之民也。

① 中国自古对中原以外的地区和居民,有"南蛮""北狄""东夷""西戎"之分。后来"夷"字也被用来泛指中原以外的四方部族,与"夏""华"相对而言。通过对文献资料的比较,1860 年以后,颇富轻贬色彩的"夷"字逐渐受到排挤,并被"洋""西""外"所取代。参见方维规:《"夷""洋""西""外"及其相关概念——论 19 世纪汉语涉外词汇和概念的演变》,载于《北京师范大学学报(社会科学版)》2013 年第 4 期,第 60—61 页。

性情风俗迥异岛人,蠢愚冥顽,未受教育",指出民众素质低下的现状。基于这样的"国情",简单地移植西人构建在官民俱为"无私"之上的法律,就会产生"犹男穿女衣,俗戴僧帽"的"东施效颦"怪相。所以樊增祥认为在修改法律时应该兼采中西:"法政诚不可不学,中律亦不可尽弃。"

就中国司法审判的现状而言,樊增祥云:"州县终年听讼,其按律详办之案,至多不过十余起,中简州县有终年不办一案者。"[①]"按律详办之案",实际上就是我们所说的命盗重案。按照规定,此类案件必须要引律裁判,且层层上报复核,这类案件州县办理的极少。州县官吏面对的最主要的案件还是"户婚、田土、钱债"类的细故案件。对于此类案件,官吏一般按照"情理"规则办理,在法律上几乎找不到依据。于是法的情理基础,仍被视为衡量法律的标尺之一,在相当程度上被认为是理解法律的基础。[②] 如果按照西人司法的"形式主义""法定主义",则无从下手。

产生这样的状况的原因大致有二:一是中国古代没有明确的案件受理范围,民之争议都可向州县官员提出诉讼,中国历代的州县官吏被称为"父母官",实际上起着类似父母解决孩子纠纷的作用,事无巨细均需要处理。西方强调不能拒绝裁判,中国古代则为不能拒绝受理。[③] 所以对于"情伪"多变的案件,樊增祥认为立法根本不能涵盖,"诈伪欺愚,贵在酌理准情,片言立断",所以"不但不能照西法,亦并

---

① 《樊山政书》卷二〇《批拣选知县马象雍等禀》,第594—595页。

② 霍存福:《中国传统法文化的文化性状与文化追寻——情理法的发生、发展及其命运》,载于《法制与社会发展》2001年第3期,第16页。

③ 公室告、非公室告是秦代案件受理与否的标准,但是在后世,非公室告的案件,州县官员也要进行裁判。

不必用中律”，用的还是人们长期生活交往中形成的情理共识。

二是对于法官的要求，西人强调忠于法律，严格执法，而在樊增祥眼中，合格的审判官员要“明敏能断”，这样才能“拖累少而受福者多”；如果做不到，“优柔不决，虽心地好而作孽不浅”。根据具体案情，当断则断，不必受太多形式方面的束缚。

按照樊增祥的观点，合格的法官的标准有四：“一要天分，二要学问，三要阅历，四要存心公恕，不贪不酷不偏，然后可为折狱之良吏。”在中国审理案件，关键在于官吏的道德水准和情理经验，这些在书本上是学不到的，只能在实践中摸索。西方司法也是强调经验的作用，几乎在同一时期，美国大法官霍姆斯提出了著名的论断“法律的生命不在于逻辑，而在于经验”，[①] 表明司法衡平的重要性。当然二者的旨趣是不同的，中国的情理在司法中的运用是反程序的，而西方重视经验是对“法律发展的唯一动力在于逻辑”观点的矫正。樊增祥观察到“世尝有读书万卷而坐衙不能一言，治律专家而作官不了一案者”。[②] 这对于我们现在的法学教育中加强实践环节的必要性问题上还是有启发的。

在中国的复杂伦理社会中，有高高在上的道德准则，也有实实在在的做人标准；有理想化的法律，也有灵活性的审判。在这样的社会基础上，西方法律从立法上很容易移植，但其实施是个大问题。樊增祥的观点，与当时的社会实际是相适应的，在很多方面也是有道理、能够自圆其说的。但是以国情来排斥法律的变革，实属武断。从发展经验来看，民国法律是在沿袭清末变法的基础上的进一步发展，虽

---

① [美]小奥利弗·温德尔·霍姆斯：《普通法》，冉浩、姚中秋译，中国政法大学出版社2006年版，第1页。

② 《樊山政书》卷二〇《批拣选知县马象雍等禀》，第594—595页。

然存在樊增祥所谓的西法中用的不适应,但是这些问题终究随着社会的发展逐步予以磨合,也证明了樊增祥所谓中国人不适合“西法”观点的片面性。

总之,樊增祥幼年的穷苦生活和成长阅历,以及多年的州县官吏经历,都使得他对清末的“国情”“民情”有着比较客观的认识,比那些高高在上、脱离基层的决策者更加了解社会现状。他从实践的角度去考虑法律之制定与变法之实行,均认为现有的条件与变法的目标之间差距太大。法律要想像西人那样真正实现效用,中国目前的社会条件并不允许,还有很长的路要走,只有脚踏实地,兴教育,开民智,才能发挥西人制度的优势。樊增祥对于法律的内容、变革的观点,与萨维尼“任何个人必须同时被认为是家族、民族、国家中的一部分;一个民族的任何一个时代也必须被认为是所有过往时代的继承和发展”的“法律是民族精神”之论述有相似之处。①

然而樊增祥对于局势的把握还是存在偏差。“风雨飘摇”中清廷已经在苟延残喘。其对宪政、法律之变革已经不能去考虑它的实施,而只能寄望于通过一纸文书让西方列强认可从而“续命”,当然这一梦想的破灭也使得清末变法一朝崩塌。在风起云涌的革命激情与强烈渴望变革的时局下,“循序渐进”已经失去了土壤,只能被贴上“顽固不化”“腐朽”的标签扔进“垃圾堆”。尽管它有一定的道理,但是不合时宜。缓进固然稳妥,但是没有压力的缓进可能会成为守旧者得过且过的借口。

---

① [德]蒂堡、萨维尼:《论统一民法对于德意志的必要性——蒂堡与萨维尼论战文选》,朱虎译,中国法制出版社 2009 年版,第 105 页。

三、法制变革措施的施行

(一) 咨议局选举

光绪三十三年(1907)十月,清廷发出谕旨正式筹建咨议机关,各地的咨议局是在光绪三十四年(1908)六月颁布的《各省咨议局章程及议员选举章程》的基础上通过选举产生的,这是中国历史上第一次民意代表选举。到了宣统元年(1909),除新疆外各省都设立了咨议局。

咨议局的选举,可谓是开天辟地头一回,樊增祥云:"今正筹办咨议局之时,乃目前第一要政。"虽然清廷将咨议局定义为督抚的"咨询机关",但是咨议局却力争获得西方议会式的权力,所以地方士绅对于选举还是非常重视的。樊增祥的看法是:

> 议局初开,选举最为重要,若邪正相争,则官当护持善类,若两贤相厄,则官当曲意调停。①

樊增祥强调选举的结果要去"邪"护"善",官员必须在选举过程中发挥作用,选举必须在官员的主持下进行。对于在选举中得力之官员,樊增祥予以夸奖:

> 调查选举事宜,该署牧力任其难,力求其是。简章及分区调查清册若网在纲,有条不紊,洵足为三十六州县程式,嘉叹无已。②

但很多地方的士绅却认为此为参政的好机会。江苏咨议局的当选议

① 《樊山政书》卷二〇《批睢宁县禀》,第564页。

② 《樊山政书》卷二〇《批泰州禀》,第568页。

长是著名的实业家张謇,由于他所具有的特殊社会地位,对督抚形成了一定程度的监督和制衡,曾运用集体辞职的方式表达对于督抚蛮横的抗议。[①]

1. 侯选人的派捐

商人最害怕的便是无休止的苛捐杂税。当时的咨议局章程中候选人的条件之一是"在当地有五千元以上商业或不动产等"。在进行登记的时候,很多符合条件的人都千方百计地隐瞒自己的财产,因为在他们心中,政府永远都是要榨干自己血汗的吸血虫。事实上他们的担忧不无道理,在《樊山政书》中就记载了这样一场争议:

> 而一二富绅不平者来省具诉,谓海州捐簿按选举五千元以上之资格派捐,于是议局哗然,院宪及本司亦严批诘问,诚恐有妨宪政,失信国民。[②]

可以据此管窥地方借选举派捐敛财的问题。这一问题直接影响到人们参与候选的积极性,[③] 最后参与各地选举的人只相当于总人口的千

---

① 1911 年 2 月,江苏咨议局在讨论两江总督张人骏提交的预算案时,删减三十多项、增加十余项支出,张人骏大为不满,既不覆议,也不公布。张謇于是率副议长和常驻议员全体辞职以示抗议。参见王令云:《论张謇的君主立宪思想及其实践》,载于《经济与社会发展》2007 年第 7 期,第 125 页。

② 《樊山政书》卷二〇《批海丰面粉公司总理呈》,第 600 页。

③ 延安府安定县"初选当选人二名迭经札催,未据送到",商州山阳县初选当选人五名,"无一人投到"。参见《咨议局筹办处批延安府申报该府举行复选日期并投票开票各行暨所属初选当选人姓名票数由》,载于《陕西官报》1909—6(17);《咨议局筹办处批商州禀举行改选临期商南当选人不到禀明核示由》,载于《陕西官报》1909—6(21)。

分之四多一点。[①] 当时的美国驻华公使观看了中国的选举后如此评价："各地的选举未能刺激起人民的热心，合格选民仅有极少部分真正投了票。官府对议员选举的影响非常大，有些省份，迹近指派，此中以东三省最为明显。"[②]

2. 选举名额的争夺

按照《各省咨议局章程及议员选举章程》的规定，各省咨议局议员名额的分配，按照科举制所取学额的5%分配，而不是按照人口的比例。[③] 有些县因为名额的问题而产生了争执。

丁溪、草堰等七场之地在东台县和兴化县的交界处，此地的赋税和诉讼都在东台，而学生的学籍在兴化。本来相安无事，但是因为选举按照科举所取的学额分配，所以这些学籍究竟算在东台还是兴化就存在争议。选举在即，此时勘界也会耽误选举，于是出台了一个初步方案（没有具体说明，似乎是各自划分了一部分），东台县无异议，但兴化县不服，禀告到省及咨议局筹办处。樊增祥批示："暂照袁令所拟权宜办法，以期勿误初选，将来细勘界线，再定较若画一之规。"同时他对兴化县令不合情理的思维进行了批评：

---

① 1909年3月15日之前，筹办处调查出具有选举资格的共有29540名，专额400余名。陕西选民占人口总数（10271096）的比例仅为0.28%，当时全国的平均值为0.39%。参见张朋园《中国民主政治的困境，1909—1949：晚清以来历届议会选举述论》，吉林出版集团有限责任公司2008年版，第53页。

② 张波：《清末湖南咨议局设立的法制价值研究》，对外经济贸易大学2013年硕士论文，第61页。

③ 陕西的名额分配如下：西安府19名，同州10名，汉中府10名，兴安府12名，凤翔府2名，榆林府2名，绥德州2名，商州2名，延安府2名，乾州1名，邠州1名，富州1名，共计64名。参见《咨议局筹办处详院遵拟分配各属议员及初选当选人各名额总分表并分配后选举办法及投票开票各细则文》，载于《陕西官报》1909—4（12）。

> 该令在兴为兴,复有此禀,固有加多吾民之意,亦有取悦于众之心。该令试思此七场之人民土地自明以来催科者东台也,听讼者东台也,一旦值选举议员之会,兴化欲凭“学籍”二字尽括其人民土地而有之。有此情理乎?在士绅争执乃各为其梓桑,该令以传舍之身,今日在兴,明日亦可调东,设本司即将该令调署东台,其能执此禀词,使东民尽弃七场之版籍,拱手以归诸兴化乎?有以知其必不能也。[①]

此例说明虽然选举人参选热情不高,但地方在争取议员的名额方面还是非常积极的。

3. 违背选举程序的惩罚

在江宁选举咨议局议员投票的时候,监察员章广祺私自打开了谷里村的票箱,查点数目。江宁县县令认为章广祺是“无心之过,情有可原”,禀请将章广祺在谷里村所得的八票视为无效,其他地区所得的选票依然有效。而附生陈廷彝等禀告要求按照宪政编查馆的定章的规定,对其处以一年以上的监禁或者百元以上的罚款。

樊增祥认为两方的处理意见都不妥当,前者过宽,后者过严。他认为,章广祺属于不熟悉程序,“钥操其手,违禁私开,又将各票鳞次栉比,安放整齐,若明明予人以诘问之据者”。主观上并没有作弊的故意,“况投票之举在中国始破天荒,司选者于例未谙,法当原恕”。所以按照定章处理过于严苛,但章广祺的行为“冒失糊涂”,不符合当选议员的条件,按照县令的处理也有点轻,所以应该将章广祺所有的得票都视为无效,“以孚公论而儆冥顽”。[②] 这种“衡情处断”的处理

① 《樊山政书》卷二〇《批兴化县禀》,第585页。

② 《樊山政书》卷二〇《批江宁县附生陈廷彝等禀》,第593页。

方式，近情理而远法理，秉承了樊增祥一贯的诉案处理逻辑。这种思维仍然认为国家的法令在执行过程中都是可以打折扣，要根据实际情况而定的。

此案表明，在当时，违背了选举的相关程序，裁决权还是在行政官员那里。最后的处理意见是"此案已由督宪批定"。[①]

清末宪政的特点，一是在改革方案中有很多自取失败的矛盾。设置资政院和咨议局本来是要广开言路，为立宪做准备。可是人们一旦要表达政治意见，清廷又要严格压制，进而使得这些社会精英走上了反对朝廷的道路。其二是自上而下的改革中，参与制定改革方案的大都是各谋私利，清廷原本就没有自己的具体方案，只是保持改革的门面而对实际内容毫不关心。参与改革的皇族、官吏和士绅通过维护清王朝的统治而维护自己的利益。[②] 这两方面注定了地方宪政制度的失败。

(二) 举办巡警

光绪二十八年(1902) 十一月，清廷下谕旨令各省筹办巡警。[③] 由于没有统一的范式，各省巡警完全是各自为政，互不统一。光绪三十一年(1905)，清廷在京城设立了巡警部，分为警政、警法、警保、

---

① 《樊山政书》卷二〇《批兴化县禀》，第 585 页。

② 《剑桥中国晚清史》(下卷)，第 401—404 页。

③ 中国古代并无"警察"一词，按照现代的视角长期处于军警不分、警政合一的状态。中国最早的警察是从外国租界的"巡捕"开始的。戊戌变法时，在湖南巡抚陈宝箴的支持下，湖南按察使黄遵宪仿照西方和日本警察机关，在长沙创办湖南保卫局，这是清末地方举办警政的第一次尝试。该局在创办数月后由于戊戌变法的失败而遭裁撤。参见苏全有、殷国辉:《清末巡警部成立的原因探析》，载于《河南科技大学学报(社会科学版)》2008 年第 3 期，第 31—32 页。

警学、警务五司,并规定"各省巡警,并著该部督饬办理",全国警政开始统一。①

在樊增祥任布政使的陕西,按照清廷的要求,在65个州县设立巡警,其中光绪三十一年(1905)设立了30个,三十二年(1906)设立了25个。此后在光绪三十四年(1908),清廷借鉴国外警察制度,制订了《违警律》,确定了各项违警事件的处罚范围与原则,进一步在制度上完善巡警制度。由于州县巡警直接面向基层社会,因此它的建立,在逐步取代昔日保甲、团练、官府捕役的功能的同时,又促使基层社会治安模式变化,即改变传统的由官府、士绅、宗族共同维护治安的结构,转向由官府直接管理。国家权力借助警察职能开始深入基层,并促使乡绅进一步分化,传统的乡村社会结构开始解体。这一进程一直延续到20世纪上半期。②

巡警与一般官员的不同之处在于可以经过民众挽留后留任。《樊山政书》中有"例载'官员迁调,不准百姓乞留',惟巡警差使与地方官不同"的说法。③

一种新制度的建立,必须有相关制度配套。但在当时变法频仍之际,新官制没有颁布,地方自治正在筹备之中。清政府加快推进州县巡警建设的重要目的一是"防寇",二是加强对州县的控制。这就使州县巡警设立匆忙,人员准备不及,素质大受影响,行使职责时恃强凌弱之象频现。加之州县巡警经费多数"就地筹款",各种"警捐"苛政层出不穷,导致警察与民众的冲突不断。

---

① 朱寿朋:《光绪朝东华录》,中华书局1958年版,第5408页。

② 刘伟、石武英:《清末州县巡警的创办与基层社会》,载于《社会科学》2012年第12期,第155页。

③ 《樊山政书》卷一七《批东关商民禀词》,第493页。

1. 举办巡警的态度

对于巡警的举办，樊增祥持认可的态度，并积极予以落实。

新制度要推行，会受到旧制度的阻挠和人们习惯、观念不适应的阻力，因此樊增祥认为办理新政实属不易："举办警务，省会犹难，而况各县。"[①] 但是既然是朝廷的决定，作为地方官员的樊增祥就要予以坚决执行，这是当时循吏的基本思维。因此，他强调："现当力行新政之际，政务处责令各省各州县将所办学堂、工艺、巡警诸要政造具表册，咨送备查。"[②]

樊增祥经常在批文中对推行巡警有效的州县进行褒奖，比如对于桃源县令：

> 据禀该令到任后即注重警务，筹办数月，甫有端倪。单开简章各节，深通外邦之法政，力保阛邑之治安。[③]

对汧阳县令：

> 汧阳小邑，巡警要政，各大县办理得宜者且少，而该令于筹款募兵独能措置裕如，事有成而民不扰，曷胜嘉悦。准如所拟，按月收捐，认真教练，以期收效无穷。[④]

而对举办不得力的则予以批评，他曾斥责韩城县办理巡警"敷衍塞责"。[⑤]

---

① 《樊山政书》卷一八《批醴泉县周令丕绅禀》，第 517 页。

② 《樊山政书》卷一一《批清涧县禀》，第 291—292 页。

③ 《樊山政书》卷二〇《批桃源县陈令杭禀》，第 593 页。

④ 《樊山政书》卷一九《批汧阳县禀》，第 556 页。

⑤ 《樊山政书》卷一七《会臬司详抚部院》，第 468 页。

2. 巡警的职守

对于巡警职责,民政部奏折云:“巡警之职,凡盗贼疾疫之未萌,争讼斗殴之将发,及一切养民保民诸政,均与闾阎休戚息息相关。”[①]可见巡警职守范围非常广泛,樊增祥对此的看法是:

> 巡警之设,上奉明诏,下卫闾阎,开办经年,有利无弊。公家糜款,已逾万金,员弁巡街,罔分昼夜,所以不惜劳费者,为地方也。[②]

巡警经中央和地方的共同努力得以建立,总体上利大于弊。从中也可以看出巡警制度的实施,无论在经费还是劳力方面,都有很大的耗费。

巡警与勇丁的设置目的都是维护地方治安,二者有什么不同呢?一般来说地方上的勇丁,大致上是官员的私家兵丁:

> 吾见办团练、募巡勇者多矣,敛钱招致,所为者何?无非本官出门,前呼后拥,耸夹道之观瞻;上司过境,左站右立,类盆景之摆设。[③]

此种团练勇丁成了官员装点门面的“样子货”,对于维护社会治安作用不大,所以樊增祥对减少勇丁,省下费用招募巡警的凤翔盐局孙牧多加褒奖。

但是对于巡警实现的效能,樊增祥似乎期望不大。

---

① 《光绪朝东华录》,第 6000 页。

② 《樊山政书》卷一六《批长安县举人寇鸿恩等呈词》,第 451 页。

③ 《樊山政书》卷一五《批凤翔盐局孙牧禀》,第 411 页。

> 巡警要政不可不办，然亦实不易办。外人巡警兵皆由学堂出身，中国此时试办，断做不到。即省城警务，亦只合中国旧有之保甲与租界站街之巡捕而一之，小用小效而已。①

通过樊增祥的观察，巡警虽然被清廷寄予期望，以期实现官府直接管理基层的职能，但是从实际效果而言，不过是“小用小效而已”。这大概是制度初创时期各种矛盾和干扰下的巡警效能的现状。

3. 巡警素质

宪政编查馆通过的各省巡警道官制中指出，“巡警有保卫地方监察人民之责，非品格高尚而于警政警学研求有素不能胜任”，所以强调先从办理巡警学堂入手，然后将毕业生分派各州县。就中外巡警的人员构成实际情况来看，外国是学堂出生，而中国是保甲或者巡捕的转换，与“品格高尚”“研求有素”还是有一定的距离。因此，中外巡警的素质相差比较大。加上中国百姓根深蒂固的权力崇拜意识，觉得有点“权力”的巡警不免多有扰民之举。②

《樊山政书》中屡有绅士、商民、民人控告巡警的实例。比如在长安县举人寇鸿恩等呈词中，十三绅士状告巡警东关滋事，卖柴之乡民被讹，溲溺之村童受杖，赊欠之商人被骗，强入民房等情节。樊增祥一方面指出所告不明，“一无名姓，二无招牌，三无质证，本人皆默无一语，而尔等十三绅士作此怪诞呈词来局投递”，另一方面认为“惟涉控巡丁，理无袒纵，仰咸宁县按照所控情节逐一查明，集案质讯，秉公

① 《樊山政书》卷一四《批榆林县禀》，第 397 页。

② 这大概和中国古代衙役是相同的。州县衙役没有俸禄，专靠敲诈百姓的“陋规”存活，是旧制度的寄生虫。而巡警实际上大多是此类人转换而来，已经固化的思维与习惯不会因为身份的转换而彻底改变。

详复”。[①]说明他还是对于巡警的素质心知肚明。在扬州南区商民控警长颜姓禀词中,樊增祥用韵文批复:

> 所禀如实,颜某可参。所禀若虚,颜某岂甘。何物警长,如此不堪。能为此文,或非妄谈。倚楼岳岳,转运淮南。无奸不击,无隐不探。移请查究,如镜开奁。必公必明,尔民具瞻。[②]

“樊美人”文采斐然的批复中几乎已经认定警长“如此不堪”,商民控告颜某“或非妄谈”。甚至有娼鸨互控时涉及到警局的案例,[③]说明此类问题频频发生。

据此,有必要开展对于巡警的规范教育。清廷在创设警察制度的同时,就开始筹办警察教育了。光绪二十七年(1901)清廷委员与日本人川岛浪速签订协议,委托其监督办理警察学堂事宜。协议生效后,京师警务学堂即告成立。光绪二十八年(1902),清廷与川岛浪速拟定《警务学堂章程》。[④]令人尴尬的是,在办理警务学堂的过程中,还出现了丁役(执事人役,如茶房、长班之类)索贿的事情,樊增祥表示很无奈:

> 照得办理新政,先除积弊,本司向来持论如此。吾中国之所以不竞,曰情面,曰贿赂,曰丁役婪索舞弊,曰官员纵丁渔利,暗地分肥,事犯又庇纵之。只此数端,而天下事不可问矣。

---

① 《樊山政书》卷一六《批长安县举人寇鸿恩等呈词》,第452页。

② 《樊山政书》卷二〇《批扬州南区商民控警长颜姓禀词》,第569页。

③ 《樊山政书》卷二〇《批江宁县民妇刘张氏控词》,第587页。

④ 韩延龙、苏亦工:《中国近代警察史》(上),社会科学文献出版社2000年版,第235—240页。

最后，樊增祥感叹道："查吾陕新政毕兴，无一事不湔除恶习。今巡警学堂事才经始，先开婪索之风，深为全堂之玷。"[①] 旧有的制度根基不除，修修补补的变革只会沦为贪腐蛀虫敛财的新渠道。

当然，也存在好的典范。在巡警教育的具体操作方式上，乾州的做法是："至开办警务，先募壮兵四十名，交城守千总管带。而又选优等师范生为教习，授之警察讲义录，并教体操。一月以后，汰劣留良，再行酌定月饷，分班上段。教之而后用之，使皆明于警察之大旨，乃能收巡缉之实功。"[②] 樊增祥认为这种引进竞争淘汰机制的选拔既有条理，又有步骤，要求陕西各地仿照施行。

4. 经费问题

由于布政使主管钱粮，所以在《樊山政书》中反映最多的便是巡警开办经费的问题。樊增祥说："天下办事之难，莫难于筹款。学务、警务为各属必办之要政，而皆无现成之的款。"[③] 所以，经费问题始终是地方筹办巡警无法逾越的严重障碍。他一再强调："新政筹款无不取资于民"，[④] "禀陈筹办巡警事宜，但称集款之难"。[⑤]

在警局开设上，樊增祥的意见是，先筹经费，议定办法，然后才能开办。凤县即将卸任的县令李某，用五星台叛产集聚了十数年的租稞共三百八十余串为开设巡警经费，创设四局，募勇十六名。樊增祥在《批凤县果令禀》中，认为该产业一年只有二三十串的收入，只够维持警局一个月，"只图今日饷客一餐，不顾明日为炊无米，自己暂时

① 《樊山政书》卷一九《牌示》，第 543 页。

② 《樊山政书》卷一九《批署乾州孔直牧禀》，第 537 页。

③ 《樊山政书》卷一八《批醴泉县周令丕绅禀》，第 517 页。

④ 《樊山政书》卷一八《批商南县禀》，第 517 页。

⑤ 《樊山政书》卷一九《批佛坪厅杨丞卓林禀》，第 546 页。

讨好,他人一任为难。此等居心,深为可鄙”。所以要求继任县令果某“先筹的款,再议开办。如款未筹齐,只可撤局散兵,暂行从缓”。[①]

那么经费从何而来?巡警李前任提议收羊毛捐为警局费用,但是定边县令认为买卖羊毛都在蒙古地方,并不在定边城投行,所以不便征收。于是将旧有的商铺捐税二十二串作为养兵十名的费用,另外还有其他措施:

> 附设巡警讲习所,于师范生中选教习一员为之讲授;于县城设总局,添收土药捐,月可得二十串,以作局费;又于安边盐场两堡各设分局,安边警费取诸铺捐,盐场则取诸盐户。

樊增祥认为此种“取之于民,用之于民”的做法“均甚妥叶,应准照办”。

对于定边县令建议的拟在其所属的五塘十六路添设巡警的要求,樊增祥认为不可行,原因有四。一是原来的保甲制度守望相助,“官不出资,民自为备”,而增设二到六名巡警,人数太少起不到保护治安的作用;二是若设巡警,各户出钱,有警情的时候还需大家一起协助;三是拟定的费用来源“每畜每年取钱五文或十文”,看似简单,实则实行起来非常困难,原因是每家的牲畜数量总是在变化;四是“以省城之力,尚未能推及四乡,况北山州县乎”?其行为有点超乎寻常,所以樊增祥怀疑“该县各绅群欲设立分巡局者,意恐别有在也”。[②]

经费这样筹集,势必会加大商户负担而引起诉讼。比如,商南县开办警务,拟定在普峪河抽取船捐,每船纳钱八十文,下水之有货者

---

① 《樊山政书》卷一四《批凤县果令禀》,第391页。

② 《樊山政书》卷一九《批定边县禀》,第555页。

抽,上水之回空者免。樊增祥认为此种方法“取之有道,办法无苛”,于是予以批准。当地船户集资让民人金公银、朱显春等以“移害殃民”越诉到省,樊增祥核查后认为二人并非船户(不是利害关系人),“两人并无船只,亦非行首”,被定性为“大凡公众出钱,而一二人出头具控,必系讼棍借讼敛钱”。于是将二人“严拿到案,锁递商南县”,最后“究明其敛讼费若干,押令吐出全数,拨充巡警经费,仍各枷号三个月,在河干示众。期满取保管束,永不准冒充揽头”。给予严厉的惩罚。

巡警本来无理,船户却得到严惩。对此樊增祥似乎也是有点心虚,他特别说明“凡此等事本系不得已而为”,大有维护大局舍弃个人的无奈。为了避免此类事情再次发生,他要求商南县将捐税半年以来的收支情况予以核报,“警务入款、出款据实禀报,以凭核夺”。“若满年船户所纳多于满年巡警之费,即可酌量减收,以示体恤,而警务尤须处处核实,勿得一钱滥用,致滋借口”。同时樊增祥还对下属进行安抚,“刁民诬控到司,本司无不为地方官作主”,并且提醒“为地方官者亦须自己立得脚住”,这样“则合之双美矣”。[①] 此案严惩船户的关键在于以下犯上,不能由之形成风气,以维护官府威信,而不是因为船捐的做法合理。

地方办理巡警的经费通过从商人那里征收捐税获得,似乎这样既不“害民”,又能筹钱,还是传统上轻商观念在作祟。樊增祥认为:“巡警不仅卫商,然果使巡防有效,则商民首受其福。故各州县欲筹警费,不能不借助商民。”如果能够“取之而善,用之而实,则款集而商不怨”,形成双赢的局面。如果“取之而不善,用之而不实,则聚敛无几而怨谤繁兴”,会增大双方的矛盾。显然,“取之于商、用之于商”

① 《樊山政书》卷一八《批商南县禀》,第 518 页。

的想法是一把双刃剑。对此,乾州的征收方式,“铺户分为五等,按日输捐,并于四街各举头等商号数家经手收捐,五日一轮,俾均劳逸,钱存里局,始终不经书役之手,约计满年可收一千五百余串”。这样可以最大限度地减少商号的负担和中间环节的贪腐,樊增祥认为这种方法很好,准备通过“将来禀登报,以备各属仿照施行”,在陕西全境推广。[①]

(三) 罚金替代笞杖

中国古代有“赎刑”,即以财物折抵本刑,最早可见于《尚书·吕刑》,但赎刑并不是五刑之属。大清刑律草案仿照西方法律,将罚金定为主刑,成为独立刑种。尽管修订法律馆认为“罚金即唐虞赎金之旧制,历代相沿”,[②] 但实际上新的罚金与赎刑已大相径庭。

用罚金来替代笞杖,其议始发于光绪二十七年(1901)刘坤一和张之洞的《江楚会奏变法折》。光绪三十一年(1905)三月,沈家本、伍廷芳上《议复江督等会奏恤刑狱折》,其中有:“仿照外国罚金之法,笞改为罚银五钱至二两五钱;杖六十改为罚银五两,每一等加二两五钱,杖一百罚银十五两而止。如果无力缴纳罚银,则改为做工,一两折四日。”为清廷所接受,将传统的五刑变为罚金、徒、流、遣、死。罚金定为主刑后的广泛使用,也引起各地地方官员的不满。[③] 对这一“新章”,樊增祥并不认同,其理由有下述两方面。

---

① 《樊山政书》卷一九《批署乾州孔直牧禀》,第537页。

② 《大清法规大全》,台北考证出版社1972版,第1967页。

③ 高汉成:《罚金刑在近代刑法中的确立——以1907年大清刑律草案的相关规定为视点》,载于《政法论坛》2007年第4期,第98页。

1. 适用效果不佳

樊增祥认为罚金刑的结果就是——“部中则吃饱饭矣，刁民则免笞挞矣”。为何出现这种情形呢？原因在于一些寻常案件中，两造大多为贫苦之人，“愚贱之民视笞责如按摩，视钱财如性命”，所以他们宁可挨打也不愿意出钱。按照新的法律只能处以罚金而不能笞杖，贫苦之人又不交钱，“而所谓罚二两、罚四两者，毫无着落，仍归地方官摊赔”，造成“民有罪而无罚，官无辜而反受罚”的结果。为了应对“刁讼”，他提出了适用罚金的新建议：

> 今由本司定一新章，凡有上控不实者，量其情节之轻重大小与被告受累之浅深，勒令罚锾自赎，免其反坐，即以此项罚款随多随少，解充刑部饭费。……越诉诬告之刁民，则大半有力者也。酌量罚金，轻而易举，若不受罚，即照例反坐。①

这样的罚金刑成为限制无故上控的手段，此外他还提出如果不交罚金，则照例反坐。

此外，樊增祥认为罚金刑增加了地方官员的负担，存在摊派数额的情况，比如在下例中，樊增祥觉得用赌博罚款来冲抵刑部“硬派”的作为“尤为灵敏”。

> 第二案以赌博罚款充文庙学堂公用，尤为灵敏。苟得此意，刑部所定免笞罚金之制，每县硬派百金者，不难于此等款内酌量提解，何必按年摊捐哉。②

---

① 《樊山政书》卷一八《批葭州赵牧思诚详》，第 515 页。

② 《樊山政书》卷一八《批榆林县李令炳麟词讼册》，第 507 页。

在某些方面,樊增祥也不排斥用罚金来解决地方财政的窘迫状况,这也许和其担任布政使的职务相关。有这样一个案子:一女双许两家,而后夫抢亲事发,为避免惩罚,后夫愿意罚银五百两赎罪。但是按照当时法律的规定,此案并不属于适用罚金的情形。[①] 所以请示到省,樊增祥认为后夫虽然糊涂,但尚属胆小,有情可原。于是同意将绝大部分罚银充作小学堂学费。[②]

2. 惩罚达不到目的

基于“外儒内法”的品质和“功能主义”的思想,樊增祥并没有指望通过说教来建立社会秩序,而是强调对于刁民要用严厉的手段予以惩治,让他切身感到违法的痛苦,才能有效遏制犯罪,达到事半功倍的社会治理效果。而用罚金来替代身体刑则失去了这一作用:

> 今之民非古之民,吾见以德化民者多矣,莫不先自矜而后乃自悔也。盖仁于愚人为矜其愚,仁于善人为嘉其善,仁于恶人则适足以长其恶,而愚者且将慕效之,善者无宁日矣。[③]

仁慈用于善人可以达到教化的作用,用于坏人只能助长其作恶,造成社会风气的败坏。

在另外一则卖妻图财案中,两造都身无分文,这种情况下,“若令罚金,从何处罚起”? 所以樊增祥认为笞杖作为刑罚,断不能随意免除。他举出一县令杨调元的话来说,就是:“恶人所以犹有忌惮者,天

---

① 关于清代“一女双嫁”的立法与实践,可参见潘宇:《明清州县司法审判中的“人情”因素——以“一女二嫁”“典雇妻女”“买休卖休”案件为中心》,载于《法制与社会发展》2011 年第 1 期,第 45—51 页。

② 《樊山政书》卷一九《批定边县吴令禀》,第 540 页。

③ 《樊山政书》卷一八《批韩城县张令瑞玑词讼册》,第 499 页。

上有雷公,地上有板子”,樊增祥非常认可此语,但也知道他的这种看法会被新学家“哑其笑矣”。[①]

总而言之,樊增祥认为:“罚金自赎,可施之外国,不可以例中华;悔过自新,可望之古愚,不可以信今诈。善为政者,以辣手济其慧心,此之谓也。”[②] 这一结论的得出,是他“惩恶需施辣手”观念的自然结果。[③]

(四)设立罪犯习艺所

光绪二十八年(1902)山西巡抚赵尔巽奏请,各省通设罪犯习艺所,将军、流、徒等罪犯收所习艺。次年经刑部议准,并通令各省筹设。《各省通设罪犯习艺所章程》规定:“即在犯事地方收所习艺,不拘本省外省,分别年限之多寡,以为工艺之轻重。”[④] 习艺所通过监禁、作业对罪犯实施惩罚,使生善心、自食其力。随后,各省陆续成立习艺所,多数是由庙宇仓廒改建而成,设施很简陋。进而翰林院吴荫培又上《奏罪犯习艺所新章请责成各省府州县一律分设折》,将罪犯习艺所的设置推向基层。[⑤] 罪犯习艺所“归之于臬司,又属之于巡警局”。[⑥]

1. 罪犯习艺所的开办与目的

樊增祥认为西方的罪犯习艺所也有中国的“渊源”,他认为“至罪犯习艺,即古人城旦鬼薪之意。沪上西人,凡遭事管押者,皆罚作

---

① 《樊山政书》卷一八《批韩城县张令瑞玑词讼册》,第 499 页。

② 《樊山政书》卷二〇《批署淮安府应守德闳禀》,第 581 页。

③ 详见本书第三章。

④ 《大清法规大全》卷一〇《法律部》。

⑤ [清]吴荫培:《奏罪犯习艺所新章请责成各省府州县一律分设折》,载于《东方杂志》1905 年第 2 卷第 9 期,第 145—147 页。

⑥ 《樊山政书》卷一七《批罪犯习艺所龙令云藻禀》,第 466 页。

苦工,与学徒习艺者不同。"[①] 他很称赞雒南县[②] 令丁禧瀚在来禀中所主张的设置罪犯习艺所的目的:

> 一系遵设罪犯习艺所,其款皆有县公捐廉,兴办章程表册,条理秩然。其宗旨先从贱而易售者习起,利薄可养身,利厚并可养家,至于身家俱赡,则不至因饥寒而起盗心。工艺有成,更不至因游惰而倒沟壑,深得立法之意,实为造福之源。[③]

设立习艺所的目的,是为了让罪犯学一门技艺,养活自己。对此,他肯定了习艺先易后难、脚踏实地的做法,这与当代的因地制宜、教育改造的思想相一致。

就设置问题上,樊增祥认为将留养局改为习艺所也是一个不错的办法:

> 近奉商部电催罪犯学习工艺一事,今即迅速开办。本司拟就该司现有之款,稍为扩充,将省城贫民罪犯分别鸠集,俾习粗浅手艺。仰西安府尹守督同两县妥定简易章程,克期兴办。俟省城办好,再行推及外府州县,一律办理,以符部章而开民智。定章以后,即将留养局改为习艺所,局中委员绅士酌量撤换,从前不实不尽之处,姑免深究。倘因失此利薮,造作浮言,阻挠新政,则二罪俱发,定予重惩不贷。[④]

---

① 《樊山政书》卷一五《批西乡县阎令佐尧禀》,第 423 页。

② 明天启初以避光宗(朱常洛)讳,改洛南县为雒南县,属商州。治所即今陕西洛南县。民国初属陕西关中道。1928 年直属陕西省。1964 年复改洛南县。

③ 《樊山政书》卷一五《批雒南县丁令禧瀚禀》,第 425 页。

④ 《樊山政书》卷一三《批咸长两县留养局清册》,第 349 页。

基于留养局没有实效的现状，改为习艺所，既符合朝廷的旨意，也有了经费保障，可谓“一石二鸟”。

2. 罪犯习艺所的惩罚改造功能

罪犯习艺，乃是对罪犯的惩罚改造，不能当作减轻处罚来理解。所以，樊增祥对于来禀请求“锁系之会匪、窃贼应否卸去炼石，以便工作”的提议予以批评。

> 查此项锁系之犯，大半皆稔恶之徒，去其石杆，立可兔脱出外，生事寻仇，仍归于该令不了。吾华人格尚未到欧美地步，学其宽弛，难化狼心，不必在恶人身上施恩惠也。[①]

要警惕“稔恶之徒”之恶性，不能因小失大，让其借习艺而脱逃。樊增祥曾让委员将一个“龟鳖不如之讼棍”，“痛加责詈，重笞千板，发往罪犯习艺所学做苦工二十年，以快人意”。[②]

樊增祥对于罪犯习艺所的惩治效果还是很期待的。在习艺所没有办好之前，就拟将一些罪犯送到习艺所做苦工。“俟罪犯习艺所造成，即令该赌棍随同学艺”，[③]“俟罪犯习艺所开办之日，将该父子罚做苦工半年”。[④] 从这一方面来说，樊增祥所期待的罪犯习艺所重惩罚而轻“学艺”。

3. 罪犯习艺所的经费问题

任布政使时，樊增祥对法制变革中的财政经费问题多有提及，字里行间显现出晚清地方财政捉襟见肘的实情。对此，樊增祥说得

---

① 《樊山政书》卷一五《批西乡县阎令佐尧禀》，第 423 页。

② 《樊山政书》卷一四《批南郑县禀》，第 394 页。

③ 《樊山政书》卷一三《批凤翔县彭令禀》，第 353 页。

④ 《樊山政书》卷一三《批西安府详》，第 368 页。

很坦率:“现在改设罪犯习艺所,经费一无所出。”① 中央、地方政府没有能力保障专门经费,所以经费还是要从民间筹集,通过商人的捐资(很多时候是强迫摊派)和增加捐税,樊增祥也多次褒奖主动捐款的商人与士绅,例如:

> 禀尾声称拟办习艺所一节,熊绅慨捐二百金,该令与晏绅各捐五十金,好义好仁,深堪嘉佩。仰即认真举办,以祛管押之积弊,显官绅之令名。②

樊增祥反对地方财政出钱办所,认为司库出钱,为罪犯习艺,毫无道理。

> 兹该委员禀祈发款,谓每年需银一千八百两,而留养局节出之款不过千金,是司库岁需赔银八百两也。查外县皆令监犯习艺,从无在司库请款者。彼咸、长两县之罪犯何独如是之值钱耶?国计有常,库储不易,情、理与法三者皆讲不去,何敢出此无名之费,畀诸有罪之人?③

樊增祥认为,在财政极度紧张的情况下,专门拨款给罪犯习艺所的想法不可理解。罪犯习艺寓惩治于学艺之中,断然不是养护罪犯的地方。

既然官府没钱,办理新政自然还是要通过摊派来获得经费。于是民众首先感到的不是变法带来的好处,而是苛捐杂税,在这种情况下,作为“见识短、不识大体”的匹夫来讲,他们对于变法的态度就一

① 《樊山政书》卷一七《批杨司狱禀》,第496页。
② 《樊山政书》卷一七《批镇安县刘令禀》,第482页。
③ 《樊山政书》卷一七《批罪犯习艺所龙令云藻禀》,第466—467页。

目了然了。

4. 罪犯习艺所的脱逃问题

除经费问题之外，罪犯习艺所的另一个突出的问题就是脱逃。很显然，新设置的罪犯习艺所的监卫功能比不上旧的监舍，樊增祥因此担心罪犯习艺所的恶人“兔脱出外，生事寻仇”。[①] 事实证明，樊增祥的担心不无道理，在《批习艺所工头吴长春等呈词》中可以看到罪犯脱逃的事件：

> 李令光祖自委罪犯习艺所差使，颇著勤能。惟本月脱逃一犯，该令并不禀知警局，亦不知会两县，竟令一罪犯作眼，派两巡勇拿人，以致该勇被殴受伤而返，实属举动荒唐。经臬司商同本司详撤，别委涂令到差。涂令之贤，尤胜李令，尔等安分习艺可也，勿庸哓渎。[②]

对于罪犯，樊增祥的观念还是重惩罚而轻教育：不在恶人身上施惠。他认为教育也是基于严厉惩罚的基础上，这是典型的法家思想，和西方近代的刑罚威吓主义、报复刑论很相似。

四、教案的处理

晚清时期此起彼伏的民教纷争是当时社会的一个热点。[③] 民教

---

① 《樊山政书》卷一五《批西乡县阎令佐尧禀》，第 423 页。

② 《樊山政书》卷一六《批习艺所工头吴长春等呈词》，第 438 页。

③ 据统计，从 1844 年定海教案到 1900 年的义和团运动前，全国共发生各类教案 1300 多起，其中较大教案 400 余起。参见吴金钟等编：《近代中国教案新探》，黄山书社 1993 年版，第 1 页。

纠纷的形成原因很复杂,中西文化的差异是其中的一个重要原因。基督教在中国的发展并不像在其他国家那样一帆风顺,即使是清廷弛禁后,在中国的发展也比较艰难,根本原因在于基督教与中国人的祖宗崇拜难以兼容。因此,传教士、教民、教堂屡屡与中国民众和官府发生冲突。[①]"庚子拳乱"后,教会的地位大为提高,各级官吏按照朝廷的要求,小心翼翼地对待教会、教民。[②]在有关教民教案的诉讼中,《樊山政书》反映出这一时期地方官吏处理教民与教案的方法与原则。

(一) 教会与教民

按照相关的条约和协议,外国传教士不受中国法律之管辖,朝廷对于传教士给以一定的待遇,地方官吏对于传教士的态度基本上是敬而远之。[③]《辛丑条约》签订后,清廷迫于列强的压力,加强了对教会与教民的保护。对于不能因时而为,引发民教冲突的州县官员,樊

---

①1846 年 1 月清廷给闽浙总督的上谕中,要求他对天主教"不动声色,持以镇静,内查民情,外弥夷衅"。参见中国第一历史档案馆编:《清中前期西洋天主教在华活动档案史料》第三册,中华书局 2003 年版,第 1303 页。

② 清末教案自鸦片战争后逐渐出现,第二次鸦片战争后进入高发期,在 1900 年前由于反西方情绪的推动达到了顶峰。1901 年《辛丑条约》签订后,教案逐渐减少。

③ 1903 年签订的《中美通商行船条约》中专设"传教条款",清廷保障传教和信教自由,保障"华民自愿奉基督教,毫无限止"。此外,该条约第一次清楚写明对教徒教士的限制,有三个方面:一是作为信教的中国人应"一体遵守中国律例,敬重官长,和翕相处";二是"于未入教以前或入教后,如有犯法,不得因身已入教,遂免追究";三是"凡华民应纳各项例定捐税,入教者亦不得免纳",但在此问题上明确"与基督教相违背者,不得向入教之民抽取"。参见王铁崖编:《中外旧约章汇编》第二册,三联书店 1957 年版,第 187—188 页。转引自陶飞亚、李强:《晚清国家基督教治理中的官教关系》,载于《中国社会科学》2016 年第 3 期,第 199 页。

增祥颇为不解："该署令之意不过欲于莅任之初先将教士撤换，借以讨好于百姓，示威于教民，仍是二十年前混沌未凿之习气。"① 对于教士、教民，樊增祥的基本态度是："朝廷特许远人来华传教，凡教士、教民地方官皆有保护之责。"② 因为当时的条约已经写得很明白了。

基督教在中国的传播虽不如所愿，但并不影响传教士的积极性。他们或者对教义进行必要的修正（比如允许祭祀祖先）；或者对中国教民给予特殊保护，通过经济、身份的特权来吸引入教。

中国教徒普遍乐于依仗教会的庇护，以便在同非基督教徒的诉讼中得到便宜，某些传教士（主要是天主教传教士）有纵容、甚至鼓励中国教民为非作歹的行为。他们往往会对衙门施加相当大的影响，从而产生偏袒基督徒而压制非基督徒、是非颠倒的裁决。于此，莠民自然要纷纷攀附教会，这便进一步加剧了中国教徒和其他中国人之间的摩擦。③

（二）对待教会、教民的态度

樊增祥在《批孝义厅文丞禀》中，记载了这样一则案例：

何国碧不孝其父、硬卖公产、讹索票银、以卑殴尊、虚言对官。在樊增祥眼中可谓是"穷凶极恶、令人发竖"之人。孝义厅丞审案过程中发现，何国碧自称在安庆投了耶稣教，持有十字照一张。但有人证实这张十字照实际上是族人何国经的，何国经死后被何国碧偷走，他拿着冒充教民讹人。何国碧坚称："教士不与该丞干休。"由于涉及到教民，孝义厅丞十分谨慎，禀请上级照会安庆教堂查验何国碧是否真

① 《樊山政书》卷一〇《代洋务局批盩厔县禀》，第 273 页。

② 《樊山政书》卷一二《批盩厔县崔令禀》，第 332 页。

③ 《剑桥中国晚清史》（上卷），第 551 页。

的教民。樊增祥批复认为该丞"软缓迂谬",他的理由有两方面。一是从管辖上来说,"况条约具在,教民与平民构讼,俱由地方官主断,教堂不得干预"。冒然去查证,万一安庆的教会为何国碧圆谎,该丞如何办案?分明是自己给自己找麻烦。二是何国碧不法行为情节殊为恶劣,审查得实后就是立毙杖下也不为过,何必节外生枝。最后,他的处理意见是:"重笞千板,用铁杆石墩锁系十五年,期满查看禀夺。"[①] 给予何国碧重罚。

分析此案可以看到两个现象。

1. 民众认为教民有特权

此案的案犯自称是耶稣教徒,并说"教士不与该丞干休"。普通百姓看到洋人、洋教士不受中国法律的拘束,认为这是一种极大的特权,可以"无法无天"。而加入了教会的中国人,也就会得到教会的庇护,得到这样的特权,他们并不懂得洋人其实也要受到本国法律的拘束。中国人入教,大多是基于上述的功利性追求,并不是因为信仰。于是"宗教因素和世俗因素、实用主义因素和理想主义因素总是不可避免地交织在一起,尽管有时宗教因素比重大些,有时物质因素大些"。[②] 很多教民通过依附于外国教会而反抗现存统治秩序。

对于这种现象,有人从传教士一方寻找原因,认为传教士之所以吸收民间教门分子以及匪类、痞棍入教,"一方面与传教士希望有更多的中国人皈依基督教的急迫心理有关",另一方面则与基督教的教义如"原罪"、强调"悔改"有直接关系。[③]

---

① 《樊山政书》卷一四《批孝义厅文丞禀》,第 395—396 页。

② [德] 余凯思:《宗教冲突:德国传教士与山东地方社会》,载于苏位智、刘天路编:《义和团运动一百周年国际学术讨论会论文集》,山东大学出版社 2000 年版,第 620 页。

③ 苏萍:《谣言与近代教案》,上海远东出版社 2001 年版,第 155—156 页。

于是在一般人的眼中,中国教民大多属于“刁民”,其入教的原因大多只是因为教民有特权——这种特权不仅仅是教民想象出来的,也是在实际中官吏对于教民总是畏首畏尾造成的。当然这一结论的得出主要基于涉诉教民,而真正信仰耶稣的教民或许能加强自律,与人无争,一般不涉及到纠纷中来。总而言之,出于中国传统上“大一统”及“宗法伦理”的观念,对于教会、教民虽然被迫承认其地位,但其他人从心理上对其还是很排斥的。

2. 基层官员对教会存在敬畏

此案中,孝义厅丞为了谨慎起见,禀请樊增祥到千里之外的教堂查覆何国碧是否真的教民,可以看出,涉及教会的案件基层官员都极为小心。

教案处理不好,往往会引发中西冲突,而基层官员则会成为牺牲品。所以,州县官员对于教案中涉教一方往往会极尽迁就,尽量满足其诉求,以达到息事宁人的效果。长此以往导致了“媚教长刁”的现象——一方面从观念上不认可,另一方面在实践中予以谄媚。对于教会的这种态度同时表明了变革时代的人们的矛盾心态。在《批丰县详》中,樊增祥提到讼棍魏趋廷,“历任县官皆知其狡险,故每讼而必输。然未予严惩,故虽输而仍讼”。“屡败屡告”的魏趋廷因是教民,似乎并没有像其他中国人那样因为挑词架讼而受到惩罚。[①]

樊增祥还有两个批词,反映的也是类似问题。一则为:

> 教民诚属可恶,然非该令平日软弱无能,何至于此?本司风闻前因猪厘之故,仅仅三百文钱,该教民除抗不遵完外,该令反花钱二十余串,放鞭挂匾以谢之,媚教长刁,一何可耻?驯至今

① 《樊山政书》卷二〇《批丰县详》,第605页。

日,彼教直视该令不如奴隶,一遇干涉教民之事,既不能令,又不受命,汲汲皇皇上禀请示。试问何县无教民,何以该令独丁其酷也?①

二则为:

该令做出如此特别不通之禀帖,无怪教士以茶碗掷之。使苏子美在座,必曰'惜乎,不中'。譬如懦夫悍妻打闹得不成模样,必非一朝一夕之故,皆由其初媚内讨好,有怒色而即长跪不起,博欢心而遂加级请封,迨至狮吼难堪,而始向人哀鸣诉屈,亦已晚矣。该令之于教民何以异是?向使无放鞭挂匾诸丑行,该教士何至披猖如是耶?②

这两个批词反映出州县官员的"媚教"心态,在办理教案上"软弱无能""长跪不起",一手造就了教士"披猖"之行为。樊增祥认为此种不当做法会让教民更为不守规矩,反倒不利于教案的解决。这些批词从另一方面也表明了基层官员对于教会心存敬畏之情的事实。

樊增祥认为该丞"软缓迂谬",显示出省级官吏与基层官吏见识之不同。作为省级官员的樊增祥,对于教会没有州县官员那种切身的畏惧,能够理智地对待教案。樊增祥认为:"大抵教堂无不明理,凡有龃龉,皆自开其隙以招之。"③对于教会有着比较客观的认识。

---

① 《樊山政书》卷一五《批略阳县桂令超禀》,第 419 页。

② 《樊山政书》卷一五《批略阳县桂令超禀》,第 423 页。

③ 《樊山政书》卷一七《批盩厔县陈令官韶禀》,第 491 页。

(三) 樊增祥对教案的处理原则

在教案的处理上,清廷要求:“地方官平情酌理,不背约以生事,不违例以枉人,所裨不小”;“各该地方官,遇有民教争讼,但论是非,不分民教,持一审断”,“今后如有教案,只应就案议结,不及他事,以杜后患”。[①] 这些要求,樊增祥在教案的处理中予以贯彻,具体而言有四个方面。

1. 持平

教案处理要做到持平,在于对身份的关注不能超过对是非的评判。持平包含三层含义,一则不可偏向民,二则不可偏向教,三则教与教之争更应持平。

由于州县官吏对于教会和教民心存畏惧,所以断案屡受影响,不能做到公平,因此樊增祥一再强调“教与民争,务在持平”,[②] “民教讼案,务在持平”。[③] 他认为:“民教之事,全系乎地方官之一心。无事时中外一家,有事时持平办理。”[④] 樊增祥主张持平的依据是条约:“况条约具在,教民与平民构讼,俱由地方官主断,教堂不得干预。”[⑤] 当然能否遵守便是另外一回事了,因为在稳定统治的思维下,任何对于统治秩序的影响都会被严厉追责,而不论是否实现了个案的“持平”。

在教案审理中,对于教民也不能歧视,否则就会给教会以口实。对盩厔县(今周至县)来禀,樊增祥说:“该令来禀但言教民哗噪尸场,

① 李纲纪:《教务纪略》卷三《章程》。

② 《樊山政书》卷一一《批兴平县禀》,第 310 页。

③ 《樊山政书》卷九《批盩厔县禀》,第 237 页。

④ 《樊山政书》卷一〇《代洋务局批盩厔县禀》,第 272 页。

⑤ 《樊山政书》卷一四《批孝义厅文丞禀》,第 396 页。

而于道士之横谬荒唐全用轻笔带过,不但无以服外国人,其何以服中国人耶?”如果不能公正对待案件,就会“授教堂以口实,而损该令之官声”。[①]

> 教士固不可偏信教民一面之词,县令亦岂可偏信百姓一面之词。彼此胸次空空洞洞,百姓是则,伸民而抑教;教民是则,伸教而抑民,有何难了之案乎?[②]

因此,樊增祥认为不应过分关注双方的身份,公平审理案件,往往要比小心翼翼的权衡效果更好。既然条约已经签订,就应该认真遵守,用中国传统的诚实与守信观念促使条约的落实。

2. 安抚

如果出现地方组织社团的抗教行为,最好的办法是对这种组织予以安抚解散,因为“民教和,其上也。即不能和,而不相往来,亦不相侵犯,抑其次也。……断无除民安教之理,又无纵民抗教之理”,[③]对于教民,要给以公正的对待。当然,民教相安,还要依赖洋教士的配合:

> 教民王奎、王善等讹诈乡民,幸遇教士卢慎修结好吾民,准其捆送,遂得民教相安,良堪欣幸。教士既如此解事,该署令当优加礼貌。[④]

如果遇到明理的教士,更要加以礼遇,从而建立官教互相信任的局面。

① 《樊山政书》卷九《批盩厔县禀》,第 237 页。
② 《樊山政书》卷一〇《代洋务局批盩厔县禀》,第 273 页。
③ 《樊山政书》卷一二《批盩厔县崔令禀》,第 332 页。
④ 《樊山政书》卷四《批岐山县崔令骧远禀》,第 86 页。

3. 谨慎

由于民教冲突容易引起外交纠纷，所以在处理上一定要谨慎而有理。樊增祥认为：

> 民教之事，全系乎地方官之一心。无事时中外一家，有事时持平办理。中国今日被人欺压至此，皆由从前一味自尊自大、自怙自是所致。其各处教案，亦多由有激而成。激变不过两途：媚洋者，民不平；袒民者，教不服。[①]

有教士来函控告葭州刘守备借渡留难，樊增祥要求汇报情况，但是回禀含糊其辞，“殊欠明晰”。樊增祥予以批评：“本局得据之以覆教士，而竟作此不了之禀。又当查询神木文牍往来需四五十日，万一该守备与教民果有衅嫌，旬月之内或出他事，谓非该牧之咎乎？”[②] 对于教民之事，也要重视对待，防止生成其他是非。

4. 反对教会干涉民案

基督教为了吸引信众，在讼案中往往会干涉司法，所谓“从来教士多袒教民，以故激成教案”。但也不乏公正的教士，比如在《批丰县详》中所提到的武邦信，“武教士独以教友魏趋廷恃教讹赖，积案如山，其子魏柱、魏根助纣为虐等情禀请提究，是则福音堂里犹存直道之公，十字架前永绝奸徒之迹”。这算是比较少见的了，所以樊增祥特意叮嘱丰县县令“赠以匾额，以示优崇”，可见其行为之难能可贵。

樊增祥认为，以为有了教会的庇佑，就可以为所欲为的实属“刁民”无疑。对于此类人，绝对不能予以宽纵，否则只能助长这些人的

① 《樊山政书》卷一〇《代洋务局批盩厔县禀》，第 272 页。

② 《樊山政书》卷八《批葭州俞牧禀》，第 208 页。

气焰。

> 无案不刁诬,无人不切齿。本系凶恶棍徒,而又投入耶稣教堂,借教辅讼。幸而历任县官皆知其狡险,故每讼而必输。然未予严惩,故虽输而仍讼。该令为民造福,请将该棍徒永远锁系,实获我心。①

从内心上来说,作为传统伦理的坚守者,樊增祥对于基督教也持不认可的态度,认为中国人信仰基督教属于“背其祖宗”的行径,但作为官员,樊增祥从总体上能够理智、公平地对待民教双方。

在《批兴平县禀》中有一案:刘秋邻与刘慰心系共高祖之叔侄,其高祖留有业地十八亩,房屋一院(捐给本村作义塾,后来屋塌学废)。长房刘慰心将高祖之土地与房屋均捐给了耶稣教,女教士鄂爱宁致书兴平县令,责令二门刘秋邻赔修房屋。不想刘秋邻入了天主教,便让天主教士给自己撑腰。男女两教士各庇其徒,各自为难官长。此案不好断!县令费尽心思,断令学田十八亩,秋邻、慰心各分九亩;房非秋邻折毁,不能令秋邻赔修。怕鄂教士仍找麻烦,于是向樊增祥请示。樊增祥认为此断持平,但对于义塾房舍的地基也应该加以分析,以杜绝为外人所侵占,最好是留作公产,以为小学之基。此外对于与财产纠纷无关的族人刘振铎父子要给以严惩,他斥责:“刘振铎毫不相干,亦在教堂递禀,此何理也?况上年该令筹兴乡学,欲就义塾基址改设学堂,振铎父子等辄称不愿改归外姓。本系阖村公业,官设学堂,则曰不愿;捐入教堂,则不但情愿,且借教而噬其族人。此等

① 《樊山政书》卷二〇《批丰县详》,第605页。

败类,该令并不惩责,尤属宽弛。”[①]

刘慰心以公产媚教,虽然令人不齿,但从法律上讲也没有什么大的问题。但“刘振铎苟忝胶庠,仰即迅速详革重惩。如系平民,奉批之日,立提重责勿贷”。

总之,樊增祥认为应当谨慎处理教案,避免引发更大的纠纷,但是在教案的处理上,还是要保持公正,媚教会导致教民刁蛮,也会引发一系列的不良后果。但从《樊山政书》所记载的教案处理结果来看,要做到真正的不偏不倚很难。

五、樊增祥在变革中的矛盾

(一) 智民与愚民的矛盾

樊增祥认为变法不彰的原因在于民智不开,那么民智为何不开? 当然是旧的制度,而樊增祥对于旧制度多有溢美之词,这样就形成了一个悖论。

开民智的目的是使民众有政治意识与主体意识,参与到国家治理中来,这方面樊增祥还是有清醒的认识的:“秦之古法,欲黔首皆愚;今之新法,愿吾民皆智。”[②] 秦制说白了就是愚民的专制制度,樊增祥批评秦制,但却忽略了清制就是秦制的传承。

樊增祥一方面鼓吹“开民智”,另一方面又表现出对于“维权”百姓的不屑:

---

① 《樊山政书》卷一一《批兴平县禀》,第310—311页。

② 《樊山政书》卷六《秦中官报序·序二》,第171页。

> 现当新政繁兴,此等蠢如羊豕,凶若狼貙之徒,动辄聚众辱官,不折其萌,后将噬脐,悔何有极。[①]

百姓稍有点参与意识,便被戴上了"蠢如羊豕,凶若狼貙"的帽子,在樊增祥的眼中,开智后的百姓应是顺从听话、一切惟官令是从的百姓,这样的百姓与愚民有何区别?

樊增祥似乎找到了变法的关键,但是他坚持在旧制度框架内解决问题,这样他的变法理论只能成为纸上谈兵之论。

(二)传统与革新的矛盾

樊增祥坚持传统伦理制度,认为三纲是天理,是中国士人的根本,也是变法绝对不能触动的基本原则。比如在男女关系上他认为:"惟是男女有别,乃中国圣人第一要义。"他特别反感西方所说的男女平等,并用形象的比喻予以反驳:"今之学西学者,先学其男女无别,何异鸠摩罗什之弟子未学其吞针盈钵,而先学其御嫱女乎。"[②]在等级关系上,他又声称:"照得为政宜辨等威,新学亟明权限,下凌其上,是无纪纲。"[③]

> 甫见西书,即背圣教,遵西人如父,奉逆党为君,自鸣于众,曰:我知时务,天下又岂有无君无父之豪杰乎?[④]

樊增祥一方面强调要学习西方,但真正有人学起来,他又感觉到很可

① 《樊山政书》卷一八《批咸阳县禀》,第521页。

② 《樊山政书》卷一八《批长武县李令焕墀禀》,第501页。

③ 《樊山政书》卷一七《牌示》,第466页。

④ 《樊山政书》卷二《批商州尹牧昌龄禀》,第40页。

怕,认为西人的东西容易使人“背圣教”“奉逆党”。如此瞻前顾后,畏首畏尾,不学不对,学也不对,这种矛盾似乎在实践中无法得到解决。

樊增祥赞成变法,意识到不变就没有出路。他说:“记曰‘有其举之,莫敢废也’,此为有关典礼者而言。若积弊之丛,安能忍与终古。”[①]如前文所述,樊增祥也认识到西方文明中“平等”“无私”的价值,但他对变法的具体措施屡加批驳,认为这也与祖宗之法不同,那也时机不成熟需要缓行。总而言之,樊增祥的革新停留在口号上,但传统却浸入在骨子里。他的这句话能够代表他的真正看法:“凡自古以来之恒规,总以仍旧为是。”[②]进一步说就是:“但凡历久相安之事,总以不改旧章为妥。……本司最恨轻改旧章,有利于此,必有害于彼,甚不可也。”[③]“旧章”总不变,维新何时行?

(三)政令与现实的矛盾

专制社会的地方官吏,长期以来形成“上行下效”的思维,使得樊增祥在执行清廷的变法政令上的态度很明确。但在具体的经办过程中,存在比较消极的情况,比如在前文所提及的罚金替代笞、杖刑措施,樊增祥一方面施行,一方面又公开批评其不当之处,从内心里并不认同中央的政令。

造成这种情况的原因有两方面:一是从客观方面来说,清廷自身的变法的被动与匆忙,并没有考虑到地方的实际情况。机构变更、落实新政都需要钱,但是清廷财政紧张,几近崩溃。中央解决不了变法资金,只能依靠地方自行筹集。此外,庞大国家的地域差异也没有充

① 《樊山政书》卷一八《批西安府光守禀》,第503页。
② 《樊山政书》卷一七《批华州褚牧禀》,第493页。
③ 《樊山政书》卷三《批富平县民纪国玺等呈词》,第76—77页。

分考虑。所以在客观上,地方落实变法变得异常困难,勉强落实也难达到良好的效果。二是从主观方面来说,樊增祥所代表的地方官员由于受传统教育的影响,对于西方文化与制度本身就是一知半解,所以实施的时候还是依靠传统的"变则通"的思维,用"祖述尧舜"的方式去牵强附会西方。尽管他对于时代的发展趋势有所认识,有些观点也很正确,但是变法的要求超过了其自身的思维及相应的能力极限。

除此之外,其顶头上司陕西巡抚升允的极端保守性,也影响到樊增祥的施政措施。"官大一级压死人",使樊增祥在施政的时候要充分考虑与上级之间的一致性。在这一点上,樊增祥有着清醒的认识和经验。即使如此小心翼翼,最终还是被升允弹劾罢官。

总而言之,樊增祥对于变法的观点分为这样三个层次:第一,变法必先开民智,赋予民权必须让民知道"权"是什么。第二,强调社会秩序的稳定的重要性,变法不能威胁到统治秩序,这是根本。第三,新学变法者必须改变其私心,只有公心才能使国家得以中兴。

中国历史悠久,幅员辽阔,实力雄厚,文化灿烂,长时间处于世界的领先地位,由此造就了中国中心主义思想和中国人优于其他民族的偏见。樊增祥的主要变法思想承受自张之洞,倾向于保守。樊增祥的为政风格决定了他不属于坚持己见的人,但他反映了那个时代受到西方冲击的文化人的基本态度,具有代表性。[①] 唐德刚先生曾说,

① 美国学者费正清的"冲击——反应"理论中,预设中国传统社会是一个停滞、凝固、超稳定的结构,只有同构、同质的改朝换代、治乱循环,如果不是西方的资本主义与宪政浪潮以"坚船利炮"开路,冲开古老中国封闭的大门,中国不可能自动挣脱"中世纪"的牢笼,迈上近代化的台阶。也就是说,中国的近代化,是出于对西方"冲击"的被动"反应","冲击"提供了中国近代转型的唯一驱动力。

革命易而变法难。“盖革命者,革他人之命也。革他人之命则敌我分明、对象显著,而手段单纯。变法者,变自己之法也。变自己之法则对象不明、敌我难分,而手段千变万化也。”[①] 革命目标明确,容易使力,而变法拿自己开刀,总会瞻前顾后、优柔寡断。就像我们现在常讲的“改革进入深水区”一样,每一步的前行都面临重重困难。

西方思想的影响主要在社会上层,而对中国基层生活和观念的影响非常有限,这种事实注定了清末自上而下的法制改革收不到实效。西方文明建立在启蒙思想的基础之上,社会结构较之以前发生了天翻地覆的变化,在法律方面也是如此。在 18 世纪,西方刑罚的残酷性较之中国有过之而无不及,但是经过古代自然法以及革命的洗礼,一些新的观念,比如罪刑法定、个人主义、文明刑罚等为人们所接受,并被认为是天经地义的自然权利。但是中国缺乏这一启蒙,整个社会结构并没有发生大的变化,虽然西方的商品摧毁了中国的自然经济(包括手工业作坊式经济),使得人们的生活更加艰难,但是习惯于逆来顺受、艰苦生活的中国人并没有在观念上发生大的变化,接受西方思想的主要是一些有过留洋经历的人,而这些人人数不多且分散。

造成这种现象的原因有二:一是精英教育体制,造成普通民众知识匮乏,对社会变化的反应比较迟钝,且会成为习俗最顽固的坚守者。二是忧国忧民的智识者,喜欢纸上谈兵,所以观点往往主观而空洞,虽不乏真知灼见,但对于社会的变革毫无帮助。樊增祥通过个案,极力为传统法制辩解,是他常做的事。而同时,樊增祥对于西方法律

① 唐德刚:《从晚清到民国》,中国文史出版社 2015 年版,第 149 页。

的了解非常有限,对于西方法律也存在很大的偏见。[①] 于是,在一些案件批判中,他往往会自得地认为西方法律存在着缺陷,而这些缺陷可能往往就是西方法律的优点所在。这种主观排斥的态度,与当时的法律教育息息相关。对此,樊增祥云:

> 时至于今,择善而从,诚为当务之急。然今之所谓新学者,学人之美,并其丑者而亦学之;去己之短,并其长者而亦去之,不分事势之缓急,不揣程度之高下,人人自命为识时之俊杰,而其无识与八股诸公同,而祸且益烈焉。[②]

所谓的"识时务",终究是说起来容易而做起来难。

---

① 比如他在批雒南县词讼册时说:"吾陕州县中问案好手高出外国律师奚啻万倍,固不必事事推逊,以为中不如西也。"实际上外国律师根本就不问案,樊增祥可能把律师误解为"谳员"之类的官员。《樊山政书》卷一三《批雒南县丁令词讼册》,第355页。

② 《樊山政书》卷一五《批潼关厅举人陈同熙蒲城县增生王其昌禀词》,第420页。

樊增祥任臬司、藩司的司法实践

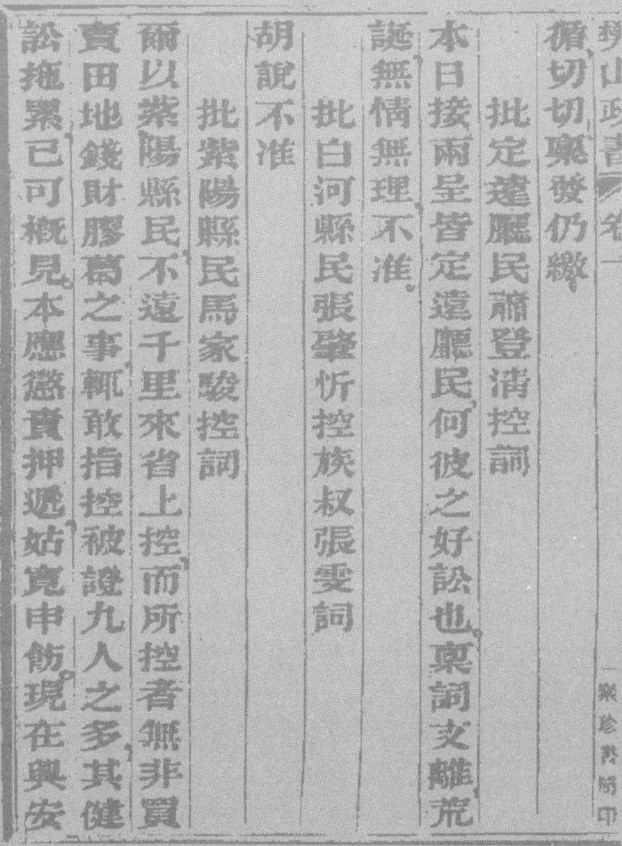
樊山政書　卷一
循切切禀發仍繳
批定遠縣民蕭登湧控詞
本日接兩呈皆定遠縣民何彼之好訟也禀詞支離荒
誕無情無理不准
批白河縣民張肇忻控族叔張雯詞
胡說不准
批紫陽縣民馬家駿控詞
爾以紫陽縣民不遠千里來省上控而所控者無非買
賣田地錢財膠葛之事輒敢指控被證九人之多其健
訟拖累已可概見本應懲責押遞姑寛申飭現在興安
一　聚珍書局印

第三章

立法者，惟期法之必行；奉行者，当求事之有济。

——《樊山政书》

省级司法位于“承上启下”的地位，对府、县的细故案进行监督，对命盗重案进行复审、向中央上报，监督律令的实施并将中央的政令向地方传达。樊增祥和大部分省级官员一样，有丰富的基层（州县）司法实践经验。他对州县官员的案件审断模式了然于胸，因此也就明白下级官员所惯用的隐瞒手段。与州县司法相比，省级司法的视野不仅局限于个案，而是更加注重整体意义上的秩序，[①] 省级司法观念与州县司法观念有一脉相承之处，也有其独特之处。《樊山政书》反映出一名省级官员面对来自下级、民人、上级的各类案件时，所持有的思维与做法，这里面有樊增祥个性的东西，也有共性的因素。因此，通过《樊山政书》分析樊增祥任两司的司法实践及其司法思维、审断模式，有助于全面了解清末省级司法的实际运行状况。

一、清代的省级司法职能

（一）清代的省级司法

作为明清时期“集权的简约治理”中的一环，[②] 省级官府无疑承担着承上启下的职能：一方面控制下级官府，作为中央集权的重要环节履行将权力集中到中央的职责；另一方面传达、落实中央政令，实现“上行下效”的政府运作模式。对于省级官员的职能，朱元璋称：“视

① 《刑案汇览》等司法档案显示，刑部报告大量引用督抚、按察使的意见，而只字不提州县的原审意见。其原因是省级官员上报的的重审记录，是刑部对案件判决的基本依据。参见［美］D．布迪、C．莫里斯：《中华帝国的法律》，朱勇译，江苏人民出版社2003年版，第112页。

② ［美］黄宗智：《中国国家的性质：中西方学者对话（一）》专辑，载于《开放时代》2008年第2期，第10—29页。

之古之牧伯,其任甚重,在承流宣化,通达民情也。若上德不下究,下情不上达,远迩乖隔,上下不亲,民不可得而治矣。”① 所谓“通达民情”,是说中央要依仗省级官府掌握地方的各种情况,从而实现“上德下究、下情上达”的中央集权统治。清代乾隆朝时,督抚逐渐成为封疆大吏,藩、臬两司正式成为督抚的属员。两司虽受督抚统属,但享有单独奏事权,所谓“地方利弊,均许专折陈奏”;同时规定“督抚有措置未协者,或责以随时匡正”,② 体现君主在地方大员中“大小相制”的意图。

作为中央集权体制的代表,③ 督抚承担着对于地方无所不包的宏观性管理,由于职责繁多而精力有限,其在司法上多表现为程序性作用。④ 省一级的司法职责主要由按察使司和布政使司这臬藩两司负责,《樊山政书》所反映的正是樊增祥任臬藩两司时的司法实践情形。

在命盗重案中,省级司法机关负责审查州县经府上报的拟判徒、流、死的案件,对于处以徒刑的案件予以结案,并复核上报流、死案件。因此,“州县一切案犯由府审转解(臬)司”的做法,属于“多年遵行之定章”。⑤ 一省之按察使根据州县的“拟律”、府的“看语”复审刑案,人犯也一并押解到。⑥ 在审核中,往往会因为供证不符或有遗漏

① 转引自关文发:《试论明代督抚》,载于《武汉大学学报(社会科学版)》1989 年第 6 期,第 85 页。

② [清]爱新觉罗·永瑢等:《钦定历代职官表》卷五二“司道国朝官制”,光绪二十三年九月广雅书局刊本,第 35 页。

③ 督抚本来作为中央的派出机构和监察机构,后来才成为地方行政长官,地方三司的设置本身就是为了加强中央集权。

④ 《清代乾隆朝省级司法实践研究》,第 22—23 页。

⑤ [清]薛允升:《读例存疑》卷四九。

⑥ 按照清代官员黄六鸿的解释,“看语”即“审单也,亦曰谳语。其法或先断一语而后序事,或先序事而后断,必须前后照应……大约据招供以序事,依律例以断罪,辩论精详,使无驳窦,能事毕矣”。参见[清]黄六鸿《福惠全书·刑名·释看语》。

而进行驳斥。在清末甚至出现了“无案不驳”的情形，经常发回原审衙门或者其他州府复审。臬司复核得当后，报呈督抚；督抚复审后，对于判处徒刑的案件就可终结，所谓“寻常徒罪，各督抚批结后，即详叙供招，按季报部查核”，[①] 但在实践中按季报部查核制度早已废弛。对于臬司上报的流、死案件，督抚通过书面审与言词审相结合的方式审结后，流刑案件咨达刑部，死刑案件向皇帝具题，同时将副本“揭贴”咨送刑部。[②]《樊山政书》的成书年代，已经出现“督抚坐大”的现象，在司法上表现为其享有“就地正法”的权力。《樊山政书》中多有“理应杖毙”“杖毙诚不足惜”的说法。“就地正法”在清代前期虽已存在，但属非常规的特殊制度。咸丰年间为了镇压太平军“匪患”，对地方督抚临时处置授权，这是对郑秦先生所说的“逐级审转覆核”制度的破坏，也是对皇帝决人生死权力的侵越，削弱了中央的司法集权。[③]

省级的司法机关究竟是一级审判机构还是二级审判机构？对此问题有不同的看法。郑秦认为按察使是第三级审判机构，督抚是第四级审判机构；[④] 吴吉远则认为应该属于一级审判机构。[⑤] 无论如何，省级司法虽然分为两司和督抚两个层级，但在整体上有一致性。督

① 《大清律例》（《四库全书》本）卷三七《断狱下》“有司决囚等第”条。

② 人命案件罪至杖、徒者，督抚也无权结案，要具题上报。

③“就地正法”的出现，造成中央对地方的生杀判决无法制约。对“生杀予夺唯予一人”的皇帝来说，这是一种权力失控、权威丧失。参见李贵连：《晚清“就地正法”考》，载于《中南政法学院学报》1994 年第 1 期，第 82 页。

④ 郑秦认为按察使为清代的第三审级，虽然综理全省刑名，但并非代表了省级审判，而督、抚作为第四审级，不只是书面审，而是正式开庭审，所以是真正的省级审判。参见郑秦：《清代法律制度研究》，中国政法大学出版社 2000 年版，第 91 页。

⑤ 吴吉远认为，在刑案中，按察使如同省高级法院的副院长，而督抚则兼任院长，实际上属于一个审级。参见吴吉远：《清代地方政府司法职能研究》，故宫出版社 2014 年版，第 121 页。

抚因事务繁忙,其精力不可能侧重于司法,因此复审提结往往只是走个形式。

省级司法中的词讼审断向来不为人所关注。"一切户婚、田土等项"的词讼由州县自行审理,[①]"户婚、田土及笞杖轻罪由州县完结,例称自理",[②]所以词讼案件又被称为自理案件。命盗重案,按照严格的程式与格式予以审理、上报,其文书按部就班,鲜有可称道之处,[③]作为文学家的樊增祥定然不甚喜欢这样的文风。词讼则不同,没有严格的律例规定,批文可发挥的余地很大。樊增祥通过对词讼案件的批词,表达其对于人情世故、律意、情理等方面的观点,发挥出其文字技巧的优势。因此《樊山政书》收录的批答公文涉及词讼的超过了人命贼盗案。[④]

《樊山政书》中两司词讼的批词主要有四个方面:一是对于上控的呈词、控词(也有个别的禀词)的处断;二是对于州县(也有府、直隶

① 田涛、郑秦点校:《大清律例》,法律出版社1999年版,第479页。

② 《清史稿》卷一一八《刑法志》。

③ 邓建鹏将清代的诉讼分为词讼(或细事)与案件(或重情)两类。前者常指户婚、田土等州县官自理型诉讼,后者多为徒刑以上案件,包括人命、强盗等严重的犯罪。并认为这两类诉讼的告诉时间规定及裁决依据各有不同:清代法制默许官员对词讼可忽视现有法条,不依法审理,当事人的告状时间有一定限制;对于案件,则要求官员依法审理,虽然诸如刑部官员可能运用比附等法律适用方法,但依然是以制定法为依据而展开,这对案件判决有决定性影响。参见邓建鹏:《词讼与案件:清代的诉讼分类及其实践》,载于《法学家》2012年第5期,第115—130页。

④ 根据刘家楠博士对《樊山政书》禀、详、呈所涉及的案件统计,户婚、田土、钱债类的案件占到了约28.42%,很多人命案件是自杀案,实际上也是属于民事纠纷引起的,最终的解决方式和词讼一样。参见刘家楠:《樊增祥的司法实践与司法理念研究》,中国政法大学2014年博士论文,第31—32页。如果算上基本上是词讼的呈控及月报词讼册中的案件,词讼案应该占到了六成以上的比例。

州）上报的月报词讼册的批词；三是对州县、府道关于词讼的详文（请示）的批答；四是发布对于辖区某类词讼案件的指导性意见（札）。这些关于词讼的司法公文，有助于我们了解省级官员对于州县词讼审理的影响。

表二：《樊山政书》的公文形式及数目

<table>
<tr><th>卷</th><th>官职</th><th>批控</th><th>批呈</th><th>批禀</th><th>批详</th><th>详</th><th>札</th><th>批词讼册</th><th>牌示</th><th>其他</th><th colspan="2">合计</th></tr>
<tr><td rowspan="2">一</td><td>陕臬</td><td>7</td><td>27</td><td>18</td><td>4</td><td></td><td></td><td>1</td><td></td><td>1</td><td>58</td><td rowspan="2">92</td></tr>
<tr><td rowspan="3">署陕藩</td><td>7</td><td>2</td><td>25</td><td></td><td></td><td></td><td></td><td></td><td></td><td>34</td></tr>
<tr><td>二</td><td>14</td><td>9</td><td>62</td><td>4</td><td>1</td><td>1</td><td></td><td>2</td><td>4</td><td colspan="2">97</td></tr>
<tr><td>三</td><td>21</td><td>8</td><td>50</td><td>6</td><td></td><td>1</td><td></td><td>3</td><td>2</td><td colspan="2">91</td></tr>
<tr><td>四</td><td rowspan="3">陕臬</td><td>5</td><td>31</td><td>41</td><td>11</td><td></td><td></td><td></td><td>1</td><td>1</td><td colspan="2">90</td></tr>
<tr><td>五</td><td>4</td><td>19</td><td>39</td><td>19</td><td>1</td><td>1</td><td></td><td>2</td><td>2</td><td colspan="2">87</td></tr>
<tr><td rowspan="2">六</td><td></td><td>33</td><td>29</td><td>3</td><td></td><td></td><td>1</td><td>1</td><td>2</td><td>69</td><td rowspan="2">78</td></tr>
<tr><td rowspan="5">署陕藩</td><td></td><td>1</td><td>2</td><td>1</td><td></td><td></td><td></td><td>1</td><td>4</td><td>9</td></tr>
<tr><td>七</td><td>1</td><td>5</td><td>26</td><td>3</td><td>4</td><td>3</td><td></td><td>3</td><td>3</td><td colspan="2">48</td></tr>
<tr><td>八</td><td>1</td><td>1</td><td>17</td><td>4</td><td>3</td><td>1</td><td></td><td>2</td><td>3</td><td colspan="2">32</td></tr>
<tr><td>九</td><td></td><td>4</td><td>41</td><td>7</td><td>1</td><td>1</td><td></td><td>3</td><td></td><td colspan="2">57</td></tr>
<tr><td>十</td><td></td><td>2</td><td>29</td><td>6</td><td></td><td>3</td><td>3</td><td>2</td><td>3</td><td colspan="2">48</td></tr>
<tr><td rowspan="2">十一</td><td>署陕藩</td><td>1</td><td></td><td>31</td><td>3</td><td>1</td><td>1</td><td>4</td><td>1</td><td></td><td>42</td><td rowspan="2">56</td></tr>
<tr><td rowspan="9">陕藩</td><td></td><td></td><td>9</td><td>3</td><td></td><td></td><td>1</td><td>1</td><td></td><td>14</td></tr>
<tr><td>十二</td><td></td><td>2</td><td>25</td><td>4</td><td>3</td><td>2</td><td>9</td><td></td><td>1</td><td colspan="2">46</td></tr>
<tr><td>十三</td><td></td><td></td><td>34</td><td>7</td><td>1</td><td></td><td>12</td><td></td><td>2</td><td colspan="2">56</td></tr>
<tr><td>十四</td><td></td><td></td><td>38</td><td>7</td><td></td><td>3</td><td>17</td><td></td><td>2</td><td colspan="2">67</td></tr>
<tr><td>十五</td><td>1</td><td>1</td><td>32</td><td>12</td><td>1</td><td>2</td><td>15</td><td>3</td><td></td><td colspan="2">67</td></tr>
<tr><td>十六</td><td></td><td>7</td><td>32</td><td>8</td><td>2</td><td>2</td><td>7</td><td></td><td>2</td><td colspan="2">60</td></tr>
<tr><td>十七</td><td>1</td><td>5</td><td>27</td><td>9</td><td>2</td><td>1</td><td>4</td><td>1</td><td></td><td colspan="2">50</td></tr>
<tr><td>十八</td><td></td><td></td><td>42</td><td>9</td><td></td><td></td><td>19</td><td>1</td><td></td><td colspan="2">71</td></tr>
<tr><td>十九</td><td>1</td><td>7</td><td>63</td><td>7</td><td></td><td></td><td>11</td><td>1</td><td></td><td colspan="2">90</td></tr>
</table>

续表

卷	官职	批控	批呈	批禀	批详	详	札	批词讼册	牌示	其他	合计
二十	宁藩	7	1	103	13				4	1	129
总计		71	165	815	150	20	22	104	32	33	1412

从上表可以看出,《樊山政书》中的多数公文是樊增祥任(署)布政使期间所作。除过批词讼册几乎都为藩司所为之外,其他的批词藩、臬两司从形式上来说没有太大的差别,至于内容上的差别在后文会述及。

(二)臬、藩两司的司法职能

前文已揭,在省一级虽有专门的"刑名总汇"机构——按察使司,但是其他省级机构——布政使、巡抚、总督甚至学政——也有司法职能;督抚被认为是省级最高的司法机构。古代中国政治强调"职责"而非"权力"。按照现代西方权力的划分标准理解,古代中国行政权与司法权是合一的,实际上古代中国根本就不存在分权,没有独立的司法权,也没有独立的行政权,也就不存在二者"合一"的问题。藩、臬两司都因监察而设置,即使成为地方常设机构后,仍有监察府、州县的基本职能。尽管两司存在分工:臬司掌管刑名,藩司掌钱粮,但两司也有共同管理的一些重要地方事务,如军需、官员考核和科举等,司法也是其共同职能之一。

1. 按察使的司法职能

按察使是名义上的省级司法机构,其主要职责是"刑名"。雍正皇帝曾言其职责为:"直省大小狱讼,民命所关,国家各设按察司以专掌之。一切州县申详,至尔司而狱成。凡督抚达部题奏事件,皆由尔司定案。"[①] 可以看出，按察使最主要的司法职责就是对于命盗重案的"审转覆核"，以及与"刑名"相关的刑具核查、监狱管理等。[②]

在词讼方面，按察使也有相应的司法职责，主要表现在三个方面。

首先，按察使对月报词讼册的备案核查。清制规定："州县自理户婚、田土等项案件，限二十日完结者，各设立循环簿，于每月底将准告审结事件填注簿内，开明已、未完结缘由。其有应行展限及覆审者，亦即于册内注明。"[③] 是否按时上报词讼册、上报的质量以及通过词讼册考察案件审理的质量等，是年终考核州县官员的一个重要依据。此外，每月没有审结的案件也要上报。乾隆帝曾重申："查未完案件，例于每月底汇奏，恐日久渐弛，应再行各督抚，饬该州县，务将每月循环号簿，造送府州查核，并令巡道提验。如逾限不结，移司详报督抚咨参。仍勒限速结，于下月册报题参。"[④]

其次，州县官员正署离任之际，各省州县官也要"将任内自行审理户婚田土钱债等项，一切已结卷宗及犯证呈状供词，均于接缝处钤印，照依年月编号登记，注明经承姓名，造册交代，并将历任递交之案，一并检齐，加具并无藏匿抽改甘结"，上报至臬司；"臬司存核查催。臬司查明，仍将印结移送藩司，入于交代案内汇详"。[⑤] 由此可见，按察使承担着对州县自理案件的督催、审核的作用。

① 《清世宗实录》卷三《雍正元年正月》。

② 清制规定："各省州县所用刑具，务皆按定式制造，不得用短夹棍及大板重枷。" 此项监督核查是按察使的职责，他会责令各道员对州县官员所用刑具加以稽查，如有违式，即行纠参。参见［清］祝庆祺：《刑案汇览》卷二九，第 2071 页。同时按察使承担本省监狱的建造、狱囚的管理、服制、定期清理狱囚及追拿脱逃犯人等方面的职责。

③ 《大清会典则例·乾隆朝》卷二五《吏部》。

④ 《清高宗实录》卷六四八，乾隆二十六年十一月。

⑤ ［清］沈家本：《大清现行新律例》，第 133 页。

第三,按察使也直接受理督抚司道衙门的幕友、书吏、衙役、长随等人之间的词讼及轻微刑事案件。

2. 布政使的司法职能

雍乾时期的陈宏谋认为布政使的职责是:“凡关系军民利病,地方安危,风教盛衰,政治得失,无不由之。……兴礼教以端士习,定社学以正蒙养,重乡约以善风俗,崇节孝以兴行谊,严保甲以弥窃劫,简词讼以省劳费,修祀典以事鬼神,严乡饮以示观感,广收鳏寡孤独、疲癃残疾而设法存活,以哀茕民,各道不率循者规正之。”[①] 可以看出,藩司的职责主要是民政。

清廷的政务法令都是由督抚转饬布政使,再由布政使宣达到各府、县,并督促各项政令的执行。另一方面,各州县又须将各类行政事务的具体情况详呈布政使,再由布政使转咨督抚而达于中央。此外,布政使也要参与地方秋审和重大刑事案件的审理。

布政使的司法职责主要在词讼方面,因为词讼与其“民政、钱粮”职责相关。地方上户婚、田土及与钱粮有关的呈报案件,经州县初审、府审转解藩司复审定案。从上列表二可以看出,月报词讼册多由藩司批答;[②] 此外,府、县关于细故方面的自理案件的禀详也是由布政使予以批答的。布政使每年将本省中有关民政、财政案件总数和处理情况上报督抚,由督抚题请核销。

通过臬、藩两司犬牙交错的司法职能,可以看出中国古代没有排斥其他部门、特别是行政机关的干涉与影响的“司法独立”。司法并不是某个部门的专门权力,审断案件只是履行其治理职责的一

① [清] 陈宏谋:《从政遗规》卷七《明职》。

② 从表二的统计可以看出,《樊山政书》中的月报词讼册批词共 104 件,其中 102 件是樊增祥任 (署) 藩司期间批的,而任臬司期间只批 2 件月报词讼册。

个方面。

从《樊山政书》可以看出，府、县的禀详及民人的呈控，往往会同时向两司（有时也包括督抚、道、谳局等机构）递交，两司都会作出批答；对于涉及他司的事务往往会在末尾加上"仍候……批示"等语。比如：

> 石令假借堤工报效，朦混列保，俨然道员。赴豫买粮，言不顾行。迹其行事，所谓反中庸而无忌惮者也。此次咸阳交代，援涂故令之例，预支一月夫马工料银二百八十余两，实属历任所无。……所请预支驿站正项一节，本司衙门未据禀陈有案。查交代系藩司主政，驿站则本司专责。石令并不关白，辄敢平空列抵，实属胆大妄为。着于交抵折内，先将此款删除，再同监交三面清算，勿任狡赖取巧。切切。仍候藩司暨粮道批示。[①]

禀词中涉及钱粮交代与驿站之事，臬司管驿站而藩司管钱粮，因此要等候藩司的批示。如果案件不属于自己的职责（管辖），则会将案件转交相应机构。比如：

> 据禀已悉，所言公允详实，一切照办，至王县丞事多失检，人地不宜，应否迁地为良，候移明藩司办理，此缴。[②]

这里涉及的王县丞行为不检点，做事不规则，事关吏治，属于藩司实务，因此转移到藩司处办理。

但在词讼方面，二司似乎区别不大。从表二可以看出，主要与词

---

① 《樊山政书》卷一《批咸阳县禀》，第4—5页。

② 《樊山政书》卷四《批洋县德令禀》，第105页。

讼相关的呈控以及关于词讼的禀详,两司都有批答,并没有特别明显的差别,这和《樊山政书》是樊增祥担任不同职位所写的公文有关,同时也说明两司职责的交叉性。

二、臬、藩两司司法的特点

(一) 官府司法权威的维护

在"必也使无讼"的社会中,[①] 诉讼总伴随着凶险,要慎之又慎,《周易》所谓:"天与水违行,讼。君子以作事谋始。"[②] 于是,引发诉讼的人,大多被认为是不良之辈,是对现有秩序的破坏。清乾隆时纪昀在《阅微草堂笔记》里边所说的话,代表了当时的主流观念:

> 凡讼无益:使理曲,何可讼?使理直,公论具在,人人为扼腕,是即胜矣,何必讼?且讼役讼吏,为患尤大;讼不胜,患在目前;幸而胜,官有来去,此辈长子孙必相报复,患在后日。[③]

纪昀认为,公理自在人心,讼不讼人们都是明白的,所以何必与人争讼不休呢?做事不"留余",会遭到对方的报复,后患无穷。这种息事宁人的态度是以牺牲个人利益而成全社会秩序,每个时代在二者之间的"度"是不一样的,现代社会也存在实现类似功能的"时效"制度。

道德教化与州县官员对于争讼的天然厌恶,并没有导致"无讼"社会的实现。相反,在讼师的"挑词架讼"下,清代社会呈现出"健讼"

① 《论语·颜渊》。
② 《周易·讼卦》。
③ [清] 纪昀:《阅微草堂笔记》,浙江古籍出版社2010年版,第129页。

的实态。[①] 当然,这种井喷式的"健讼"现象是否与"务限"而导致的诉讼积压有关,还需要进一步的研究。[②]

上控虽为律例所允许,但若是大量词讼上控到省,会大大增加省的政务负担。省级官员接触到的词讼,已经不简单是州县面对的两造的问题了,而是两造与地方官员三方关系了。呈控、禀词多有对府、县官员审理不公的愤懑与控诉,甚至是对于官员品行、为政能力的责难。面对上控人这样的言语与情绪,樊增祥以维护官府权威为已任,凡涉及此类争议的,一律予以批饬:

> 呈尾谓"吕令清讼册多是具文",此因本司前札饬兴安府,谓"吕令造赍清讼册籍,荒唐敷衍",尔遂援为口实,冀激本司之怒,准尔呈词。尔之熟衙惯讼,亦可见矣。试问吕令造册不实,尔一细民,从何得知?不准,并饬。[③]

樊增祥认为该上控者可能是个讼棍,而且官府中有人给其通报消息。上级整饬下属,使其公正司法是职责,这种内部管理模式绝不允许

---

① 据相关的研究,清代在无讼的价值观下却是健讼的实际形态,特别是在江南地区,似乎处于"惧讼"与"健讼"的矛盾之中,"厌讼"的理想固然在社会现实中并没有被不折不扣地信奉,但是健讼的说法也有州县官因为厌恶诉讼的夸大之词。总而言之,健讼也是厌讼的主流价值观下对于诉讼的一种偏见。参见尤陈俊:《"厌讼"幻象之下的"健讼"实相?——重思明清中国的诉讼与社会》,载于《中外法学》2012年第4期,第815—834页。邓建鹏:《清代健讼社会与民事证据规则》,载于《中外法学》2006年第5期,第610—623页。赵晓耕、沈玮玮:《健讼与惧讼——清代州县司法的一个悖论解释》,载于《江苏大学学报(社会科学版)》2011年第6期,第85—89页。

② "务限"源起于宋时,规定在农忙季节(农历二月至九月)禁止民事诉讼,以免影响生产。明清时期虽然没有类似规定,但习惯上亦有每月逢三、六、九"放告日"的做法。

③《樊山政书》卷一《批石泉县民吴兴武控词》,第4页。

“细民”利用其间的事件、消息而发表对于官员的不敬。此外,对于有些商人恃财蔑官的行为,樊增祥也予以坚决制止。他警告一名因债权得不到清偿而觉得自己委屈的商人:“尔自谓索债无偿,尔之理直,抑知目无官长,我之法严乎?若商人凭恃钱神,即可如此骄纵,体制安在?法纪何存?”[①] 强调商人即使再有理,也不能成为在诉求没有得到满足时“目无官长”的理由。为此,对于商人告状,樊增祥多采取威胁的态度使其息讼,他说:“本司之责惩‘新泰厚’者,责其不应目无官长,非责其不应索账也。”[②]

此外,对于月报词讼册中的错案,樊增祥从维持官员威信的角度出发,一般不予纠正;而只是指出问题,让其在以后审案中多加注意,属于典型的惩前毖后:将以前的错误作为警戒,今后小心谨慎,不再犯类似的错误。

清代官场在此问题上的认识相当一致,乾隆朝的名吏于成龙认为,处理上控案件时,上级官员万不可为了自身清名,刻意为民洗冤,否则会导致民众“稍拂其意,而肆行无忌,恐开刁诈之渐”的习惯。[③] 官府司法权威的维护,不单单是对于下级官员已经生效判决的维护,还在于整个官场以“清明”形象示人。对此,樊增祥说:“虑有冤枉则准之,然好官被控而准,不令贤者灰心乎?虑长刁风则驳之,然赃官被控而驳,不使贪污愈肆乎?”[④] 如何协调二者之间的关系,关键还是要看初断官员的贤否与呈控的合理与否,也是一个“度”的把握问题,本书后文详述。

① 《樊山政书》卷二《批汇号新泰厚控词》,第 37 页。

② 《樊山政书》卷二《批施丞禀》,第 38 页。

③ 蔡方炳、诸匡鼎编:《于清端公政书》,文海出版社 1976 年版,第 101 页。

④ 《樊山政书》卷八《批临潼县李令禀》,第 209 页。

（二）对地方司法的规范性指导

清代地方政府特别是省级官府在实施朝廷法令的过程中，针对本管辖地的具体情况，往往会制定一些地方章程。如近人王有学所说："条例是国家令典，天下通行，一律遵办。省例是外省申详事件的酌定章程，各就一省而言，南北办法互有不同，各自成书。"[①]和现代的地方立法类似。吴吉远认为清代的地方立法有行政条规、治安条例和民事立法。[②]除此之外，也有为统一地方某类案件的裁判方式的"札"。在《樊山政书》中，有一则处理荒年抛妻案后产生的省级司法解释。

此案案情：陈世德饥荒之年抛弃妻子朱氏，闵福成以十二串钱为聘财，经由朱氏之兄朱赖娃主婚，娶朱氏为妻，婚后两人生有一女。四年后，陈世德到咸宁县衙以拐卖发妻具控，要求闵福成归还朱氏。

审理过程：咸宁县崔委员初审此案，断陈世德出钱十五串领人。闵福成与朱氏均不服，先后复控。咸宁县舒令到任后，仍断陈世德领人，但出钱改为一百三十串，作为朱氏四年食用之费。陈世德并以县断翻异为由，具控到府。府批覆讯时舒令只将陈所出之钱改为五十串，闵福成亦以县断翻异具控到省。[③]

樊增祥认为崔委员初断已"大谬"，舒令的复断也是"断一案而四面皆非"——以妻还世德，而世德不承情；以钱与福成，而福成不生感；朱氏难乎为妇；幼女莫保其终，从而造成"四输"的结局。此种判法是"拘于死例，不体人情"，会造成"以朱氏母女付世德之手，将

① ［清］徐栋辑：《牧令书》卷一七《一得偶谈》。

② 《清代地方政府司法职能研究》，第43—44页。

③ 《樊山政书》卷七《批咸宁县民闵福成词》，第178页。

来母逃女死实在意中”的“不仁不明”之结果。《大清律例》中确有保护本夫的法律规定,而且朱氏的行为亦有不合律例之处。[①]但樊增祥认为陈世德荒年弃妻,其行为符合“情断义绝”之要件,在这种情况下,夫妻关系必须要解除。此案解决的关键在于两人的夫妻关系因为陈的行为而消亡,既然没有法律上的夫妻关系,那么后一婚姻法律上的问题就迎刃而解。最终“将陈世德重责百板,枷号十日,以治其弃妻于前,图讹于后,昧良上控之罪。……并令出具‘恩义早绝,永不索妻’甘结存卷,枷满取保释放。朱氏仍归闵福成为妻,俾幼女无失怙恃”。这个结果体现了对于违背家庭伦理义务的惩罚,既维护了伦理道德,又产生了良好的效果,诚属于“一输而三赢”。

批词后,樊增祥认为此案具有典型性与多发性,于是专门“札十二府州”,要求“以后如有荒年弃妻,在后夫家已生子女者,均照此案办理,以彰公道而顺人情。合行札饬,札到该府州县遵照”。[②]樊增祥的“札”所公布的示范案例对于陕西省今后审理类似案件具有拘束力。

我国最高人民法院从2010年底开始开展案例指导工作。最高人民法院公布的指导案例,具有明确、具体和弥补法律条文原则、模糊乃至疏漏方面的作用,不是造法而是释法,对于各级法院审理类似案例时有拘束力,但是省级法院公布的指导案例在该省内并不具备

---

① 《大清律例》规定:凡妻于七出,无应出之条,及于夫无义绝之状,而擅出之者,杖八十。……其因夫弃妻逃亡,三年之内,不告官司而逃去者,杖八十。擅自改嫁者,杖一百。见田涛、郑秦点校:《大清律例》,法律出版社1999年版,第212—213页。根据这一规定,夫弃妻而逃不算“义绝”,而妻子三年内不告官而擅自改嫁反倒是要受惩罚。因此,州县官员的审断,于律而言,没有什么问题。

② 《樊山政书》卷七《札十二府州》,第181—183页。

拘束力。樊增祥的“札”与律例并不吻合，实际上是改变了《大清律例》的规定（当然前提是这一规定并没有得到严格执行），因为律例所采取的是保护丈夫（本夫）利益的立场——妻虽被弃，仍不得逃亡、不得改嫁。樊增祥从情理上改判，更加关注现有稳定婚姻秩序的维护，尤其关注涉案人中的弱者比如妻、女将来的命运。

《樊山政书》中多次有依照“省章”“省例”予以惩罚的字眼，涉及教育、征税、工程等多方面，说明省级章程在清末已经非常普遍了。[①]

（三）积案与越诉的平衡

清末州县案件屡有积压，或者不按期审结，或者审案和稀泥、不公平。樊增祥任州县官员十几年，自然是心知肚明。他对地方官员积压案件不审结的行为多有批评，并常常督促，比如在《批客民张敬顺控词》中，樊增祥讲：“此等生意胶葛之案，蔓讼年余不结，亦属可恨。仰西安府提归谳局迅速断结具报，勿延。”[②] 很明显，樊增祥认为商业纠纷久拖不决，会影响生意人的经营活动。有时樊增祥会明确提出结案的期限，在《批长安县民任益谦呈词》中有这样的表述：“家庭不睦，讼属寻常，何至传案数月，一堂未过？仰长安县于五日以内，集讯断结具报，勿稍延袒。”[③] 明确要求长安县令五日内审结上报。樊

---

① 中国古代地方立法早已有之，清代的地方立法更成体系。清代的省例并非一些文件的简单汇编，而是有体例，遵循规范而制定。从一定程度上说，省例反映了清代地方法律的发展状况，在各地司法中有不可替代的作用。省例的制定主体是省级政府长官等，在形式上，省例具有系统而完备的载体形式，分门别类记述不同的法律事件。参见陈子盼：《清代省例的法律范式考据：基于〈治浙成规〉和〈福建省例〉》，载于《中共青岛市委党校青岛行政学院学报》2016 年第 6 期，第 66—67 页。

② 《樊山政书》卷二《批客民张敬顺控词》，第 31 页。

③ 《樊山政书》卷一《批长安县民任益谦呈词》，第 17 页。

增祥非常担心拖延的表象背后,有偏袒一方的情形存在。

对于一些拖延时间过久的案件,樊增祥在批文中予以严厉斥责:

> 惟此案以本年三月具控,邢式九避不到案者凡五阅月。迨七月初一日双方传齐,又延至二十一日始行质讯。则该州之堂事废弛可想而知;其所请之谳员不能得力亦可想而知。此等钱债细故,准而不传,传而不审,审而不断,断而不公,以致髫稚孤儿来司上控,为民父母,羞乎不羞?

一个简单的钱债细故案件,因为一方避不到案而拖延了五个月,好不容易传齐了两造,又拖延了二十多天才开始质讯。难怪樊增祥会大为光火,直斥主办官员"羞乎不羞"。为此,樊增祥要求更改主审人员,限十日审结。

> 仰该州覆集两造人证,添传要证周晴川,秉公亲讯,不准原审之傅某代审。限奉批十日之内断结详覆。如敢玩视,此批如前延搁,本司莅任伊始,力除庸惰积习,定将该牧严惩不贷。①

俗话说:"事出反常必有妖。"② 樊增祥认为此案官吏大概率存在偏袒一方的情形,所以他从"为民父母"的高度进行教育,要求尽快"秉公亲讯",以除此"庸惰积习"。

另一方面,坚信自己怨抑不得雪的百姓,在诉讼始终得不到审结的情况下,觉得上控是天经地义的事情。从樊增祥对呈控的批答中可以看出,此类越诉占了很大的比例。对于因积案上控,樊增祥基于

---

① 《樊山政书》卷二〇《批职员汤宜震禀》,第 559 页。

② 原句为"物之反常者为妖"。参见《阅微草堂笔记》,第 17 页。

律例严禁越诉的规定，以及自身对于“十控九虚”的认识，往往明确反对、严厉斥责甚至依律进行惩罚。

在处理积案与越诉二者的关系上，樊增祥采取四种方式：一是直接不准并予以斥责，此类最多（大约35%）；二是对越诉者严斥的同时，责令其回州县投审（大约10%）；三是严斥之后，由府县覆查回报（大约32%）；四是个别案件直接提审（大约23%）。[①]

在樊增祥那里，对于越诉的厌恶和对于积案的无奈交织在一起，但前者占据了主导，越诉被认为是对现有司法秩序的一种轻视与侵害，而积案只是体制运行不畅的一种表现。作为省级官员，樊增祥对于积案的督促是其职责所在，因此常在言语上严斥。而积案有官员慵懒的原因，也有制度的原因。《大清会典》规定“官非正印者，不得受民词”。[②] 在这种要求下，州县官常常不堪重负，即便有心者全力为之，也往往疲于奔命，积案因此也就在所难免。

（四）词讼的书面审断

前文已揭，《樊山政书》的批词涉及命盗重案的不少，但更多的是关于词讼的批词。对于词讼的判断往往只是依据呈控及州县官员的禀详，所以具有书面审的特征。

两司官员不属于“临民”之官，与词讼并无直接关系，除臬司审理少量的官府内部人员的词讼之外，一般不会一审词讼。两司对于词讼的接触，大多是通过三种文书：禀详、呈控、月报词讼册。与州县官员两造当堂审理不同，省级两司一般都不会采取讯问两造的开庭

---

① 《清代乾隆朝省级司法实践研究》，第66页。

② 尤陈俊：《清末民初画报中的衙蠹与劣幕》，载《中西法律传统》（第五卷），中国政法大学出版社2006年版，第446页。

审理方式。上控一般会有控词和呈词,偶尔也有“拦舆喊禀”的情形,[①]但属极个别的现象。因此,文书的文字表达是否清晰、前后是否连贯且是否符合常理,显得极为重要。一份好的控词会对于案件的走向起到关键作用;[②]相反,一个含混不清或者毫无逻辑的拙劣呈控,往往会直接导致批驳不准。如果再进一步,呈控、禀词写得“荒诞,迹近疯痰”,[③]樊增祥看得“焦闷”不已,不但不准,还会一番痛骂。可以说,省级词讼就是“因文而定”。

书面审中的事实认定,主要是依据文书对于事实细节的描述,樊增祥秉承“大抵办案与作文同,丽以明法,尤须运以灵心,解人不易索也”的标准,对于州县官员禀详的事实进行细心考究。他在批蒲城县的详文中发现了问题:

> 再查友娃拾刀向砍,彼时闰生身未倒地,迎面扑砍,似只能伤及额鼻。偏右一伤,宜在倒地以后。其详究之。又详内合面不致命左手刃伤一处,应是右手,有犯证等供词可据。[④]

樊臬司若侦探小说里的神探一般,发现了详文表述与实际伤口之间的矛盾,要么是供状有问题,要么是案情有问题,要求“详究”。这种书面审理,可谓认真细致,绝不含糊。

因此,樊增祥总结出:“大凡作文惧逢里手,论事怕遇行家。所谓

---

① 《樊山政书》卷七《批临潼县举人陈石铭呈词》,第181页。

② 这也是清代讼师屡禁不绝的重要原因,尽管官方对讼师予以否定,但在中国文盲占到90%,大多数上控者并没有能力完成一份好的呈控。因此,代书控词或者代为上控存在“市场”需求,且从事这一行收入颇丰,于是很多不得志的读书人,会冒着风险从事这一“非法”职业。

③ 《樊山政书》卷二〇《批卸署阜宁县李绍卿禀》,第605页。

④ 《樊山政书》卷九《批蒲城县详》,第240页。

真人前道不得假话也。禀牍不在说得好看,须有实际。"[1] 这里所说的"实际"应该有两个含义,一是符合常识,二是严谨而清晰。他要求州县官员"看透案中症结,老眼无花",这样才能"凛然笔下风霜,银手如断",[2] 做出合理的裁判。

呈控、禀详的语言逻辑性非常重要,如果逻辑混乱,前言不搭后语,樊增祥也会予以斥责,一般不予受理。如果案情能够表达清楚,法律或情理上确有疑问,为了谨慎起见,往往会让原审官员将卷宗上报,还是通过书面的方式进行审核,以达"兼听则明"的效果。樊增祥在《批职员汤宜震禀》里说得明白:"从来一面之词,原难尽信。"但若是表达不是很明确,而且案情的确存在疑问,也会引起复查:"惟此禀以账债涉讼,事属有凭有据,言亦有条有理。邢式九似属亏心,傅谳员亦似乎偏袒。"这里的"事属有凭有据,言亦有条有理"是启动进一步审理的标准。最后,樊增祥不免还要卖弄自己的经验:"本司折狱多矣,从不敢偏听人言。"[3]

(五) 重视司法效率

樊增祥从省级层面俯瞰府、县官员,认为在为政方面(对于州县而言,其主要政务就是司法)断不可庸碌无为,体现了省级司法更看重效率的特点。

古代官府职责繁多,正印官虽然有很多辅助人员,但是很多事情必须躬亲而为,因此对于官员履行职责有颇高的要求。自古以来对于官吏的管理不外乎两方面,一方面是防其贪腐,另一方面是促其

① 《樊山政书》卷一《批宝鸡县杨令调元禀》,第 13 页。
② 《樊山政书》卷一七《批临潼县李令禀》,第 465 页。
③ 《樊山政书》卷二〇《批职员汤宜震禀》,第 559 页。

有为。对于贪腐的反对和对于勤政的褒扬在一般情况下没有什么问题。但是如果出现有能力但贪腐的人与没能力不贪腐的人之间非要选择一个人的话,樊增祥会本着“两害取其轻”的原则选择贪腐而有能力的官员。他的这种选择是建立在一个基本认识的基础上,即:“天下贪官污吏作孽固多,而老实人作孽亦不少。”① 无能对于官员来说,不是一般的缺点,是致命的缺点。② 在司法方面樊增祥进一步提出了“老实之害甚于贪酷”的论调,他的理由是:“盖贪而有才,犹可驾驭而用之,老实而糊涂,真百无一用矣。”③ 樊增祥所谓的“老实”,指的是平庸无为。有才能的官员,法律或者上级可以通过一定方式遏制其贪腐行为,还能用之办事。但是对没有能力的人来说,就丝毫没有办法了。所以他讲:“天下勿论家事国事,皆坏于好人者居多。好人者,老实无用,毫无道理之可怜人也。”④ 为此,他批评洵阳县令辛景舒:“该令老实无用,在无事之日亦可溷迹琴堂,当变法之时,实属不堪委寄。”老实在干吏樊增祥的眼中绝对是一个贬义词。总而言之,他认为“老好人断不可作官”。⑤

似乎可以从这样的角度去理解樊增祥:贪酷具有针对性,祸害的是特定的对象(类似于现在说的行政相对人),虽然令人发指,但客观上来说,为害范围不大。而老实的庸官,其不作为所产生的危害涉及到了不特定的民众,其为害的范围要比贪酷官员更加广泛。尽管庸

① 《樊山政书》卷五《批陇州禀》,第 115 页。

② 《阅微草堂笔记》载:“公一生处处求自全,某狱某狱避嫌疑而不言,非负民乎?某事某事畏烦重而不举,非负国乎?三载考绩之谓何,无功即有罪矣。”“无功即有罪”和樊增祥“老实之害甚于贪酷”的观点是相吻合的。参见《阅微草堂笔记》,第 4 页。

③ 《樊山政书》卷三《批韩城县详》,第 59 页。

④ 《樊山政书》卷一五《批兴安府详》,第 422 页。

⑤ 《樊山政书》卷一五《批洵阳县辛令景舒详》,第 431 页。

官没有个别的、明显的恶行，但对于统治秩序的实现而言，其所产生的危害大于贪酷的官员。[①]

这是专制社会特有论调，其原因有三方面。

第一个原因是社会整体贪腐度高。当贪腐成为一种社会风气的时候，大家都是参与者，就不能彼此指责了。王亚南先生认为："历史家昌言中国二十四史是一部相斫史，但从另外一个视角看，则又实是一部贪污史。廉吏循吏在历史上之被重视与被崇敬，乃说明这类人物该是如何的稀罕。"[②] 中国古代官吏的贪污，有着深刻的社会基础。明清时期，经济活跃，高利贷商业的扩展更加助长了官吏的贪欲，凝固的政制措施，不能适应变动发展的实况，造就了各种漏洞。各种"部费""盘费""程仪""规礼""红案银""陋规"等，都成了行规，[③] 汪辉祖更是提出了"陋规不可轻裁"的看法。[④] 樊增祥也认为："作官裁陋规，本司向不谓然。……何也？廉俸既薄，官不可以无养也。"[⑤]

第二个原因是酷吏对于维护君权实行专制统治有特殊的作用。酷吏的行径虽然与统治者鼓吹的仁政不相符合，但是这种法家式的"刻薄寡恩"往往能在统治中起到立竿见影的效果，所谓"家有恶犬，安全太平"。适度的恐怖压迫为历代统治者不可或缺之手段，[⑥] 对此樊增祥很认同，与他所说的"糊涂柔懦，何必作官"的意思是一样

① 可参见拙文《古代治庸的规范、实效及启示》，载于《求索》2017 年第 3 期，第 57—64 页。

② 王亚南：《中国官僚政治研究》，商务印书馆 2010 年版，第 116 页。

③ 《中国官僚政治研究》，第 119—121 页。

④ ［清］汪辉祖：《学治续说》。

⑤ 《樊山政书》卷一三《批临潼县详》，第 345 页。

⑥ 霍存福：《权力场》，法律出版社 2008 年版，第 340—358 页。

的。[①] 在官与民的这场猫鼠游戏中,官员若是不能雷厉风行,便有可能被刁民所制。樊增祥担心的是,“大约每一州县各有刁劣绅衿倚刀笔为饭具,地方官之老实者则受其欺制,混账者则倚为爪牙,而公正者弗与交通”。[②] 老实的地方官非但不能“治民”,反而被刁民所制。进而造成案子当断不断,积案严重,两造上控不止,这是樊增祥所不愿看到的。

第三个原因是老实人大多不知变通。老实人机械适用法律,如同我们现在所说的“法匠”。所以樊增祥说“老实人断案,至平妥而止”。法律的适用往往不能体现“情理法”的目标,所以不符合儒家礼治社会的需要。而真正的审案高手是:“于平民则用巽语法言,于刁绅必施权谲手段。”[③] 正可谓是“见人说人话,见鬼说鬼话”,古代官员可没有现代的“证据规则”,通过欺骗、诱供等方式获得真相的官吏会被认为是有智慧的人。此外,中国古代词讼的审理是“经验至上”的,若是对于人情世故不明不白,断然不会让两造心服口服。做不到“案结事了”,无法消除矛盾,要这样的“老实”官吏有何用?

三、上控案件的审理模式

中国古代司法没有现代诉讼法中的审级概念,现代诉讼法认为上诉权是程序启动权,合乎法律的上诉必然会启动新的审理程序。[④] 但是,古代案件二审程序并不由当事人主导或决定,因此,不存在现

① 《樊山政书》卷一五《批临潼县张令运魁详》,第 432 页。
② 《樊山政书》卷一七《批华州褚牧详》,第 463 页。
③ 《樊山政书》卷一四《批华州褚牧词讼册》,第 384 页。
④ 齐树洁:《民事上诉制度研究》,法律出版社 2006 年版,第 117 页。

代法学意义上的上诉。在中国古代,不同级别审理的过程中,当事人如不满判决结果,可以向上控诉。[①] 上控一般指的是地方有权审结的词讼案件,当事人一方不服而提请上一级官府审理的行为。对于上控案件的具体处理模式,陈宏谋在《牧令书·越告》中是这样记载的:

> 赴上控告者,查系原未在县控告,即系越控,或予责处,或批赴县具告。已告而未审者,上司察核月报册内,如捏造已结,立即指名行提县承究处。如原造未完,即发签勒限十日内审结,于该月自理词讼内登覆"某日完结"字样通报。至于已审断结之事,如所告情事已无可疑,即可指明批驳不准。[②]

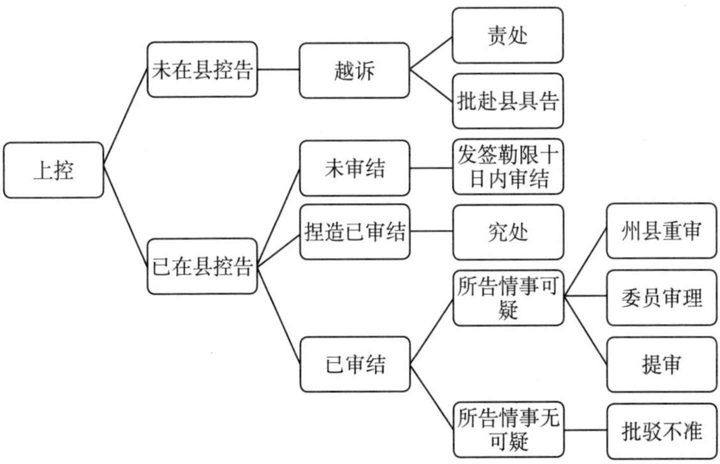

逐级上控到省一级的案件也可称之为"司控"(按察使司、布政

① 柏桦:《清代的上控、直诉与京控》,载于《史学集刊》2013 年第 2 期,第 65 页。

② 《牧令书》卷一八,陈宏谋《越告》。

使司) 或者“省控”。

《大清律例》“辩明冤枉”第七条例文则规定:

> 至于刁健之徒本无冤抑,或因负罪受惩,掩饰己非捏款诬控,或因斗殴、婚姻、田宅等事,不赴本管官控理,辄赴上司衙门架词妄控者,仍按律治罪。①

可见,地方大员是根据不同的情形,做出不同的处断的。

根据表二统计,《樊山政书》中樊增祥批呈词、控词为236则,占到了全部文书的17%。其中近200则是关于上控案件的处理的。

(一) 上控不准的原因

樊增祥在批答控词、呈词时,常用“逞刁”② “十控九虚”“健讼拖累”③ 这样的词语。律例明文规定的“自下而上”的“上控权”,并没有在官员的政务观念中得到支持。尽管上控费时费力,但是仍然会有相当数量的词讼汇集到省。

如前所述,上控并不必然引起审理程序。《樊山政书》中涉及上控的呈控,有近一半的都予以“不准”,原因有以下六个方面:

1. 越诉

细故词讼,应该逐级上控,不能越级。如果越诉,不论理由是否得当,一般都不予受理,大多给以“此等田土官司,自应在县呈控。越

---

① [清]吴坛著,马建石、杨育棠主编:《大清律例通考校注》,中国政法大学出版社1992年版,第1076页。

② 《樊山政书》卷一《批凤翔县武生严桂芳控词》,第2页。

③ 《樊山政书》卷一《批紫阳县民马家骏控词》,第4页。

渎不准”类似的批语。[①]《大清律例》规定“越诉即实”也要笞五十,[②]但从《樊山政书》来看,在司法实践中并没有严格执行。《批蒲城县商民杨海云呈词》中关于商民越诉是如此处理的:

> 尔被恶差屈德借端讹诈,私刑拷打,并将尔铺内银钱衣物掳掠一空。尔不在县具控,辄来省垣渎请提究。尔独不闻“越诉笞五十”乎?仰即迅回蒲城县具呈催案,越诉不准。[③]

此案商民因被官差讹诈而越诉到司,樊增祥宣示律例,仅予以警告,并没有给予实际的责罚。

2. 案未审结

对于没有审理完毕的案件提起上控,属于越讼的一种,一般予以批驳不准。如《批长安县民张富和呈词》:“张元抗纳粮钱,尔不在案呈催,辄请本司提究,实属荒诞糊涂。不准。”[④]

前文已揭,此类上控,多因州县积案而引发。如果发现诉讼拖延时久,樊增祥则会设置期限令州县快速审结。如《批长安县民任益谦呈词》:“家庭不睦,讼属寻常,何至传案数月,一堂未过?仰长安县于五日以内集讯断结具报,勿稍延袒。”[⑤]

3. 原判合理

如果省司对案情已经通过州县官员的禀、详了解清楚,或者可以

---

① 《樊山政书》卷三《批渭南县民李世德控词》,第 63 页。

② 《大清律例》卷三〇《刑律・诉讼》“越诉”条规定:凡军民词讼,皆须自下而上陈告。若越本管官司、辄赴上司称诉者,即实亦笞五十。参见《大清律例》,第 473 页。

③ 《樊山政书》卷一《批蒲城县商民杨海云呈词》,第 9 页。

④ 《樊山政书》卷一《批长安县民张富和呈词》,第 11 页。

⑤ 《樊山政书》卷一《批长安县民任益谦呈词》,第 17 页。

从呈控中明确看出,在事实和律例、情理方面都没有不当之处,则也予以批驳不准。

> 尔子人头畜鸣,法当重究,尔尚敢恃妇出头,捏报抢劫,岂知此案情节本司洞若观火矣。所禀不准,并饬。①

或许是因为下级的汇报,或许是因为月报词讼册,樊增祥事先对于案情已经了然于胸,自然能够辨别上控人是否有理。《批临潼县举人陈石铭呈词》则因原判"极公"而予以不准:

> 同室操戈,衅起收蜂细故。县讯谓尔族兄陈生辉将尔抓伤,例得勿论,无服族侄有儿责押示警,判断极公。尔乃缠讼不休,谓尔为兄,而生辉为弟,孰长孰幼,岂真任情颠倒、硬坐生辉以卑幼殴尊之罪?尔既贤书忝列,乃以揪扭细故,九次控府、控司,尔之为人概可见矣。不准。②

此批词解释了依据服制判决的合理性,即对州县合法、合情理的判决,予以坚决维护;同时也对妄图篡改案件情节、以图博得一胜的讼棍,予以坚决的拒斥。

4. 以卑告尊

案涉伦理,自然不可简单以行为的是非论之。对于此类上控,樊增祥往往会"照例不准"。在对一件县民控族叔的批答中,樊增祥直接用"胡说,不准"四字予以驳斥。③

在批答一件分家不公的控词中,樊增祥认为兄弟之间本该兄友

① 《樊山政书》卷三《批咸宁县民妇朱方氏控词》,第 62 页。

② 《樊山政书》卷七《批临潼县举人陈石铭呈词》,第 180—181 页。

③ 《樊山政书》卷一《批白河县民张肇忻控族叔张雯词》,第 3 页。

弟恭，互谅互让，遇有争执应由亲族调理；如果觉得调理结果不公最多向县衙具控；县断之后，即使觉得不公，也要以“为君子者当以天伦为重，财产为轻”为标准息事宁人，万万不可“控省恳提，害人而兼自害”。对于此类的上控，樊增祥一般都是“照例不准”。[①] 可以看到，在表面上轰轰烈烈的新旧变革之间，因服制而产生的身份伦理仍然是案件裁判的决定因素。

5. 呈控含糊、无理

当事人的呈控是官员判断是非的依据，对于案情事实的描述尤为重要，如果呈控语言混乱，则无法从中判断是非。樊增祥屡言：“禀词支离荒诞，无情无理，不准”；[②] “所控语涉离奇，殊难凭信”；[③] “控情怪诞，无证无凭”。[④] 对于此类上控，无法从书面获得准确的信息，只能不准。樊增祥偶尔也会通过提问的方式，要求上控人写明后再行递交，大抵是因为他从中发现了疑点，认为需要复审。

> 此案尔去年何月呈控？何人何日断令陈应鸾将铺底清交？尔于何月何日覆控？应鸾何日潜逃？贾世美窥尔回籍，何时具控长安？长安县何时将尔子管押？来禀一味含胡，未便率准。着另叙明白禀词候夺。[⑤]

此呈词因为时间不明确、事实不确凿而不准，但可以“另叙明白”再行禀词。

---

① 《樊山政书》卷一《批汧阳县贡生李铭灌呈词》，第 18 页。
② 《樊山政书》卷一《批定远厅民萧登清控词》，第 3 页。
③ 《樊山政书》卷一《批山阳县民徐于乾呈词》，第 16 页。
④ 《樊山政书》卷一《批镇安县民商学英呈词》，第 16 页。
⑤ 《樊山政书》卷一《批客民邵荫棠呈词》，第 9 页。

呈控词中的语言如果不合常理,没有逻辑,通常予以驳回。

> 据称:尔妻于光绪二十六年七月被尔亲家曹光兴殴毙,前凤翔县吴令委东厅验伤,受贿捏报服毒身死,吴令与尔断钱四十串等语。如果尔妻实系殴毙,尔何以事隔两年始行上控?曹光兴在李家诬称尔妻犯奸,何人传此是非?尔妻寻光兴理问,光兴令其长媳将尔妻拉住,与曹五万拳足交殴致毙,此时何人在场眼见?何人告尔得知东厅得钱二十四串、仵作得烟土十五两,有何凭据?有谁过付?伤未验明,尔何以竟肯领尸?今尸骨腐化已久,乃欲以无据无证之词坐人以故杀之罪,实属荒谬已极。不准。[1]

此控时间、证人、物证俱无,樊增祥在批词中连用了六个问语,表示无法理解上控者的思维,必属诬赖之举。同时对于控词的无理,樊增祥以为,也要用一定的"度"来把握:

> 尔子于去年十月在祥泰店自戕陨命。如果由郭尚志等威逼所致,大荔张令与郭何亲,与尔子何嫌,岂有不为伸冤之理?陕中风俗,凡有自戕之案,无不借命图讹。况尔为子鸣冤,应如何奋迅迫切,何以迟延半载有余,始行上控?其为意存拖害,不问可知。姑仰大荔县录案详覆,以凭主夺。[2]

此控于人命案发生半年后上控,不合常理,倒是符合民间惯有的恶习。樊增祥对此案并没有"不准",而是要求查阅案卷,将详情禀报上来。

---

① 《樊山政书》卷三《批凤翔县李洪春控词》,第64—65页。

② 《樊山政书》卷三《批大荔县孀妇董方氏控词》,第78页。

对比上述两例，都是家人死亡后隔了一段时间突然上控，其行为、语言俱有不合常理之处。但为何一案“不准”而一案“录案详覆”？大抵命案上控一定要谨慎处理，前一案已过一年多，尸身已经腐烂，无法查清是否中毒，查卷也无太大意义。后一案只有半年时间，去时不长，可以予以复查。而且从控词上来看，前一控词之无理远胜于后一案。这种区别对待的方式表现出樊增祥的司法思维。

6. 缠讼

对于上控不准或者维持原判者，或有持续上控者，一而再再而三递交控词，对于此类“缠讼”，樊增祥照例不准，且要求所属县将其递解回籍，予以惩罚。

> 似尔之顽钝无耻，缠讼不休，实属罕见。候饬两县将尔递解回籍，以免陕民久受讼害。尔如知机，早遁为妙。[①]

此外，和法律对待匿名告状的态度一样，[②] 匿名控词也是照例不准，此类控词“断不足信，且断不必查”，因为一旦据此查证，则“匿名告讦之刁风将日增月盛”，[③] 可谓是弊大于利。

---

① 《樊山政书》卷一《批客民黄鑫武控词》，第19页。

② 中国古代很早就严禁匿名告状，在《睡虎地秦墓竹简·法律答问》中就有“有投书，勿发，见辄燔之”的规定。后世的《唐律疏议》规定：“诸投匿名书告人罪者，流二千里。得书者，皆即焚之，若将送官司者，徒一年。官司受而为理者，加二等。被告者，不坐。辄上闻者，徒三年。”很显然，这样规定的目的是“塞诬告之源，以杜奸欺之路”。《大清律例》卷三〇《刑律·诉讼》“投匿名文书告人罪”条规定：“凡投隐匿姓名文书告言人罪者，绞；见者，即便烧毁。若将送入官司者，杖八十；官司受而为理者，杖一百；被告言者不坐。若能连文书捉获解官者，官给银一十两充赏。”参见《大清律例》，第477页。

③ 《樊山政书》卷一九《批匿名控词》，第552页。

(二) 上控的审核原则

基于对上控案件处理的经验,樊增祥总结出了一套处理上控的标准。

1. 十控九虚

官员对于上控的反感,固然有“无讼”价值观的因素,最主要的还是上控大多与事实相左。樊增祥在《樊山政书》中多次提出:“语云‘无谎不成状’,故上控之状十控九虚。”[①] 上控状用极为夸张的言辞来“抓眼球”,希望能够引起阅状官员的重视。缠讼现象的普遍,加深了官员对于上控的警惕心理。樊增祥曾云:“陕民上控风气十案九虚,又有缠讼之一法,一控不准,再控三控,甚或四五控而不已。”[②] 基于这样的认识,樊增祥对绝大多数上控案件批驳不准。此外,樊增祥任县令期间,深知“提省受累,甚于在县含冤”,所以他在对上控案件的批示中也会运用到“成本效益分析”,比较上控者所追求的利益与诉讼花费,不轻易允许上控,避免因不必要的费时、费力而累民。

但是从另一个方面来讲:“上控之来,固属十有九虚,岂竟百无一实?”[③] 因此,樊增祥认为还是要通过对案情的斟酌而定。案情各有不同,不能因十控九虚而放弃对于上控案件的推敲。

2. 官之贤否不齐

樊增祥信奉“为政在人”,对于上控的审核,不可忽略初断官员的水平。要“先察其官之贤否,再详其情之伪真”。原判官员如果素有贤名,为断案“老手”,则基本可以断定上控者是“逞刁健讼”,直批“不准”。

① 《樊山政书》卷二〇《牌示》,第 576 页。

② 《樊山政书》卷八《批临潼县李令禀》,第 209 页。

③ 《樊山政书》卷八《批临潼县李令禀》,第 209 页。

蔡令为吾陕最慈最明之吏，如尔言不虚，必能伸冤理枉，乃将尔既责且押，冤上加冤，尤为必无之事。[①]

但如果州县官员“为贪人，为刻薄人，为偏谬人，为初任不谙练人，为天生一无所知人”这几类，再加上“其百姓赴省控告，而呈词又似乎可信”的情形，就一定要受理复审，“纵不提省，亦必批该管府州提讯矣，必委妥员往查矣，不止于录案详夺也”。在案件审断中，樊增祥认为曾国藩“不信书，信运气”之言甚为妥当。他说：“百姓运气不佳，则遇糊涂州县；州县运气不佳，则遇糊涂上司。”[②]说明官员的不同素质会带来截然不同的裁判，而这些不是律例能够左右的，也不是百姓所能左右的，这若不是“运气”，还能是什么呢？

即使如此，樊增祥对当时官员的素质总体上给予正面评价。在《批咸宁县西木头市乡约靳大发呈词》中：

此案臬司批云：“罗观察修盖房屋，讵肯越界侵占街道，所呈殊难凭信。”良以恃势霸占乃乡间棍痞所为，岂有官至道台而肯于所买房基之外任意扩张，甚至填筑阳沟，妨碍车道？损人利己，太觉不情。不情之事，其谁肯信？不准。[③]

此案中，樊增祥认为一名道台官员做一些侵占街道、妨碍车行的行为“太觉不情”，大抵认为官员的素质还是高于细民，终究是有一定底线的。

在“官之贤否不齐，民之情伪不一”的现实中，面对“至杂者流品

---

① 《樊山政书》卷一五《批商州客民李华鸿控词》，第417页。

② 《樊山政书》卷八《批临潼县李令禀》，第209页。

③ 《樊山政书》卷一五《批咸宁县西木头市乡约靳大发呈词》，第411页。

也,至幻者民情也”的复杂社会,樊增祥也不免要陷入到“有信有疑者存乎我之心,有准有驳者仍其人之自取”的唯心论中。[①]

3. 一面之词不可轻信

所谓“无谎不成状”,上控之人为了能引起上级官员的注意,往往掺杂了一些过火的言语,同时也是基于自己“怨抑”的一种情绪宣泄。对此,樊增祥的看法是“控情愤激,语必不实”;[②]“上控呈词往往多过火之语,未可遽信”。[③]对于这种过于夸张的言辞,自然是不能轻易相信。清代讼师会充分利用语言表达技巧,通过情绪的宣泄,以及夸大与伦理的关联来影响官员的判断。清代曾衍东在《小豆棚》中记载了一湖州女讼师“疙瘩老娘”一字百金的诉状。其状有十六字:“氏年十九,夫死无子,翁壮而鳏,叔大未娶。”涉及教化风俗,县令不敢大意,“遂令其他适”。[④]

上控的一面之词无法确信,就需要查取相关的案件档案。所以,《樊山政书》中受理的上控,大多数是通过调取相应材料而予以判断的。

4. 久告不已,必有奇冤

缠讼虽然大多属于无事生非,但对于“屡断屡翻者”,就要谨慎对待,“容有不公平之虑”。从情理上来讲,上控人如此执着,必然存在隐情。因此不可按照上述的原则简单予以批驳。在张瀛控告赵观察

---

① 《樊山政书》卷八《批临潼县李令禀》,第209—210页。

② 《樊山政书》卷二《批客民张敬顺控词》,第31页。

③ 《樊山政书》卷五《批南郑县孀妇袁姚氏呈词》,第122页。

④ 陆林:《清代笔记小说类编·案狱卷》,黄山书社1994年版,第136页。转引自霍存福:《唆讼、吓财、挠法:清代官府眼中的讼师》,载于《吉林大学社会科学学报》2005年第6期,第133页。

强占园基一案中,樊增祥看到禀词不合逻辑,不符人情:

> 来禀指控赵观察强占园基,发审委员张振声媚上袒断。一面之词,未堪遽信。观察买地,南京城内空地甚多,何必霸买有主有据之地,自贻讼累?谳员媚上,何必媚一候补道,于自己得缺、得差丝毫不能为力,反于名誉有损?世间无此愚人。惟此案控经三载,府县案牍具存,候本司提卷亲阅,曲直是非,不难立见。候阅后再定准驳。惟称该氏叔翁张瀛,七十老翁,因赴督辕具控,被赵道闻知,使家丁江福拦截说合,旋即拖至县署,张振声在彼等候,饬即管押等语。赵道与尔结讼三年,岂能日日遣人侦伺预防?尔之上控,上元县自有印官,张振声何能踞其衙署,无故将人管押?所禀俱不近情。[①]

但此案上控三年,樊增祥根据“久告不已,必有奇冤”的心理,“将禀批一并封送江宁府、上元县阅看,即将两处卷宗封送本司核阅”,并予以认真复核。虽然最后证明樊增祥的最初判断没有问题,属上控人张瀛私占官荒,恃老健讼,但他的谨慎心态可见一般。

(三) 上控受理案件的处理模式

据《大清律例》的规定,督抚对于重大案件(案涉疑难、奉旨发审、官员枉法、滥刑毙命等案件)必须率同司道等亲行研审。司道官员遇到上述的案情,或者上司发办的案件以及复杂的户婚田土案件,也必须“亲提审办”。其余的上控案件,“讯系原问各官业经定案,或案虽未定,而有抑勒画供,滥行羁押,及延不讯结,并书役诈赃舞弊情事,

---

① 《樊山政书》卷二〇《牌示》,第 576 页。

如在督抚处具控,即发交司道审办。或距省较远,即发交该管守巡道审办。如在司道处具控,即分别发交本属知府或邻近府州县审办。如在府州处具控,即由该府州亲提审办,概不准复交原问官并会同原问官办理”。[①]

这个程序规定来自清例。吴坛在《大清律例通考》卷三七《刑律·断狱下》“辩明冤枉”条,全文收载了这条有关上控处理模式的条例:

> 民间词讼,如户婚、田土、罪止杖枷之案,及吏胥蠹役借端讹诈等情,州、县审断不平,复赴督抚、藩臬等衙门具控者,即饬令各本管道、府,按其事之轻重,或亲提集讯,或委员另审,将审拟情由详明该上司察核。其中稍有疑义,该上司即亲行提审。如赴道、府衙门呈诉者,即行亲审,遇有冤抑,即为昭雪。如有检验查勘等事,即遴委贤员,不得仍会同原问官办理。倘有故违成例,仍发原问官收问,或仍令会审者,即行论罪如律。其所委之员,若有瞻徇听嘱等弊,亦即题参律拟。至于刁健之徒本无冤抑,或因负罪受惩,掩饰己非,捏款诬控,或因斗殴、婚姻、田宅等事,不赴本管官控理,辄赴上司衙门架词妄控者,仍按律治罪。[②]

据吴坛的说法,该条例文是乾隆年间由御史条奏而定例的,不久馆修入律,成为正式条例。

樊增祥认为:“若州县真无枉滥,刁民虽控何妨?若上司真有是非,好官被控何碍?”[③] 官员“身正不怕影子斜”,自然不会畏惧上控。

---

① 《大清律例》,第587页。

② 《大清律例通考校注》,第1076页。

③ 《樊山政书》卷八《批临潼县李令禀》,第209页。

这表现出樊增祥对于上控的客观态度，他的思维是：对呈控词上的事实与情理做出判断，确实存在疑问的，就要受理，进而通过对应模式予以处理。省级官司对于上控的处理模式大多数不是开堂审理，主要是批给地方官审查回报。如前文所述，上控“词出一面，未足深凭”，[①] 总是要兼听则明的，必须要“交发”当地官员“详加查勘”。经过归纳，《樊山政书》中所体现出来的上控案件，大致上有以下几种处理模式。

1. 禀复候夺，录详覆夺

此种处理方式主要针对原审并无问题，上控者亦无多大的道理，但仍旧能发现一些疑问，需要进行复核的案件。故此要求州县将原判材料及禀详报到司处，以备查核。为了提高效率，《樊山政书》中关于回报时间一般设有明确的期限，或者五日，或者十日。

此种模式是最通常的处理方式，运用最多，大体上有百分之四十的上控案件都是如此处理的。

2. 移原审秉公妥断

此类案件属于呈控不足信，交由原审机关处理。因为不需要回禀，严格意义上来说，此类并不属于上控案件的受理，但是与直接批驳“不准”的案件还是有区别的，所以归类到了这里。《批江宁县民妇刘张氏控词》是个典型的例子：

> 娼鸨互控之案亦复来司呈诉，可厌之至。陈子中为该氏出洋百五十元赎身，而龟鸨即控子中于警局。警局即勒令子中交人，候讯其中，若无轇轕，断无袒龟鸨而累好人之理。且该氏并未到案对质，断无凭空武断于已交百五十元之外再令交洋

① 《樊山政书》卷三《批蒲城县绅原彪等禀词》，第 82 页。

二百五十元之理,姑候将禀批一并移知警局秉公妥断,勿渎。[①]

娼鸨同为贱民,樊增祥一见之,便觉得“可厌之至”,娼鸨的身份同样会影响到其控词的可信度。加上樊增祥对下属机构(警局)的基本信任,做出不会“凭空武断”的判断,因此将此案直接交由原断警局秉公妥断。

3. 交府、道审理,详明察核

樊增祥主张:“风闻无实之事,若不委查,则恐埋冤。查无实据,即不必拖累。”[②]如果案件的裁判确实有证据证明存在问题,由原审官复审难免会压制怨抑,为了保证上控人能够得到公正的对待,将此类案件交由州县的上级府、道审理后报告到司,樊增祥再予以定谳。《批仪邑监生潘祖栋禀词》中有一案:

> 该监生以父控子,而地方官置之不办,其中恐别有情节。若如来禀及钞案所言,尔两子固是豺狼,岂县令竟同傀儡。天下岂有为民父母而纵令子殴父、孙捆祖,不但不惩,而且开脱者乎?仰扬州府迅提潘宗懋兄弟等到案,切实讯究有无别情,限文到半月内讯明,据实详复候夺。[③]

此案中,以父控子,实属反常,于法于情都有问题,正常情况下父亲的家长地位是不可挑战的,按照伦常礼治或是具体的“子孙违反教令”“干名犯义”等制度很容易裁决。地方官对此案置之不办不合常理,樊增祥据此认为肯定存在其他“情节”,于是交由扬州府讯明详复。

① 《樊山政书》卷二〇《批江宁县民妇刘张氏控词》,第587页。
② 《樊山政书》卷四《批龚令维信禀》,第86—87页。
③ 《樊山政书》卷二〇《批仪邑监生潘祖栋禀词》,第560页。

4. 委员复审

上控案件在州县即使审理不当,交回重审,原审官员为了规避责任,不愿承认自己的错误,多采取继续逼供或者找借口拖延不结,致使冤案累累。如此则又导致上控不止,形成恶性循环。因此对于一些存在拖延的案件,委员去审理,可以快速解决纠纷。

> 汪丞始上一颟顸详文,上详以后,搁置半年有余,渺无结案消息。汪丞之疲玩昏庸,实堪痛恨。仰西安府迅委明干廉直之员前赴宁陕,查阅厅卷是否人赃已获。如果赃盗俱真,何以迟延不结?王允明之母因何致毙?吴学蕃系何月何日到案?陈志富有无挟嫌贪赏诬报情事?此八个月中,汪丞共捉得几人?审过几堂?因何玩延至今不结?逐一查明以后,一堂了结,据实禀覆。勿许徇饰,代人受过。①

此案拖延审理,造成上控不止,樊增祥对于主审官员可谓失望至极,他连问七个问题,其实是列明了审案要点,要求西安府专门派人复审禀复。

5. 交发审局预审,再覆提亲讯②

对于情理严重不合的判决,樊增祥认为肯定会“别有隐情”,故此交给负责各种上控的发审局预审,再覆提亲讯。《批同官县孀妇孙杨氏控词》的案情:

---

① 《樊山政书》卷一二《批宁陕厅民王允义呈词》,第337页。

② “发审局”又称“谳局”,为清嘉庆、道光年间由各省从实际情况出发,自主创设的“准专门性(专业性)法庭”,主要负责各种上控、解勘翻供中提省审办的案件以及京控发回审办的案件。晚清法律改革,伴随着旧有司法体制的瓦解,发审局也被新式的审判厅取而代之。参见李贵连、胡震:《清代发审局研究》,载于《比较法研究》2006年第4期,第15—26页。

> 以母首子,前任两抚宪严批,将尔子孙应瑞革审办罪。尔乃受其愚弄,自具悔呈。及销案后,尔子悖逆如故。似此枭獍之性,犬豕之行,殴母争财,伤天害理,若不从严惩办,何以维风纪而正人心?尤可怪者,贼子蔑伦,人神共愤,同官刘令何以袒子辱母,岂真别有肺肠乎?[①]

此案初断官员袒子辱母,殊为不合情理。因此樊增祥委员将案件提省,交发审局严行审讯定拟后,再由他覆提亲讯。

6. 直接提审判决

对于一些有明显冤情的案件以及漫讼多年,且确有情伪之处的案件,樊增祥会直接提审。此种情形非常少见,其中有一案:

童遇祥之子童梦元于光绪十九年(1893)娶贾兆春之女,六年后因姑媳夫妇口角生嫌,贾兆春父子到童家摔毁器物,童遇祥诉之官府。长安县令让回绅李家风等为之调息未果,遇祥父子仍然渎控不已。主审官员已经三任,但仍无断法,后来双方彼此寝息。但是过了十年后,到了光绪二十九年(1903),因为童梦元娶妾,双方矛盾又一次激化。时任曾令"情殷成美,传集两造,开导再三,令兆春将其女送至县署,认为义女;又将梦元收作门生,择日用肩舆牌伞送女归童","父母官"做到了这个份上,也可谓极恩勤之至。于是"薄俗夫妻之爱,不禁由势利而生"。童梦元依仗是曾令门生,诬控马騄父子吞本灭东,欠其百两银子(实则只欠三十五两);童梦元贿赂工房张建基涂改三班协约的禀复,曾令信之,判令马騄给梦元百金。后来,马騄控府,批县覆讯,"三班始以原禀底稿呈案,曾令将张建基笞二千板革役,而令马騄给梦元百金如故。……曾令竟捐廉百两付之"。后来梦元殴妻

① 《樊山政书》卷三《批同官县孀妇孙杨氏控词》,第70页。

成伤，兆春喊控。胡令仍令李家风处和了案，旋据李绅等禀复，遇祥父子均愿和好如初。[①]

曾令的一味迁就，致使双方的矛盾进一步加深。其父以兆春父子殴詈，及县差“朦胧”等词，控诸臬司，臬司发县覆讯，抗传不到。后来又以冤上加冤控到樊增祥（署藩司）处。连控三次后，樊增祥提审判决：一是童遇祥昏愦无知，叱令其回家安分守己，不要再生事端；二是对童梦元戒责二百，押到长安县收管，追取曾令滥给的银一百两，限三日内交案，发交恤嫠局充公；三是追取童梦元从九执照，照“抽换官文书律”治以应得之罪。樊增祥的雷厉风行与果断从根本上扼杀了再起争端的可能性。

① 《樊山政书》卷八《判回民童遇祥控词》，第210—212页

第四章 情理法的司法理念

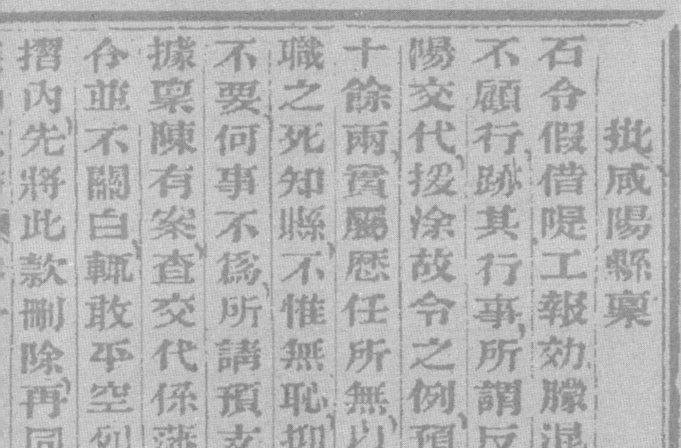

批咸陽縣稟

石令假借隄工報効朦混列保儼然道員赴豫買糧旨不顧行跡其行事所謂反中庸而無忌憚者也此次咸陽交代援除故令之例預支一月夫馬工料銀二百八十餘兩實屬歷任所無以保升之生觀察而自同於革職之死知縣不惟無恥抑亦不祥此人果至監司何錢不要何事不爲所請預支驛站正項一節本司衙門未據稟陳有案查交代係藩司主政驛站則本司專責石令並不關白輒敢平空列抵實屬膽大妄爲著於交抵摺內先將此款删除再同監交三面清算勿任狡賴取

第四章

本司判事，专补律意所不及。

——《樊山政书》

理念是系统而理性的观念。司法理念是贯穿于司法活动的基本准则，樊增祥的司法理念受到他所处的特定社会的经济、政治体制模式和历史文化传统的影响。樊增祥在司法中坚持的目的和价值取向，无论从社会和谐的角度还是维护礼治的角度，都有着浓郁的旧时代特征，亦有适应新时代的变化及其个性因素。本章首先从整体上解释传统司法的情理法特质，进而通过清末的樊增祥与"康乾盛世"的汪辉祖的情理法司法观的对比，揭示"新旧交替"时期情理法思想的变化，进一步阐释其所具有的现代意义。

一、情理法与传统司法实践①

与中国两千多年儒家文化相适应，中国古代形成了一套极有特色的诉讼审判制度，这一制度的特点是，司法审判固然要依据法条，但更要顺应人情、天理；律文有限，但人情无穷，一个明智的司法官应当在司法审判中曲尽人情世故。我们通常将这种司法实践方式称之为"情理法"模式，这是殊异于任何其他国家或民族的一种诉讼制度。

（一）情理法的内涵

"情"最初指的是一种客观意义上的事实。如《左传·庄公七年》曹刿论战中的"小大之狱，虽不能察，必以情"。《论语·子张》云：孟氏使阳肤为士师，问于曾子，曾子曰："上失其道，民散久亦，如得其

① 本节内容以同题原载于《青海社会科学》2011 年第 2 期，收入本书时做了必要的修改。

情,则哀矜而勿喜。”随着“情”成为儒家的伦理道德,饱读儒家经典的地方司法官员往往以“情”断狱,以此解决社会纠纷。

“理”比“情”抽象,主要指当时人们认识到的各种规律和长久形成的关于天地宇宙的整体看法。儒家思想成为传统中国唯一正统思想之后,这种客观意义上的“理”也被伦理道德化了,即具有了主观性的意义。在儒家思想中,“理”旨在维护建立在家族宗法(礼)的血亲关系之上的,进而扩大至整个国家的一整套人与人之间的差序格局性的社会结构。正如清代蒯德模在《吴中判牍》的判词所说的,“律虽明设大法,礼尤贵顺人情”。[①]

可以看出,情理法的形成与中国法律的儒家化密不可分,瞿同祖先生认为,中国法律的儒家化是始于魏、晋,成于北魏、北齐,隋唐采用后便成为中国法律的正统。[②] 由于儒家“德主刑辅”“克明俊德”等思想的影响,传统中国的法律制度出现了条文的规定是一回事,法律的实施又是一回事的现象,这也是近年来学者关注古代司法实践的重要原因。当然,这种现象也不是传统中国的独特现象,比如美国现实主义法理学学者也认为,在西方国家,法律只是一组事实而不是一种规则体系,亦即是一种的活的规范,而不是一套死的规范,法官、律师、警察、监狱官员在法律事务中的所做所为,实质上就是法律本身。[③] 但在中国古代,传统法律制度更像是一种指导规范,司法实践中多有例外之处。霍存福教授认为,最初对“情”的强调,也是从司

---

① [清]蒯德模:《吴中判牍》23b。参见《丛书集成续编》(第44册),上海书店1994年版,第921页。

② 瞿同祖:《中国法律与中国社会》,中华书局2003年版,第373页。

③ [美]博登海默:《法理学:法律哲学与法律方法》,邓正来译,中国政法大学出版社1999年版,第153页。

法领域开始的。所谓情理,在其初,不过是发轫于断狱的司法要求。[①]日本著名学者滋贺秀三认为:"所谓'情理',简单说来就是'常识性的正义衡平感觉'……概言之,比起西洋人来,中国人的观念要顾及人的全部与整体。也即是说,中国人具有不把争议的标的孤立起来看而将对立的双方——有时进而涉及到周围的人们——的社会关系加以全面和总体考察的倾向;而且中国人还喜欢相对的思维方式,倾向于从对立双方的任何一侧都多少分配和承受一点损失或痛苦中找出均衡点来,等等。这些说法大概是可以成立的。因此,所谓'情理',正确说应该就是中国型的正义衡平感觉。"[②]颇能说明情理法的基本精神价值。

中国传统法律制度作为一个整体已经消亡,然而根植于人们观念中的影响不是短期内能消除的。萨维尼强调"民族精神",认为法律就像语言一样,既不是专断的意志也不是刻意设计的产物,而是缓慢、渐进、有机发展的结果。法律不是孤立存在的,而是整个民族生活中的一种功能。法律随民族的成长而成长,随着民族的强大而强大,最后随着民族个性的消亡而消亡。[③]但显然,传统与现代的历史无法隔绝,我国司法机关强调的"和谐""调解""能动司法"都有着传统情理法的影响因子。

---

① 霍存福:《中国传统法文化的文化性状与文化追寻:情理法的发生、发展及其命运》,载于《法制与社会发展》2001年第3期,第8页。

② [日]滋贺秀三:《中国法文化的考察——以诉讼的形态为素材》,载于王亚新、梁治平:《明清时期的民事审判与民间契约》,法律出版社1998年版,第13—14页。

③ 《法理学:法律哲学与法律方法》,第89页。

(二) 传统司法实践中的情理法模式

1. 情理与法兼顾

中国古代官员在裁判案件时,总是力图做到情理与法的兼顾。诚所渭:“法意、人情,实同一体。徇人情而违法意,不可也;守法意而拂人情,亦不可也。权衡于二者之间,使上不违于法意,下不拂于人情,则通行而无弊矣。”[①]

李元度在《先正事略》中记载翁运标任湖南武陵县知县时的两件案子:

> 有兄弟争田者,亲勘之。坐田野中,忽自掩涕。讼者惊问之,曰:“吾兄弟日相依。及来武陵,吾兄已不及见矣。今见汝兄弟,偶思吾兄,故悲耳。”语未终,讼者亦感泣,以其田互让。乃中分之。
>
> 又有兄弟争产者。其兄,父养子也。父殁弟少,分以瘠田,使别居。兄不平,以状白,中有“亡父嗜酒得疾”语。君怒其暴亲过也,笞之,仍斥其弟割腴田以畀兄。[②]

第一个案子,翁知县以自己的兄弟之情感悟争田的两兄弟,使其互让,最后平分地产;第二个案子,既处罚兄不敬亡父,又保护了兄的合法权益,使弟将肥沃的田地分给兄。可以看出,对于这两件案件的处理,都符合“酌情据法,以平其事”,“明其是非,合于人情而后已”[③]的断案标准。清朝名幕汪辉祖亦曾言,为吏者应当“体问风俗,然后

① 中国社会科学院历史研究所隋唐五代宋辽金元史研究室点校:《名公书判清明集》,中华书局1987年版,第311页。

② 陈重业:《折狱龟鉴补译注》,北京大学出版社2006年版,第145页。

③ 《名公书判清明集》,第215页。

折中剖断，自然情、法兼到”。[①] 他认为，只要官员在司法中仔细体察人情，折中处理，自然就能实现情理与法兼顾的目标。

2. 弃法顺情理

在中国传统司法实践中，由于儒家思想的法律化，以情理作为手段进行司法实践自然是断案的普遍模式。然而由于情理的具体性与法的一般性会出现矛盾与冲突，有时候这种矛盾和冲突甚至是无法调和的，从“德治”的内在本质及价值取向出发，司法官通常便会摒弃国法，转而依据情理作出判决。司法审判中，法无明文规定的情形相当之多，这是因为法律条文是有限的，而生活则是复杂多变的。以有限的法律条文根本无法应对无限的生活事实。此时，唯有依据情或情理作出判决。

在中国传统司法实践当中，案件真相的探明固然重要，但是有时实在难以探明也不影响作出合乎情理之判决。甚至在某些极端情形下，司法官还要故意掩盖案件真相，并在虚假的案情基础上作出合乎情理的判决。[②]

《潜庵漫笔》中有一则“尼代僧灾”的故事：

> 浙江某孝廉，娶妻某氏，琴瑟不调。一日孝廉自外归，见僧于室，双缚呈官。时已暮矣，县令……因以尼与妇同缚。……令徐责孝廉错误，命出钱十千与尼。……孝廉益感而人无知者。后孝廉生二子，夫妇偕老。[③]

这一案件的处理极有特色。此案事实非常清晰，证据也十分确

---

① [清] 汪辉祖：《学治臆说》卷上。

② 刘军平：《中国传统诉讼之“情判”试探》，载于《湘潭大学学报（哲学社会科学版）》2009 年第 9 期。

③ 《折狱龟鉴补译注》，第 359—360 页。

凿,孝廉夫妇感情不和,导致其妇与僧人产生外遇,还被捉奸在室。但是,一旦据以定罪量刑的话,必然会造成孝廉夫妇家庭破散,名誉扫地。为了挽救这一家庭,也挽救孝廉夫妇之名誉,县令竟然故意以尼换僧,掩盖真相,曲为维护。这无疑是一种弃法顺情理的典型例子,其目的在于维护社会和谐,其所采用的方法与手段也令人称奇。而且这种处理方式得到了当时人们的赞扬。

"弃法顺情理"发展到最后,甚至出现了如果严格依照法律而不依据情理断案,便会被认为是错误的。清代汪辉祖记述了一个案例。乾隆三十年,江苏省一个官员为了树立自己的威信,严格执法。当时一个刚刚结婚数日的童生,参加考试时作弊,该官员判处枷号示众。这名童生的家人请求延期至该犯结婚满百日后再执行。官员不准。新媳妇认为自己是不祥之人,刚过门,丈夫即犯法被责,上吊自杀而死。官员命释放童生。结果童生又认为自己新娶之妻因己而死,无颜苟活于世,投河自尽。一件小的违法案件,导致两人丧命。汪辉祖认为这名官吏过于苛酷,不懂人情法理。可见,中国古代法律与人情并非对立,法律要合乎人情,照顾人情,中国人也总是习惯于从情理角度评价司法实践的效果。

(三)情理在传统司法实践中的价值

1. 探索法律之上的价值

西方法学的发展,尽管也有很多曲折,但是"自然法"的思想在总体上贯穿着整个法律思想的发展,尽管对于"自然法"的理解不同的学派有很大的差异,但是就承认法律之上的价值方面,除过分析实证主义法学流派之外,总体上是一贯的。

在古代中国,作为一种形而上的探求,人们将情理作为"法之原本”，由此发现了法律之上或法律之外的价值。这在中国历史上的作用，主要是积极提升了法律思考的高度，使人们努力冲出法律条文的表面的刻板与教条的束缚；它也促成了法律的生活化、大众化、常识化，法律的可理解性自此增强了。尤其在矫正法家法治观引向的偏颇方面，有一定作用。所以说，中西方的情理法与自然法在追求法律之上的价值方面有异曲同工之用。

“依法而合情”是传统司法的最高境界，也不能说不适应于现代的法制化进程。在倡导西方诉讼文明的同时，不能放弃对传统中国法律文化的价值追求。依法判决不是最终目标，也不能借口依法判决而忽略准情酌理。准情酌理也即现在所言法官的自由裁量权，法官要在自由裁量中化解矛盾纠纷，消除异日纠纷之根源。[①]

2. 弥补中国司法规定之不足

中国传统的法律主要由刑法和行政法规构成，法律体系的全体基础，是以组织、统制官僚机构和管理监督人民以及维持公共秩序、培养善良风俗等目的作为基本理念。不管国家有无立法，民事纠纷在现实中总会不断发生，并会闹到地方官的法庭。自从隋唐以后，每朝每代几乎都在开国之初制定基本的律法，而这些律法后世极少修改，朱元璋甚至明令禁止后世修改自己制定的《大明律》。然而，社会生活总是不停变化，如何去裁判这些律法所没有规定的纠纷便成了一个棘手的问题。

从这一点而言，情理法同时也是对习惯解决纠纷价值的一种挖掘。古代司法官员认为“三尺律令，人事出其中”，[②] 这是从民众的角

① 柏桦、袁红丽：《户绝与财产继承：清代民事审判中的情理法》，载于《天津师范大学学报（社会科学版）》2009 年第 3 期。

② 《汉书 · 薛宣朱博传》。

度和立场来重新审视国家的权力与法律。就司法纠纷而言,法律与社会是一个互动的过程,百姓在关照自身利益的同时,以其对法律的感知与理解来选择其自身行为,并影响官府甚至影响法律。适从习惯就要顺应社会习俗,达到利益诉求的合理化。诉讼是利益诉求的法律表现,自理词讼就是要通过判决衡平当事人各方之间的利益关系,构建社会之和谐。衡平各方当事人之间的利益关系,有效解决矛盾纷争的根源,既适从风俗习惯,又有利于社会和谐,符合长治久安的理念。

3. 发现调解的价值

"无讼"观念深刻影响了州县官吏对民间词讼的看法。在司法实践中更是秉承"听讼不如无讼"的原则。原因在于国家律例多为刑事规范,关于民事细故的规定不多,但民间细故纠纷繁多,进入诉讼后依据法律难以断清是非曲直。以礼治观点、社会习俗、家法族规等为准则,通过调解来解决纠纷更为实际。袁枚有云:"盖人之情伪万殊,而国家之科条有限。……若必预设数万条成例,待数万人行事而印合之,是以死法待生人,而天下事付傀儡胥吏而有余。"①

清时广东普宁知县蓝鼎元,对"兄弟讼田"一案的处理,一时传为佳话:兄弟两人为了争七亩田的遗产,讼到官府。蓝鼎元便让衙役将兄弟两人锁在一起,使其"坐卧行止顷刻不能离",以消磨二人的恨意。过了一段时间,看到他们有所悔悟,蓝鼎元又将兄弟两人的四个儿子拘来,谓曰:"汝父不合生汝二人,是以构讼。汝等又不幸各生二子,他日争夺,无有已时。吾为汝思患豫防,命各以一子交养济院,与丐首为子。"此话一出,兄弟俩叩头号哭,愿意悔改、撤诉。第二天,

① [清]袁枚:《袁枚全集》(第二册),《小仓山房文集》,江苏古籍出版社1993年版,第148页。

兄弟两人又各携妻子、族长前来认错。蓝鼎元将争议的七亩田判为其父亲的祭产，由兄弟轮年收租备祭。“由是兄弟妯娌皆亲爱异常”。[①]

中国的司法调解源远流长，早在西周时期，在地方官史中就有“调人”之职，其职能为“司万民之难而谐合之”。调解形式多样，有民间调解、官府调解以及官批民调三种基本形式。调解时依据的主要为“礼”等伦理道德和民间习俗，以“动之以情、晓之以理”为主要方法，以“息讼”“德化”为主要原则，贯穿着中国传统诉讼文化的最高价值导向“和为贵”和“无讼”理想。调解带有强制色彩和职权主义色彩，调解主持人在调解过程中掌握主动权，为达到调解目的，他可以动用刑罚等手段迫使当事人接受调解。古代司法官员依据情理法而对案件做出的调解经验对于我们现在的司法调解制度是大有裨益的。

二、樊增祥的情理法观

总体而言，《樊山政书》反映出的樊增祥的司法理念有两个大的方面：一是深知律意，二是变通灵活——情理的运用。前者是基础，体现了对于律例的理解；后者是经验，体现了对人情世故的阅历，二者相辅相成，不可或缺。

（一）深知律意

1. 律例与律意

经过十余年的州县司法实践的历练，在藩、臬两司职位上的樊增祥对于律例、章程的条文十分熟悉。比如他对于邑绅要求官员留

① 《折狱龟鉴补译注》，第144页。

任批复:“邑绅禀留本官,例有明禁”,[①]“例载:官员迁调,不准百姓乞留”,[②]他很清楚地方不可“违例”乞求。同时,在此罪与彼罪之间,他也常常做出辨别,比如他认为高焦氏推跌妯娌致死行为,系“过失杀人”而非“斗殴杀人”,从地方所拟绞监候而改为赎刑,表明其深悉《大清律例》中“斗殴律”与“过失(杀伤)律”的差别。[③]在《樊山政书》批文中,提及明确罪名的有21则。[④]其他没有明确引用律例条文,但要求“依律问拟”“按律定拟”“按律详办”“按律究拟”“照例拟办”“照例办案”“照例拟罪”等。作为省级官员,对于律例引用的重视明显

① 《樊山政书》卷一〇《批华阴县举人李兆鹏等禀词》,第262页。

② 《樊山政书》卷一七《批东关商民禀词》,第493页。乾隆帝曾有“凡有百姓纠党、保留地方官者,若准留任,则官必为民挟制,实非美事……民不畏官,官不畏其上司,关系匪轻”的诏令。参见《清高宗实录》卷二一三,乾隆九年三月丁酉,中华书局1987年影印本,第733页。

③ 《樊山政书》卷四《批西安府张守详》,第95—96页。

④ 这21则批文分别为:卷四《批泾阳县舒令详》中的“不应重律”;卷四《批西安府张守详》中的“斗殴律”;卷五《批宝鸡县详》中的“斗杀”律;卷六《批凤翔印委傅徐朱会禀》中的“威力制缚人致死律”;卷六《批凤翔府转宝鸡县详册》中的“斗杀例”“殴死有罪卑幼例”;卷八《判回民童遇祥控词》中的“抽换官文书律”;卷八《批临潼县李令禀》中的“诬告反坐例”;卷八《批商州杨牧禀》中的“重利盘剥律”;卷八《批三原县禀》中的“斗杀案件,例不入实”;卷九《批韩城县禀》中的“强盗已行,但得赃,不分首从皆斩”律;卷九《批咸宁县舒令绍祥禀》中的“凶恶棍徒例”;卷一〇《阅洪李两令判语书后》中的“兴贩人口例”;卷一一《批渭南县详》中的“因他事与妇女口角,彼此詈骂,妇女一闻秽骂,气忿轻生者,杖一百,流三千里”例;卷一三《批西安府尹守禀》中的“棍徒扰害例”;卷一三《批榆林府刘守禀》中的“失察私罪”;卷一四《批澄城县杨令词讼册》中的“夫逃亡三年不归者,准其另嫁”例;卷一五《批华州褚牧成昌详》中的“谋杀人从而加功律”;卷一五《批凤翔府县会禀》中的“新章罚锾之例”;卷一八《批镇安县刘令详》中的“私和律”“擅杀律”“共殴人下手伤重者,绞”律;卷二〇《批匿名禀控恒令科罚》中的“匿名邮控,例不准理”;卷二〇《批泰州禀》中的“抢夺例”。

要比州县官员要高。[①]

樊增祥在批文中,经常用法律规定或者法律精神来衡量府、县申上的案件是否合适。凡笼统或粗略地提及法意者,用抽象的“法”字较多:比如,“借赈营私,法当惩究”,[②]“此等淫僻无耻之人,法无可贷”,[③]“动手打人,法宜惩责”;[④]又如,“聚众逞刁,挟制求脱”的刘坎坎,及“统众扑城”的刀匪刘三疯子,“罪恶昭著,法无可宽”;[⑤]另如,“以谋财害命重情诬告”他人,“陷人重辟,法所难容”。[⑥]以上的例证充分说明樊增祥对于律例条文的熟悉和重视。

律例在古代司法实践中所处的地位,学者多有辨析,笔者比较赞成王志强教授所提出的律例的“形式性尊重与工具性运用”观点。[⑦]这一观点是对于昂格尔所言“官僚法强调法律并没有主体地位,而只有工具价值”观念的发展。[⑧]专制社会“法自君出”,法律作为维护皇权(统治秩序)的重要手段,理应处于尊崇之地位。要求自君以下一体遵守法律,不可随意弃置,“一罪一罚”的立法形式更是律例的冷

① 基于两个原因:一是省级两司所接触的案件与州县的细故有区别,往往是一些案情比较重大和涉及命盗的重案,此类案件大多是要继续上报的,因此在法律上站得住脚很重要;二是省级官司处于承上启下的位置,宣行国家政令是其当然的职责。

② 《樊山政书》卷一《批咸宁县生员刘德濬控词》,第3页。

③ 《樊山政书》卷一三《批泾阳县禀》,第366页。

④ 《樊山政书》卷二〇《批仪征县禀》,第570页。

⑤ 《樊山政书》卷一二《批刘参戎钰张令树功会禀》,第336页。

⑥ 《樊山政书》卷五《札咸长两县》,第126页。

⑦ 王志强:《制定法在中国古代司法判决中的适用》,载于《法学研究》2006年第5期,第145页。

⑧ 昂格尔提出了三种法律与社会状态:习惯法、官僚法和法律秩序,认为官僚法由国家与社会分离后政府所制定的强制措施和明确规则所构成。参见[美]昂格尔:《现代社会中的法律》,吴玉章、周汉华译,中国政法大学出版社1994年版,第58页。

峻与严格的表象。但是这种形式上的至高,并不能说明法律是治国的根本手段。一言以概之,就是"法令者治之具,而非制治清浊之源也"。[①] 律例并没有"主体"意义的价值,它只是服务于皇权及社会秩序,因此在法律适用中要以"德治"这一根本为"灵魂",僵化适用法律便不可取。

对于律例的"形式性尊重与工具性运用",樊增祥总结为司法中的"深知律意"原则。以臬司、藩司的上官身份俯瞰下属府县的樊增祥,对"深知律意"从而"判断精审"的知县,赞赏有加,如临潼县令李令、[②] 华阴县令崔令;[③] 对熟悉例案、"律意精通"襄助知府的幕宾(刑名师爷),他也深表敬意。[④] 樊山所理解的吏才、吏干,包括了熟悉律例、处事合法——他欣赏知府、知县们"才明例熟",因为知晓"例有明禁"是治事理政的前提;[⑤] 他也乐见知县们办事"吏干日增",尤其是做事"俱能合法"。[⑥]

就律例与律意的关系而言,首先律例是律意的基础。律例是"本本上的法律",是写在纸上的成文法。所谓的"教义学"解释必须依据现有的具体条文,不能脱离条文凭空行事。前述樊增祥屡屡强调对于律例的熟悉正说明这一点,律意的根基在于"律",从樊增祥的思维来说,法律适用强调的是理解律例,而非放弃律例。

明白了"律意"因律例而生,接下来的问题是"律意"存在的价

① 《史记 · 酷吏列传》。

②《樊山政书》卷一〇《阅洪李两令判语书后》,第 279 页。李令,当是临潼县令李云生。李令"刑名好手,由幕而官",颇得樊增祥的好评。

③ 《樊山政书》卷一三《批华阴县词讼册》,第 372 页。

④ 《樊山政书》卷一一《批汉中府恩成守禀》,第 297 页。

⑤ 《樊山政书》卷五《批兴安府金守禀》,第 117 页。

⑥ 《樊山政书》卷一七《批略阳县刘令赓年禀》,第 491 页。

值是什么。我们可以说,“律意”主要是防止律例僵化的技术。在樊增祥的眼中,司法过程中内在于律例中的“律意”极为重要,是贯彻“德礼为政教之本,刑罚为政教之用”精神的根本途径。樊增祥所谓的“律意”,并不是简单的“律例之含义”,[①] 而是“律例之目的”。它不能通过表面上的律条表现出来,而要通过理解,依靠“心知其意”去掌握。[②] 因此,“深知律意”不是简单套用律例,而要发掘律例的立法目的,并据此实现断案的平允。进一步来说,这并不表明樊增祥完全不顾忌律例(包括省例)的文本,而是要把律例纳入到情理之中予以理解和解释。

因此,樊增祥的“律意”,可从三个方面理解:一是在运用律例的时候,不能只从字面理解,而要按照律例背后的“精神”去处理案件;二是如果某一案同时符合律例的多个条文,要根据律意选择合适的条文;三是如果律例没有规定,根据“律意”推导出规则或标准,此为古代司法适用中公开承认的“比类”的司法技术。[③]

总而言之,律意是作为工具性律例所包含着的价值观及目的,在适用律例的时候一定要考察律例所蕴含的律意。

2. 律意之源:律因礼而设

作为德治工具的儒家化法律,维护礼治的愿望极为强烈。“律意”虽然具有特殊的抽象性,但其来源不外乎就是“礼”。因此,所谓的“律意”就是国家“礼治”下的基本意识形态的具体化规则,“律意”和“礼”

---

① 樊增祥并无孤立的、单纯的法观念;对案件、对纠纷,他的第一反应是“情理”而并非法律。

② 《樊山政书》卷一〇《阅洪李两令判语书后》,第 279 页。

③ 胡兴东:《比、类和比类——中国古代司法思维形式研究》,载于《北方法学》2011 年第 6 期,第 132—144 页。

在根本上是一致的。

《樊山政书》卷九《批渭南县绅赵元中禀词》中有一案:县绅赵元中的儿子赵葆坪死亡,因赵葆坪未有子嗣,就让亡侄赵慎修之子赵鬲兼祧送葬,后因老三房本有余丁,拟以胞侄孙赵敦为赵葆坪嗣子,赵鬲不必双祧。对于此事,宗族亲邻,俱无异言。赵元中"犹恐百年以后或有不逞子弟借词争讼,用特具禀立案,并书立遗嘱,传之子孙,杜异日之争端"。[①]

樊增祥认为这种做法"深合礼经,亦叶律意","立一门之宗法,诚心公道彰于家庭"。清律在乾隆时附例,始规定独子兼祧:"如可继之人,亦系独子,而情属同父母亲,两相情愿者,取具阖族甘结,亦准其承继两房宗祧。"[②] 樊增祥认为赵元中"天情笃至,向视亡侄慎修如己出",所以选定慎修之子鬲兼祧是合适的。但这种兼祧会导致"葆坪虽有后而如无后"的局面。既然老三房有余丁,另找一侄孙过继也符合礼制的规定。鉴于赵鬲已经兼祧送葬,所以这种变更必须征得宗族亲邻的同意,而且在法律上做好日后争执的防备。赵元中通过官府的立案,实现了对其遗嘱的"公证"效用,起到了定分止争的作用。这种既符合礼经又消除争讼的隐患的做法可称得上"律意"的最好诠释。"礼经"对"律意"具有指导作用,成为理解律例、解释律例的根本。换句话说,对于"律意"的理解,"万变不离其宗",不能脱离对于礼制的理解。

中国古代司法的目的,是为了维护礼治,所谓"为政先礼,礼,其政之本欤"![③] 礼不仅仅指导法,其本身也是法。如瞿同祖先生所言,

① 《樊山政书》卷九《批渭南县绅赵元中禀词》,第256—257页。

② [清]俞樾:《俞楼杂纂·丧服私论·论独子兼祧之服》:"一子两祧,为乾隆间特制之条,所谓礼以义起也。"

③ 《礼记·哀公问》。

“法律儒家化”的过程完成后，[①] 法律将儒家的基本伦理制度蕴含其中，形成了“一准乎礼”的《唐律疏议》。[②] 法律作为维护礼治的工具，就必须要得到严格执行，西晋律学家杜预云：“刑之本在于简直，故必审名分。审名分者，必忍小理。”[③] 这里的“名分”是大义，是儒家的基本纲常，而“小理”则是个别情形，也就是法律无法涵盖的情形所带来的个案不公。因此，樊增祥才能自信地宣称：“本司近来久不读律，然律意则心知之矣。”[④] 其原因就是他觉得自己掌握了“大义”。

“一准乎礼”的律典戴着“祖宗之法”的帽子，在形式上享有很高的地位。[⑤] 这种法律神圣性虽然不能同古希腊时期的洛克里斯人的严厉相提并论，[⑥] 但沿袭是最安全可靠的方法。清末刑部尚书薛允升不满意大清律例，觉得沿袭得不够彻底，通过明律与唐律的比较而阐释变革越变越坏的看法。[⑦]

---

① 《中国法律与中国社会》，第355—374页。

② 《唐律疏议》：“论者谓唐律一准乎礼，以为出入得古今之平。”参见[清]永瑢等撰：《四库全书总目》卷八二《史部·政书类二》，中华书局1965年影印本，第712页。

③ 《晋书·杜预传》。

④ 《樊山政书》卷一五《批华州褚牧成昌详》，第417页。

⑤ 各朝各代夺取政权之后都要在第一时间通过律，以表示其统治的合法性。

⑥ 德摩斯梯尼记载，居住在意大利半岛边缘多里安的洛克里斯人，是最早制定成文法典的，任何提议修改法律的人必须在提议之际把绳索套上脖子，一旦他的提议被否决，绳子就会收紧。参见［爱尔兰］约翰·莫里斯·凯利：《西方法律思想简史》，王笑红译，法律出版社2010年版，第9页。

⑦ 清律存在颇多不完善的地方，薛允升有切身体会，但是碍于当朝法律不便评议指责，只能通过批评清律直接承袭的明律，来委婉表达对清律的不满，得出了“明律虽因于唐，而删改过多，意欲求胜于唐律，而不知其相去远甚也”的结论。参见［清］薛允升：《唐明律合编》，怀效锋、李鸣点校，法律出版社1999年版，卷首第1页。

3. 律意之理:律学

尽管礼制是律例的指导思想,律例仍有其独特的思维与逻辑,也就是说存在“技术性”,律学是这种方法的归纳。我们来看《樊山政书》中一则结合具体案例对于“谋杀人从而加功律”条理解的批详。

> 本司近来久不读律,然律意则心知之矣。此案秦田旺供称:“实系恋奸情热,商谋同死。奸妇、奸夫并卧于铡刀之下,女靠里而男靠外。奸夫引手攀刀向下,刀为女隔,刃不及男颈,故女死而男犹生。当经房主闻声趋视,拖拽出铡。若稍缓须臾,奸夫既决意同亡,必不负心独活矣。”来详谓此案若覆审无异,应照“谋杀人从而加功律”拟绞,殊属纰缪。两人同谋,谋杀己也,非杀人也,乃自尽也,无所谓“加功”也。凡彼人杀人,而此人从旁助之,则为加功。试问此案有另杀奸妇之人耶?[①]

樊增祥自谦曰:“久不读律,然律意则心知之矣。”这里的“律意”是对于法律的原则性理解,要依靠律学知识来把握。

《大清律例》中“谋杀人”条,将共同谋杀分为首犯和从犯,加功者就是从犯的一种。[②] 华州牧来详认为对奸夫秦田旺应照“谋杀人从而加功”条拟判绞。现代“相约自杀”中,一方受嘱先杀死对方,继而自杀未遑的,一般以故意杀人罪论处,与华州牧的理解差不多。樊增祥的律学知识认为,“谋杀”是杀他人而不应包括自杀。依据这个前提,本案不构成谋杀。另外,所谓“加功”属于从犯的行为,应依附

---

① 《樊山政书》卷一五《批华州褚牧成昌详》,第417—418页。

② 《大清律例》卷二六《刑律·人命》“某杀人”条规定:凡谋或谋诸心,或谋诸人杀人,造意者,斩监候,从而加功者,绞监候,不加功者,杖一百、流三千里,杀讫乃坐若未曾杀讫而邂逅身死,止依同谋共殴人科断。参见《大清律例》,第425页。

于首犯,既然定奸夫为谋杀从犯,必然会存在谋杀之主犯,而这个案子中却没有主犯,这在逻辑上是解释不过去的。综上樊增祥认为华州禀对律例的理解存在问题,予以批评:“此详若该牧自作,则书生可原。若刑幕所为,则勒令即日辞馆为妙。”[①]

“律意”自身是有一定的理论体系的,对于“律意”的理解与把握,同纯粹的“礼教”还是有区别的,它需要通过日复一日断案的经验而获得。樊增祥一直强调:“至于例案,乃专门之学。书生始仕,茫未有知,只宜虚以受人,岂可刚愎自用。”告诫新任官人不可过于自信;“至于律意精通,深得幕宾之协助”,[②] 对得到刑名师爷的有效帮助的主官断案,感到欣慰。

樊增祥自觉坚持“情罪相符”的原则,表现在他能主动放下架子,爽快地承认自己在这方面所犯的错误。在宝鸡县胞兄夺刀杀胞弟的案件中,县署拟罪故杀,樊增祥以为“(罪刑)太不允协”,“随笔批驳,谕令从轻问拟”,即按斗杀问罪。待地方申明后,樊增祥回复道:“批令拟斗,并非设有成心,著为定谳也。此案照‘殴死有罪卑幼例’拟流减徒,情罪适相符合。”竟然主动撤回了自己的批示。樊增祥还说自己“前批但言情理,未查律例,尽可于来详故杀上量减一等”,[③] 承认自己只顾依照“情理”断案,而没有认真核对律例规定。[④]

樊增祥认为:“凡办命案,犯证、供词务须吻合。”同官县一则杀人案的禀词中证据与口供矛盾颇多,樊增祥归结为“该令读律未深,刑

① 《樊山政书》卷一五《批华州褚牧成昌详》,第 418 页。
② 《樊山政书》卷一一《批汉中府恩成守禀》,第 297 页。
③ 《樊山政书》卷六《批凤翔府转宝鸡县详册》,第 165 页。
④ 霍存福:《“情理外无法律”——樊增祥“情理法”观》,未刊稿。

幕本事平常,以致瑕瘢迭出”。[①]“读律未深”既是对于“律意”的理解不透彻,同时也是在律学方面存在缺陷。因此,樊增祥认为在法制变革中,法律教育十分重要,他说:“盖宪政九年之预备,期在必行,则法律一门之研究必不可缓。专恃法政学堂养成人材,将来各属裁判需员,必不敷用。”[②]用我们现在的话来说,纯粹的“法匠”不能适应纷繁的社会变化,必须要明白法学是一门极重理论的“高深”学科,只有这样才能胜任裁判者的职责。

(二)变通灵活

1. 情理:律意所不及

樊增祥一再强调“死法不足以制生人”,[③]“断无以死法制生人之理”。[④]从前文可以看出,樊增祥倡导“律意”目的也在于防止律例的僵化适用。然而“律意”终究为律例所束缚,对于一些特殊案件,要突破律意,充分运用情理。

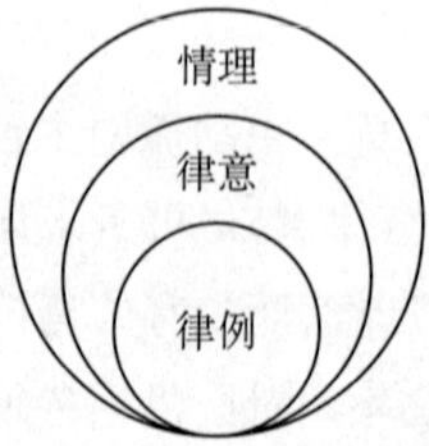

樊增祥所理解的法,较为广泛,既包括国家律例、诸部章程,也包括地方长官行政上所定的规矩。樊增祥曾为陕西义仓定下了“专收

① 《樊山政书》卷一五《批同官县详》,第405—406页。

② 《樊山政书》卷二〇《批拣选知县马象雍等禀》,第594页。

③ 《樊山政书》卷七《批白水县郭令禀》,第175页。

④ 《樊山政书》卷九《批邠州唐牧沛霖禀》,第246页。

谷、豆而不收麦”的规矩，起初考虑的是“麦性不耐久储，三年必须出易”而“豆、谷可储十年”；但遇到环境变化，比如“邠州地性高寒”，“储麦在仓，亦可耐十年之久”。这样，过去所虑之事即可折中，也就是应当允许这些地方的义仓“专储麦石”。为此，樊增祥批准邠州“每亩三升，专储麦石”，[①] 以及凤翔县义仓也可“收麦”的请求，[②] 而打破了自己所定的规矩。

这其中的道理是：法的特性，或规则所具有的共性，是不能范围一切的。因之，“法应被遵守”这种刚性的原则，并不意味着不允许变通，否则这种原则就成了“死法”；允许变通就意味着应当具有柔性的灵活性，原来的“法”也就成了“活法”。“死法”与“生人（活人）”的关系——不“以死法制生人”，或不“以生人而拘于死法”，就是樊山的立场。而其由来，是起因于法律（规则）不能范围一切的局限性；而法律在展开或运转中，必然会成为“死法”或“死规矩”，因之，“死法”不阻碍“生人（活人）”，就会是经常遇到的问题。[③]

在《阅洪李两令判语书后》中，樊增祥认为李令“由幕而官，判断精审，……深知律意”。但是又认为他在“韩德元卖妻舒氏，又另买孀妇岳氏货之”一案的处理中，判令“岳氏、舒氏应离异归宗，财礼追还，娶主免议”，属于“于例虽合，而于情未安”。樊增祥具体分析该案情形：舒氏因为韩德元卖妻行为“有夫而实无夫”；岳氏本无夫之人。如果按照李令所判离异归宗的话，“各还原籍，不知其母家有人与否”？二人是否能够有归处，还不能确定。此外“娶主刘姓、徐姓既各以百数十千买人，其如意可知”，在这样的情况下，两妇得其所亦从此

① 《樊山政书》卷九《批邠州唐牧沛霖禀》，第 246 页。

② 《樊山政书》卷九《批凤翔县周令禀》，第 246—247 页。

③ 霍存福：《“情理外无法律”——樊增祥“情理法”观》，未刊稿。

可知。樊增祥认为,此案"与其断离而仍无所归,何如断归后夫,俾各得其所之为愈也。断案与办案不同,不必尽拘成例,当以简当为主",又说"吾恐各同寅遇此等案墨守此条,转生波累"。樊增祥强调:"此特为娶主不知情者而言,若谋娶者又不在此例。"[①] 律例虽然涵盖的范围很广,但在具体的个案中,要灵活适用法律。

对此,樊增祥认为:"凡上司通饬之文,不过举其大略。至各属情形不同,仍赖贤有司自行酌量办理。"情形千差万别,律意的理解也应与之相适应。"即如户部通行天下之章程,其不合本省情形者,本司每具详顶覆"。如果"以生人而拘于死法,不办不敢,办又不能敷衍,因循以玩误粉饰。而上之人亦喜其言莫予违,虽无效而不之责。此所以上下相蒙,成为胥吏之天下而不可救药也"。[②]

律意与情理并非完全一致,也存在律意之外的情理。律意是体现在律例中的伦理原则,而情理是实现个案公平的"情景"道德,[③] 中国自古就有"律意虽远,人情可推"的说法,[④] 大致意思是,律意需要专业的知识,但人情与生活相关,能为人感知和接受,法律需要符合人情,普通民众可通过人情来反推和理解国家法律。司法上的情理是个案具体情形下,经得起一般道德的评判以及能为常识性思维所理解的存在。

---

① 《樊山政书》卷一〇《阅洪李两令判语书后》,第279页。

② 《樊山政书》卷九《批凤翔县周令禀》,第246—247页。

③ 霍存福教授认为:"情""法"问题以及"情""法"关系的复杂性,源于"情"的多层面性、多义性、复杂性。樊山之"情",或指案件或事件的情节,或指普遍的人情、常情(人类情感);在后者,有时又以审判者的个体情感的介入为内容(有时,当事人之原告、被告及见证人等的个体情感也牵涉其中)。详见霍存福:《"情理外无法律"——樊增祥"情理法"观》,未刊稿。

④ [元]李行道:《包待制智勘灰阑记杂剧》。

以“刁名声图奸儿媳刁唐氏案”为例来分析。

刁名声图奸儿媳刁唐氏两次，其子刁昌林将其妻子搬出另过，但刁名声居然殴逼致刁昌林自缢身死。刁唐氏胞弟唐华章（盲人）前来理论，刁名声与其次子刁昌达避匿无踪。后来经过乡约阮大裕等从公处断，将名声所有田产归刁唐氏管业十年，俾孤寡足以自赡。十年以后，再与昌达均分，约据交唐华章收执。刁名声等到唐华章等人走后，回来向原管阮大裕、谢邦浩等索还约据地亩。阮、谢二人没有办法，二次函邀唐华章前来。刁名声父子一见唐华章即扑向揪殴，以致唐华章忿极，邀请阮、谢诸人及戴东升前往殴打泄忿，致将刁名声、刁昌达一并打死。[①]

镇安县令的拟判认为：第一，看语声叙死者一平人，一罪人，不能作一家二命论。第二，刁唐氏于翁被殴死听从匿报，虽因其弟华章喝禁，及有伤颜面，而事关伦纪，仍应照“私和律”拟杖一百、徒三年，照例收赎。樊增祥认为镇安县的初断“一是而二非”。“一是”，是将唐华章照“擅杀律”拟绞候，将戴东升照“共殴人下手伤重者，绞”律，亦拟绞候，虽“为一禽兽而累及多人，已非上天殛恶惩淫之意”，但也符合律例。“二非”则因刁名声“禽兽就死以后，犹予以翁媳名分，使贞妇不受旌而受罚，殊乖天理，亦戾人心”。鉴于刁名声之恶劣行径，断然不能处罚守贞的儿媳，这是情理。律例中的伦纪规定，要据情理予以矫正。断此案的关键是“（刁）名声行同狗彘，灭伦丧纪，翁媳名分早已开除”，刁名声因为先前的恶劣行为导致双方翁媳姻亲关系已经消亡，既然二人之翁媳名分已经“自然解除”，也就不存在律例中的“私和”行为了，刁唐氏不应受罚。如此的裁判，正是樊增祥所谓的“本

---

① 《樊山政书》卷一八《批镇安县刘令详》，第 505—506 页。

司判事,专补律意所不及”。很明显,“律意所不及”说的是超越了律意的情理。

此外,“惟华章、东升因习氏家难,被罪幽囚,虽秋谳不至入实,而在狱深为可悯,应令习唐氏供其衣食,以尽手足之情且寓酬功之意”。当看到习名声被打死后,樊增祥击节叫好:“快哉此举!从此田业全归习唐氏母子承受,为寡妇者无图奸之虑,为孤儿者亦无争产之人。天之报施淫人,并其少子而绝之,盖如彼其酷也;报施贞妇,举其全业而归之,盖如此其厚也。”从樊增祥的角度来说,古人并不认为理性与程序是司法的根本,而情感、好恶则是必需。

情法之衡平,不仅在上面的定罪个案中,在量刑上也要据情来补律:

> 张高氏欠王年娃地租,王年娃前往索要,本无可厚非。但其逼债手段“过火”——强割麦禾——致张吞烟殒命。按照律例,王年娃行为属于威逼人致死:“凡因事(户婚、田土、钱债之类),威逼人致(自尽)死者,(审犯人必有可畏之威)杖一百。”[①]

樊增祥认为王年娃以区区四串欠钱,逼死人命,实属“凶恶,憨不畏法”。只是杖一百未免“情浮于法”,要求州县加重处罚枷号一个月。此外对于州县断令张家还地(违约导致)的判决不满,改为“此地着仍归张孟氏佃种,每年减去稞钱两串,以恤死者之家。该令以后断案,务须细心审度,一意持平。切切”。[②]“细心审度,一意持平”所考虑的已经不简单是律例了,而是情理。

---

① 《大清律例》,第436页。

② 《樊山政书》卷四《批华阴县详》,第98—99页。

2. 先情理后律例

现代法律思维中，在案件的审理中查清事实后就要适用法律，法律规范是大前提，是否构成违法、受什么样的处罚，都是严格依据法律的规定。《樊山政书》中的词讼审理，往往会运用一种“逆向”的思维方式：先从情理上判断案件恶性程度，然后再看律例中是否有能惩恶的规定，如果有则适用；如果律例规定的处罚太轻或者没有规定，为防止出现“情重法轻”的判决，则根据实际情况予以处罚。

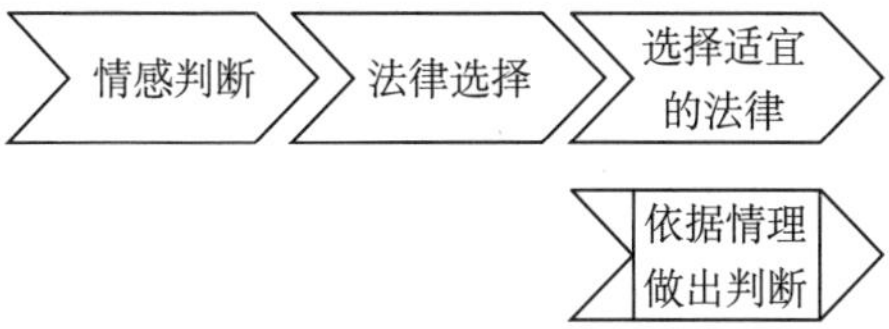

再以《批醴泉县舒令详》中的一案为例：

> 详称王董氏乘其翁王思荣、其夫王富贵出外，偷将银两、约据、衣物给其姐夫杨秀龄持出。迨思荣父子查问得实，令该氏往索，依然空手而返，以致羞忿吞烟。夫背本夫而向姐夫已非人情，然犹可曰杨秀龄甘言诱骗；以婿窃岳之银物，或不疑其有他。乃该氏既以银约老衣相赠，更以己所着之衣鞋赠之，无耻无良，死有余责。此妇死后，秀龄仅还其衣鞋，而银约、老衣措留如故。①

对于杨秀龄的这种行为，最多也就是威逼人致死罪，应受到杖一百的惩罚，此为律文的规定。但是樊增祥认为其“娶王氏之女，私王氏之媳，盗王氏之财，卒致其所私者死于非命”之行为，属于“负心

---

① 《樊山政书》卷一四《批醴泉县舒令详》，第 392 页。

酿命、奸盗并行”,与伦理道德大相径庭,实属可恶。所以他建议的惩罚是“重笞千板,勒令将盗赃悉数缴案饬领。仍将秀龄用大链巨石永远锁系,死而后已”。这样的处罚已经完全超出了律例的规定。

樊增祥每遇到此类案件便感慨:“本司每见此等情重法轻之禀牍,不禁如冬风夏雷有不平则鸣之势。天下不平事多矣,最令人难耐者,莫如懦夫畏淫僻而悍之妻,孱主怕贪骄而黠之奴,平庸牧令优容稔恶之书差,宽待穷凶之匪棍。”[①] 可见其对“情理”之看重。因为这违背了夫与妻、主与奴、官与吏之大分,是当时男女之别、良贱之别、官吏之别等伦理(从而也是“情理”)的重要层面。樊增祥坚持对这些“虽无问抵之条,实激人神之怒”行为的惩治,[②] 在法律适用过程中一定要据情理而定罚。

> 此案王汰奎怀禽兽之心,欲与分家寡弟妇同度。及其弟妇交给财产,自回娘屋守节,汰奎未遂淫心,反疑其胞兄汰香所使,迭向欺讹,昧债而又赖债。及汰香请同族长理斥,汰奎辄敢执持屠刀,将汰香逼入卧房,致其兄情急夺刀回砍致毙。此等禽兽,人人得而诛之。该县初详拟汰香故杀,太不允协,是以本司随笔批驳,谕令从轻问拟。今阅来详,谓遽照“殴死有罪卑幼”,按例拟流减徒,似与本司批饬拟斗之案不符,应照“斗杀例”拟杖壹百、流二千里等语。殊不知前批但言情理,未查律例,尽可于来详故杀上量减一等;批令拟斗,并非设有成心,著为定谳也。此案照“殴死有罪卑幼例”拟流减徒,情罪适相符合。[③]

① 《樊山政书》卷一四《批南郑县禀》,第 394 页。
② 《樊山政书》卷一三《批华州褚牧禀》,第 360 页。
③ 《樊山政书》卷六《批凤翔府转宝鸡县详册》,第 165 页。

该案依旧是根据“情理”确定各人的行为性质及责任的轻重，然后再行选择适用法律之思维。这种基于结果（常识）的逆向法律思维，与法律工具主义的思维是一致的——既然法律是实现统治的工具，其自身并无主体意义——只要能“昭公允而正伦常”，[①] 便是律例最大之价值。

3. 情例相参

此外，先情后律还体现在“情例相参”上，以下案为例：

> 吴桂兴欠潘同合铜钱四串，久假不归。同合于本年七月复往索讨，桂兴妻谷氏助夫斥说，致同合有“如肯陪睡，即不索钱”之言，当经全澍林劝解各散。谷氏即于是夜吞烟身死。经该令审讯明确，潘同合照“因他事与妇女口角，彼此詈骂，妇女一闻秽骂，气忿轻生者，杖一百，流三千里”例，拟杖一百，流三千里；谷氏照例准其旌表等因，具详前来。[②]

樊增祥认为此判不合情理，原因有二：一是潘同合没有调戏的故意。双方因债务纠纷起争，欠债人屡讨不还，本来就理屈；夫妻二人一起抗债，激怒潘同合出此言语，属于“乡民粗野无知”。当地的情形是，双方纷争时，“其出言村俗恶薄，有百倍于陪睡之言者”，这种通过“语境”来分析言语的危害性具有合理性，现代语言哲学甚至认为，脱离

① 《樊山政书》卷六《批凤翔府转宝鸡县详册》，第 166 页。

② 《樊山政书》卷一一《批渭南县详》，第 290—291 页。《大清律例》（《四库全书》本）卷二六《刑律 · 人命》“威逼人致死”条中有例：“凡妇女因人亵语戏谑，羞忿自尽之案，如系并无他故，辄以戏言觌面相狎者，即照但经调戏本妇羞忿自尽例，拟绞监候。其因他事与妇女口角，彼此詈骂，妇女一闻秽语，气忿轻生；以及并未与妇女觌面相谑，止与其夫及亲属互相戏谑，妇女听闻秽语，羞忿自尽者，仍照例杖一百流三千里。”

了语境,词语就没有确定的意义了。同样一句话,搁在士绅大族是秽骂,但是在村野乡民之间可能只是表示愤怒的语气词。二是潘同合没有逼迫的行为,经人一劝即散,并没有进一步的行为,进一步说明"陪睡"言语只是"村俗恶薄"之语,并没有主观方面的愿望。樊增祥甚至猜想吴谷氏的死,"或者因贫难度,早存蝉蜕之思;或者借此为题,别有衔碑之处,皆未可知也"。这样的揣测,目的是为了加大前面分析的说服力。

据此,"以情与例相参而论,同合索债之理长,谷氏赖债之理短;因抗偿斥说,而始反唇相稽,是衅起于抗债之人;而轻薄非无因而至,与例载'因他事与妇女彼此口角'者,似属不合"。所以,樊增祥认为潘同合的行为属于"亵"而非律文所谓的"秽";律文中并没有关于"亵"的规定,只能"以情理论",潘同合的行为处以徒三年就能"罪刑相适应",足以蔽辜,处以流刑则太重。所以要求渭南县令"再依律准情,从轻科断"。这是用情理的预先判断来解释行为、适用法律。

三、传统的司法方法——以汪辉祖为例[①]

一般认为,司法意义上的法律方法即司法方法,是指在司法过程中为解决案件纠纷所用到的手段、办法、步骤、方式。[②]也可以说,是法官在司法裁判过程中运用的职业性思维与技术。司法方法应用于个案法律适用的场合,通过解决事实问题与法律问题,追求个案中法

① 本节内容曾以《汪辉祖的司法实践及"情理法"观》原载于《兰州学刊》2015年第7期,收入本书时做了必要的修改。

② 周玉华:《中国司法学》,法律出版社2015年版,第476页。

律决定的合法性与正当性。[①]

清代的名幕良吏汪辉祖（1730—1807）佐治任官近四十年，[②] 这期间的主要工作便是理讼，所以留下了很多诉讼观念及案例处理办法的资料。他的《佐治药言》（以及《续佐治药言》）和《学治臆说》（以及《学治续说》《学治说赘》）两书，[③] 有为官之道、个人修养、案件处理等多方面的内容，这其中有关案件处理的原则、技术、态度的内容，历来为法律史研究者所重视，是研究清代司法制度的重要资料。汪辉祖的司法思想在清代中后期具有典范意义，不仅传播广泛，而且影响深远，被誉为幕友和牧令遵奉的“科律”，成为值得“时时省览，奉为楷模”的典范，[④] 可见影响之大，故以这两书为基础来探讨分析汪辉祖的司法思想，并从中考察中国传统司法观。

（一）“旧制不可轻改”的保守主义

1. 对“陋规”的适度容忍

中国古人喜好“祖述尧舜”，讲究祖宗崇拜，对于传承到今的成规

---

① 焦宝乾：《我国司法方法论：学理研究、实践应用及展望》，载于《法制与社会发展》2018 年第 2 期，第 167 页。

② 汪辉祖二十三岁时始任幕友，掌书记。二十六岁转入常州知府胡文伯幕中，始学刑名。其后即佐江浙地方官十五人，先后在幕三十四年。乾隆四十年（1775）四十六岁时中进士。乾隆五十一年（1786）谒选湖南宁远知县。五十二年到任，在任四年，因病卸篆，但因忤犯臬司被参，次年被朝廷革职。返里后授徒自给，读书著述不辍。

③ 《佐治药言》四十则，《续佐治药言》二十六则，均成书于乾隆五十年（1785）。《学治臆说》上卷六十三则，下卷六十一则，共一百二十四则，成书于乾隆五十八年（1793）；《学治续说》五十则，成书于乾隆五十九年（1794）；《学治说赘》五则，成书于嘉庆五年（1801）。

④ 徐忠明：《清代中国法律知识的传播与影响——以汪辉祖〈佐治药言〉和〈学治臆说〉为例》，载于《法制与社会发展》2011 年第 6 期。

大都采取顺承的态度。汪辉祖认为:“今人才识,每每不若前人。前人所定章程,总非率尔。不能深求其故,任意更张,则计画未周,必致隐贻后累,故旧制不可轻改。”[①] 所以“非万不得已,止宜率由旧章,与民休息。微特孽不可造,即福亦不易为”。[②] 对现有秩序更愿意承袭,对改变现状持极度谨慎的态度,在司法过程中往往表现为墨守成规,甚至对于“陋规”也是如此。

旧制并非全然是好的,对于司法过程中书吏的“陋习”,汪辉祖采取一种适度容忍、接受现实的态度。原因在于,“吏无禄入,其有相循陋习,资以为生者,原不必过为搜剔”。[③] 事涉生计,若是裁除了这些陋规,会导致书吏变本加厉地向百姓索取,造成“长贪风开,讼衅害将,滋甚极之”的后果。当然,“陋规”也应有限度,若是书吏的行为严重干扰司法,涉及“舞弊累人之事”,则必须予以处置,“断不可不杜其源”。此外,对于司法官员应酬之“常例”,汪辉祖亦采取接受的态度,他认为“谚所谓‘以公济公,非实宦橐’”,但是“万不容于例外加增,断不可于例中扣减”,[④] 不加变更地沿袭。

可以看出,汪辉祖并不是一个脱离现实的理想主义者。和海瑞的纯粹道德化不同,汪辉祖认为陋规的产生都有其合理的社会原因,是社会稳定的一种需要。社会体制的复杂性往往会牵一发而动全身,与其应对更改“陋规”带来的新问题,不如保守沿袭,只是注意把它限制在合理的范围之内。

---

① 《学治续说·旧制不可轻改》。

② 《学治续说·事慎创始》。

③ 《佐治药言·检点书吏》。

④ 《学治续说·常例应酬不宜独减》。

2. 就事论事的司法主张

汪辉祖认为在办案过程中,一定要就事论事,断不可株连他人,也不可因此事而求他事。类似于西方的"司法被动主义"的保守观点。

案件应该在规定的范围内办理,要抓住主干,避免在细枝末节上纠缠。"衙门中事,可结便结,情节之无大关系者,不必深求"。若是自作聪明"恃其明察,一丝不肯放过",只会造成"枝节横生,累人无已"的后果,所以为"圣贤之所戒也"。① 而且从办案效率的角度讲,"案无大小,总有律例可援,援引既定,则例得无干者,皆无庸勾摄,人少牵连,案归简净矣"。② 按照黄宗智的说法,中国古代社会属于"集权的简约治理",③ 县衙作为封建国家的基层官僚机构,承担着大量的政务。绝大多数的纠纷依赖乡村的权威力量调解,对于诉讼到县衙的纠纷,没能力也不愿意耗费过多的时间去牵涉他事。

对重案——人命和盗窃案——的处理,若是盗窃案件,重点在于处罚盗贼,对于"指扳之人,与买寄赃物之家,往往择殷而噬",故"借端贻累"。④ 对于寄赃买赃,被告窝藏盗贼者,一定要细心查验,不受不确定言论的影响,也不要被捕役牢头所利用来害民,汪辉祖对此种种情形予以详细罗列。⑤ 对于人命案件,更要防止因为案情重大而随意牵连,劳民伤财。汪辉祖说:"然犹闻有官保私押之事,一日不归,则其家一日不宁。" 此外,在有人在路边毙命的案件中,"差保无可生

---

①《佐治药言·戒已甚》。

②《学治续说·办案宜有断制》。

③ 黄宗智:《过去和现在——中国民事法律实践的探索》,法律出版社 2009 年版,第 74—79 页。

④《佐治药言·盗案慎株累》。

⑤《学治续说·盗案宜防诬累》。

发,每将地主牵入,此则真属无辜,尤其须属主人禁绝”。[①] 所以在复核案卷的时候要字字检点,以防株累。

对于“户婚田土细事”更要防止牵连,迅速办结。否则“多一重衙门,便多一重费用,百姓何能堪此”?[②]

(二)“法贵准情”的情法结合

汪辉祖作为一个读书人,无论“事非得已”而做了幕僚,还是在宁远担任县令期间,都是礼治的宣传者,其司法活动受到等级观念、道德伦理以及由此形成的俗情的深刻影响。汪辉祖在司法实践中重视情与法的结合,简单讲就是充分运用道德伦理,具体问题具体分析。

1. 伦理道德对于司法的指导作用

在司法过程中,何为“情”呢?首先是“情形”,汪辉祖认为:“命案出入,全在情形。情者起衅之由,形者争殴之状。衅由曲直,秋审时之为情实,为缓决,为可矜,区以别焉。”[③] 可以看出,情作为“起衅之由”,在这里属于主观动机。其次,情是一种道德与复杂社会现状的结合,所谓“人情万变,总无合辙之事,小有参差,即大费推敲,求生之道在此,失入之故亦在此”。[④] 在司法过程中,由于立法存在局限性而要求“情”的介入与配合,强调情对于社会和谐与秩序的重要性,这是中国古人行为要符合自然的哲学观点所决定的。

梁治平如此评价传统中国的道德与法律的关系:“他们所欲执行的法律不过是附加了刑罚的道德,他们借助于刑罚想要达到的亦只

---

① 《续佐治药言·人命宜防牵连》。

② 《学治臆说卷上·寻常讼案不宜轻率申详》。

③ 《佐治药言·命案察情形》。

④ 《佐治药言·勿轻引成案》。

是道德的目标。"[①]情理是自然的规律,而礼是情理在人类社会中的体现,是情理的规范化,情理法其实就是礼治法。汪辉祖记载了这样几个事例:第一个例子表现了古人非常重视继嗣的情形,涉及弟殴胞兄至死的定判。此案中一家有二子,哥哥被兄弟杀死,弟弟本应伏诛,但因此家四世单传,杀了弟弟则五世而祀绝。本来很明白的案子,就办成了存疑,后来弟弟遇到大赦而得到宽宥。[②]第二个例子是姻族之间案件的处理,亲戚之间涉诉的纠纷的往往是一些小事。对于这些小事,如果非要分出对错,并且给一方惩戒,势必会留下冤仇而难以化解。所以汪辉祖认为在执法的时候要"兼寓笃亲之意,将应挞不挞之故,明白宣谕,使之翻然自悟,知惧且感,则一纸遵依,胜公庭百挞矣"。[③]第三个例子强调对于老成之人颜面的照顾,对于这些人,不可轻易笞挞。[④]此外对于尸体开检一定要慎重,能不开检尽量不要开检。[⑤]所有的这些例子都表明儒家眼中的法律适用从来都没有普遍性,都要根据具体情形分别处理。

2. 重视对俗情的了解

汪辉祖认为,作为一名合格的司法者,每到一地,必须要了解当地的风土人情,"人情俗尚,各处不同,入国问禁,为吏亦然"。并强调"幕之为学,读律尚已。其运用之妙,尤在善体人情。盖各处风俗往往不同,必须虚心体问,就其俗尚所宜,随时调剂"。[⑥]在办案的时候

① 梁治平:《寻求自然秩序中的和谐:中国传统法律文化研究》,中国政法大学出版社2002年版,第318页。

② 《续佐治药言·囚关绝祀者尤宜详审》。

③ 《学治臆说卷上·姻族互讦毋轻笞挞》。

④ 《学治臆说卷下·老成吏役宜留颜面》。

⑤ 《学治臆说卷下·详开检宜慎》。

⑥ 《佐治药言·须体俗情》。

尊重这些俗情,才能更好地解决纠纷。“体问风俗,然后折中剖断,自然情法兼到。”[①] 俗情属于地方性惯例——当然与整个国家的道德观念是一致的——只有了解了一定区域的俗情,司法的过程与结果才能为当地民众所接受。比如,在特别重视婚丧的地区,如果案非重大,必须要为犯人曲为矜恤,一全其吉,一愍其凶。为此汪辉祖专门记录一案:一童生县试时作弊,依法应该枷示。童生的亲人因为童生刚刚结婚而请求一个月后再补枷,但于吏张某治尚严厉,不允。新妇闻讯上吊自杀,张某赶忙脱童生枷,但童生得知妻子自杀亦投水死。汪辉祖严厉批评张某这种不顾俗情、机械执法的行为:“夫怀挟宜枷,法也。执法非过,独不闻律设大法,礼顺人情乎?”并且进一步强调:“法有一定,而情则千端。准情用法,庶不干造物之和。”[②]

(三)“断案不如息案”的息讼做法

1. 息讼的重要性

息讼向来是儒家所追求的社会秩序的理想状态,特别是民间细故,更不能通过诉讼来解决。汪辉祖认为:“词讼之应审者,什无四五。其里邻口角,骨肉参商,细故不过一时竞气、冒昧启讼,否则有不肖之人,从中播弄,果能审理,平情明切,譬晓其人,类能悔悟,皆可随时消释。间有准理,后亲邻调处,吁请息销者,两造既归辑睦,官府当予矜全,可息便息,亦宁人之道。断不可执持成见,必使终讼,伤闾党之和,以饱差房之欲。”[③] 传统中国属于“熟人社会”,纠纷绝大多数发生于亲戚邻里之间,所以应该充分利用这一特点,用亲情感化他

① 《学治臆说卷上 · 初任须体问风俗》。

② 《学治续说 • 法贵准情》。

③ 《佐治药言 · 息讼》。

们，达到息讼的目的。所以汪辉祖认为司法者在处理此种案件的时候要“第摘其词中要害，酌理准情，剀切谕导，使弱者心平，强者气沮，自有亲邻调处。与其息于准理之后，费入差房；何如晓于具状之初，谊全姻睦。”[①] 即主张通过“批答”的方式交由亲邻调解处理。

亲邻调解的好处在于，“盖听断以法，而调处以情，法则泾渭不可不分，情则是非不妨稍借”。这样就能达到“理直者既通亲友之情，义曲者可免公庭之法”的良好社会效果。[②] 在方法上，汪辉祖主张用时间来消磨怨气。“余向佐主人为治，惟必讯之案，方签差传唤，其余细事，多批族亲查理，或久而不覆，经承禀请差催，从不允行，亦不转票。盖事可寝搁，必其气已平，因而置之，有益无损。加以差催，转多挑拨矣。”[③] 总之，通过各种手段来减少诉讼。

2. 严惩地棍、讼师

汪辉祖认为民间的词讼，很大一部分是因为地棍和讼师所挑拨而起，“唆讼者最讼师，害民者最地棍”。所以特别重视对于这两类人的惩治，“二者不去，善政无以及人”。明清时期，讼事渐多，虽然地方官吏对此深恶痛绝，但是庞大的社会需求使得讼师这一职业在政府的压制下，以及饱受社会非议的环境中不断地畸形发展。汪辉祖如此描写讼师之行：“盖词之讦控多人者，必有讼师主持其事。或以泄忿旁牵，或以左袒列证，不堕其术，往往以经承弊脱为词，百计抵诉，甚且含沙射影，妄指幕友关通，启官疑窦。”[④] 故此，在司法过程中，汪辉祖特别强调官员应该有自己的主见，防止讼师主持其事。

① 《续佐治药言・批驳勿率易》。

② 《学治臆说卷上・断案不如息案》。

③ 《续佐治药言・勿轻易佥差》。

④ 《续佐治药言・摘唤须详慎》。

汪辉祖认为要达到对地棍讼师“未可拘泥”的严惩,[①]就必须要有人证实其罪,但由于地棍讼师势力庞大,往往没有人愿意作证或者作证之人会受到报复。对此汪辉祖想到了一个办法,就是将“更名具辞”的一名讼师锁拿后,并不急于审理他的案子,而是隔一天问点事。但每天都把他绑在大堂的柱子上,让他观审其他案子。不到半月,讼师疲不可支,“哀吁悔罪”,这才将他从宽保释。讼师被释放后,“已挈家他徙,后无更犯者,讼牍遂日减矣”。[②]这种非司法手段,在处理讼师的问题上达到了很好的效果。

此外,地棍、讼师拨弄之案,往往会与吏役相互勾结。地棍、讼师以吏役为护符,危害极大,只有通过严法“使吏役畏法,则若辈自知敛迹”,[③]才能达到根治地棍、讼师的目的。

3. 教化的作用

在汪辉祖看来,听讼可以教化民众。首先,达到一般预防的效果,“止判一事,而事之相类者,为是为非,皆可引伸而旁达焉,未讼者可戒,已讼者可息”。其次,对于两造及诉讼相关人产生警示、教育作用,这是着眼于特殊预防。最后,宣扬儒家仁义道德精神,“讼之为事,大概不离乎伦常日用,即断讼以申孝友睦姻之义,其为言易入,其为教易周”。[④]

另外,汪辉祖也强调官府独立审案,反对士子干预司法,教导士子不要主动牵涉诉讼。声明对于士子干讼的行为,必不纵容。但是由于士子身份特殊,所以也不便按律惩罚,“因思衿士原多知礼,不当

① 《佐治药言·严惩地棍》。

② 《学治臆说卷下·治地棍讼师之法》。

③ 《学治臆说卷下·地棍讼师当治其根本》。

④ 《学治臆说卷上·亲民在听讼》。

与讼师同日而语也”。[①] 对此汪辉祖采用一方面教育、一方面惩罚的两手措施予以防止。对于干讼者，通过对不干讼者的褒奖以“与干讼者荣辱迥殊，则士以对簿为耻，莫不砥厉廉隅”。[②] 对于不听劝教的士子，汪辉祖则采取羞辱的方法来惩罚。

（四）“忌辣手”的慎刑思维

中国古代的慎刑思想发端于西周时期的“明德慎罚”观，汉代又在儒学与阴阳学等影响下承继为“德主刑辅”的立法观，到唐代发展为“德礼为政教之本，刑罚为政教之用”。汪辉祖关于刑罚要谨慎适用的思想主要体现在三个方面：事实认定、法律适用和程序应用，是中国传统慎刑思想的具体体现。

1. 事实认定方面的严谨

在供状审核方面，汪辉祖强调一定要仔细核实。“谚云‘无谎不成状’”，[③] 所以对于状词要客观看待，不能有先入为主的想法。此外还要辨析清楚状告者的本意（意图），不要为告状过程中引述的旧事以及讼师牵扯的他事所干扰。虽然“罪从供定，犯供最为紧要”，但对于犯人的口供，要结合实际的证据加以辅证，不能完全依据口供定罪。为此，汪辉祖还拿出一个自己处理的行舟被劫案证实他的观点。[④]

---

① 《学治臆说卷下·治士子干讼之法》。

② 《学治臆说卷下·宜使士知自爱》。

③ 《续佐治药言·核词须认本意》。

④ 《续佐治药言·草供未可全信》记载：孝丰一受害人航船时被劫，官府到处通缉捉拿，后来有个名叫盛大的逃兵因纠集土匪抢劫被抓获。他和他的喽啰们招供劫船案也是他们所为，但汪辉祖十分谨慎，让县令故意将案情进行增减，隔离犯人再行审讯，于是有人认罪，有人否认。原来盛大思量逃出军队，又犯抢劫，没有活命的理由了，所以审讯时信口开河地承认，他的喽罗们也附和。两年之后，劫船案的真正犯人被发现。

对于“粘呈契约议据”等书证,一定要“入手便须过目”,否则会“一发经承,间或舞弊剜补,补之不慎,后且难辨”。这主要是防范蠹吏变造证据,所以汪辉祖佐幕的时候,“凡遇呈粘契据借约之辞,俱于紧要处,纸背盖用图记,并于辞内批明,以杜讼源”。[①]

在验伤方面,也要防止被佐杂所惑。仵作验后,还要亲自验伤,以定真伪。这样才能心里有底,否则“万一伤者殒命,此即拟抵之据,生前之供状未明,死后之推求徒费,犯供翻异,案牍纠缠,率由于此,则何如亲验之可恃也”。[②] 验尸时应该坚持亲自到场验伤。[③]

民间婚姻田产细故方面,自然不必用刑取证。即使是要案,也尽量不要用刑讯获取证据。断案的关键是要找到其他证据,所谓“命有伤,盗有赃,不患无据”。而且因为重案往往都是共同犯罪,所以可以采取隔别审问的方式,“真供以伪供乱之,伪供以真供正之”,以期获取真相,还可以防止罪犯因求速刑而自诬。[④]

在取证过程中,即使是正常的笞杖也要慎用,更不要说是不正常的“非刑”刑讯手段了。汪辉祖描述了“非刑”的残酷性,坚决反对使用“非刑”,认为这是“爱民者不以为然也”。[⑤] 当然,要获得实情,断案者还要学会察言观色。[⑥] 这显然是西周时期形成的“五听”判断事实的方法的延续。

---

① 《学治臆说卷上·据笔迹断讼者宜加意》。

② 《学治臆说卷下·生伤勿委验》。

③ 《学治臆说卷下·验尸宜亲相亲按》。

④ 《学治臆说卷上·要案更不宜刑求》。

⑤ 《学治臆说卷上·非刑断不可用》。

⑥ 《学治臆说卷上·治狱以色听为先》。

2. 法律适用方面的谨慎

汪辉祖认为，认定事实之后在适用法律上一定要依据情理，对于可能判处死刑的罪犯，应从求生的角度入手，“法在必死，国有常刑，原非幕友所敢曲纵。其介可轻可重之间者，所争止在片语，而出入甚关重大，此处非设身处地诚求不可。诚求反覆，必有一线生机，可以借手”。[①] 在法律适用上，汪辉祖并不注重刻板地依照法律文本，而是努力寻求能为罪犯开脱的合法理由，当然，这些理由必须经得起法律和道德的推敲。

汪辉祖引用了无锡诸类谷先生记载的张希仲处理的一案，以说明死刑万万不可牵强它意，从重适用。张希仲在归安县做幕僚的时候，当地有一妇人与人通奸，后来奸夫杀死了妇人的丈夫，但是妇人并不知情。按照大清律例的规定，“奸夫自杀其夫者，奸妇虽不知情，绞(监候)”，[②] 但是张希仲却引经据典地说：“赵盾不讨贼为弑君，许世子不尝药为弑父，《春秋》有诛意之法。是不可纵也。”最后“妇竟论死”。汪辉祖认为：“吾辈读律佐治，身当其任，自不得曲法姑宽。如不在其位，又何忍下石耶！”[③] 明确反对张希仲牵强附会、论人死刑的做法。

3. 程序应用方面的慎重

在程序应用上，汪辉祖强调四个方面。一是“慎初报”，案件的初审一定要周延细致。二是“办案宜速”，办案要快速，不能拖拖拉拉。三是“访案宜慎”，司法者应具有中立精神。四是对于上级的批驳，要谨慎对待。

---

① 《佐治药言·求生》。

② 《大清律例》，第425页。

③ 《续佐治药言·事关人罪者口宜谨》。

案件初审的时候,需要仔细审查,“狱贵初情,一犯到官,必当详慎推求,毕得其实,然后酌情理之中”。[①] 一方面要使案件情节清晰,防止“驳诘之繁,累官累民”,强调“办案之法,不唯入罪宜慎,即出罪亦甚不易”。另一方面要以简明为上,不要将一些无关的情节涉及其中,“情节之无与罪名者,人证之无关出入者,皆宜详审节删”。因为“多一情节,则多一疑窦,多一人证,则多一拖累,何可不慎”。所以要“反覆案情,设令死者于坐号相质,有词以对,始下笔办详,否则不敢草草动笔”。[②]

汪辉祖还认为,官员办案,要慎重访案。“盖官之治事,妙在置身事外,故能虚心听断,一以访闻为主,则身在局中,动多挂碍矣”。[③] 至少在技术的层面,有西方自由心证的精神在里面。此外案件验证,一定要迅速,防止当事人找到讼师,使得案情变得复杂。[④] 对于呈报命案的,要立刻“研问衅由,及斗殴之状,受伤之处,细细诘问,察看供情虚实,自可得其要领”。[⑤]

对于上司的批驳,首先要明白上司批驳的原因,弄清是因为上级要宽宥而认为初报太重还是因为要证实犯罪而批驳余证。只有明白了上司的心意,才可有的放矢,有针对性地向上解释。此外,所呈文书要注意用语,“万勿稍生烦厌,付以轻心。若主人所持甚正,与上台意见参差,必当委曲措词,以伸主人之意,断不可游移迁就,使情罪不

---

① 《学治臆说卷上 · 未得犯罪真情难成信谳》。
② 《佐治药言 · 慎初报》。
③ 《佐治药言 · 访案宜慎》。
④ 《学治臆说卷下 · 相验宜速》。
⑤ 《学治臆说卷下 · 命案受词即宜取供》。

符,亦慎毋使气矜才,致上下触忤”。[①] 如此,才能达到良好的效果。

还有一点需要说明的是,汪辉祖认为办理重案的时候,“先须理清端绪,分别重轻,可以事为经者以人纬之,可以人为经者以事纬之,自为籍记,成算在胸,方可有条不紊,不堕书役术中”。[②] 当然,如果“犯者实系凶横,或倚贫扰富,拨草寻蛇”,对于这种人,“尤须尽法痛惩,即老病,或妇女,亦当究其抱告,使知亲不可恃,法不可干,庶几强暴悔心,善良安业”。[③]

(五)“省事”的贵民观念

1. 审案不劳民

汪辉祖十一岁丧父,靠自己的嫡母和生母做女红维持生计,深知百姓生活之艰辛。正是因为诉讼累人,所以极力主张诉讼省事,不劳民伤财。汪辉祖认为:“事非急切,宜批示开导,不宜传讯差提。人非紧要,宜随时省释,不宜信手牵连。被告多人,何妨摘唤,干证分列,自可摘芟。少唤一人,即少累一人。谚云:‘堂上一点朱,民间千点血。’下笔时多费一刻之心,涉讼者已受无穷之惠。故幕中之存心,以省事为上。”[④] 此外还要考虑百姓的诉讼费用:“讼一佥差,两造不能无费,即彼此相安息销,亦且不易。”[⑤] 对于一般的案件,多从百姓的角度考虑,案件审理中不是必须当场之人,尽量不要轻易拘传来询问。

即使是案件的重要人证,也要具体情况具体对待。中国古时妇

---

① 《续佐治药言·上台驳批宜细绎》。

② 《学治续说·办重案之法》。

③ 《学治臆说卷上·犯系凶横仍宜究惩》。

④ 《佐治药言·省事》。

⑤ 《续佐治药言·勿轻易佥差》。

女深居家中,不轻易外出,所以案件涉及妇女为证,非万不得已,不能轻易将其传唤到堂对簿。这样做,可以达到两个目的:对于幽娴之女,可以全其颜面;对于妒悍之妇,也可防止其任意泼横。在汪辉祖记载的"士人告恶少调戏其妇案"中,幕僚叶某的友人谢某认为"此妇当有姿首,盖寓目焉",谢某仅因满足睹其容颜之猥琐目的,要求将妇人唤到官府询问,结果妇人因羞愧,回家就上吊自杀了。由于妇人的上吊自杀,加重了恶少的罪行,恶少也被处死。一个不慎的行为导致了两死的恶果。[①] 还有,对于奉上官准理之事,若是民间细故,"不妨录供详结,以省跋涉"。[②] 对于经常发生的领差之人敲诈百姓未达目的后,诬百姓为拒捕,以及自毁传票诬告百姓拒捕的现象,一定要详加审查。[③] 除此之外,办案严防牵连,案件办理应该在一定的范围之内,不能任意牵连,把小案办成大案。

办案过程中,要严格管束吏役对百姓的骚扰。"公役中岂有端人,此辈下乡,势如狼虎,余尝目击而心伤之。"由于陋规的存在,"换一役多一费,民何以堪"?[④] 故此票差宜省。对于一些特殊的死亡案件,如自尽、路毙等,吏役往往会借机滋扰百姓,对此也要严加防范。对此,汪辉祖采取的办法是:"凡自尽人命,除衅起威逼,或有情罪出入,尚须覆鞫,其余口角轻生,尽可当场断结,不必押带进城,令有守候之累。如死由路毙,及失足落水,则验报立案,不待他求。"[⑤] 不可谓不周全。

---

① 《佐治药言 · 妇女不可轻唤》。

② 《学治臆说卷上 · 宪案可结不妨讯报》。

③ 《佐治药言 · 差禀拒捕宜查》。

④ 《学治臆说卷上 · 票差宜省》。

⑤ 《学治续说 · 假命案断不可蔓延》。

2. 案件须速结

汪辉祖认为,案件审理一定要明确期限,“唯期有一定,则民可遵期而至,无守候之苦”。[①] 此外,时间确定后就不能随意更改,“示勘有期,势必多人守候,尤万万不宜临期更改。”[②] 即使是因为有不得已的情形而改变时间,也要及时告知,“所以逾期之故,亦可晓然使人共知。若无故更改,则两造守候,一日多一日费用,荡财旷事,民怨必腾。”[③] 充分考虑到百姓守候花费之苦。

案子确定期限后还要及时审结,“两造讼牒,官为结断,脱然归去,可以各治其生”。如果拖延审理期限,“讼者多食用之费,家人增悬望之忧,是虐民也”。而且,案件久拖不决就容易给别有用心的人可乘之机。“中有富家牵涉,好事者从而妄为揣度,谓官可赂营,则又重自玷矣。”所以汪辉祖认为,“不审不如不示期,不结不如不传审”。[④]

3. 为犯事者设身置想

对于犯事者,汪辉祖反对先入为主的歧视态度,审案的时候要多从犯事者的角度考虑,“无论事之大小,必静坐片刻,为犯事者设身置想,并为其父母骨肉通盘筹画,始而怒,继而平,久乃觉其可矜,然后与居停商量,细心推鞫,从不轻予夹拶,而真情自出”。[⑤] 动之以情,晓之以理,才能事半功倍地达到目的。此外对羁押的犯人要给以人道主义的待遇,对于经常出现的“差不遂欲,则系之秽处,饿之终日,恣为陵虐,无所不至”的现象,汪辉祖提出的对策是及时办结案件,“此

① 《学治臆说卷上 · 与民期约不可失信》。

② 《续佐治药言 · 勘案宜速结》。

③ 《佐治药言 · 词讼速结》。

④ 《学治臆说卷上 · 审案贵结》。

⑤ 《佐治药言 · 须为犯人着想》。

等人犯,官难毕记,全在幕友立簿检察,以便随时办结”。[1] 汪辉祖固然没有现代犯罪嫌疑人权益亦受保护的理念,但在封建社会有此观念也是难能可贵的。

汪辉祖认为百姓是为官、为吏者的“衣食父母”,“长民者衣税食租,何事不取给于民”。百姓涉及诉讼,为官者应该“惟平争息竞,导民于义耳。片言折狱,必尽其辞,而后折之,非不待其辞之毕也”。[2] 尽量全面听取涉诉百姓的意见。

当然,善待涉诉百姓并不意味着毫无原则的姑息,汪辉祖强调:“治无成局,以为治者为准,能以爱人之实心,发为爱人之实政,则生人而当谓之仁,杀人而当亦谓之仁。”爱民,应该是发自内心的爱护,而不是为了粉饰治术,“有假爱人之名而滋厉民之弊者,恶在其为民父母也”。所以汪辉祖讲:“故治以实心为要,尤以清心为本。”[3] 有爱民之心,必须有实事求是的实政。措施不在多,在于利国利民,在于切合实际。

通过以上分析,笔者认为汪辉祖的司法实践是中国古代社会主流司法观念的表现,它是建立在传统司法实践的基础上逐渐形成的一套完整观念。由于汪辉祖的《佐治药言》《学治臆说》等书采取笔记体的形式写就,所以他的司法思想显得零碎而不系统,但经过仔细分析,还是具有明显的以礼治为中心、重视伦理教化、运用情理实现具体司法以及强调司法者的道德自律这些典型特征。汪辉祖是位非常合格的传统中国制度下的儒家执法者,所以才能成为清代中后期基层司法者的典范。

---

① 《续佐治药言·押犯宜勤查》。

② 《学治臆说卷上·听讼宜静》。

③ 《学治续说·治贵实心尤贵清心》。

中国传统司法一直贯穿着儒家对法家技术主义的警惕及指导的发展模式，无论是司法实践的情理化还是法家立法的儒家化都是这一模式的表现。自从秦汉以后，中国古代社会结构持续稳定，所有的变革不过是一些对现有制度的微调罢了。这个社会充斥着保守气息，司法制度自然也不例外。在这种大的趋势下，汪辉祖的司法思想似乎并没有太多的新意，但他的价值在于用较为朴实的文字，大致客观地记录了基层司法制度的运行状况以及司法官员的主流价值观。汪辉祖是中国古代社会基层司法制度的传承者，他无法摆脱传统的束缚，带有典型的保守主义特征。

同样，汪辉祖的司法实践带有浓厚的经验主义色彩。一般都是从具体的案件出发，根据儒家"情理"思想以及以往的断案经验——甚至为了自己的名声——而先有判断，再找依据。如果法律规定有多种选择或者没有明确的法律依据，则根据情理、民俗来迎合自己的观点。案件的处理主要依靠长时间断案形成的经验规则，而不是从实践中抽象出来的原则。当然，需要说明的是，在清代，审理案件，特别是审理重案，还是受到法律规定的约束的。由于上级审驳和讼师搅扰其中，司法者往往要在判决的时候有明确的法律依据。如果没有法律规定，也必须引经据典、自圆其说，要经得起上级和舆论的检验。张伟仁先生对此作了如此的分类：律文明确，严加遵守；数条并存，须加甄别选择；律文不够明确，须加诠释；法无明文，援引别条、成案及礼经、道义四种模式。[①] 这一种总结是比较科学的。

从仕途角度讲，汪辉祖并不是个成功的范例，他从幕二十六年换

① 张伟仁：《良幕循吏汪辉祖——一个法制工作者的典范》，载于《中西法律传统》（第七卷），北京大学出版社 2008 年版，第 295—311 页。

了十四个长官,平均每个长官不到两年,为官四年即遭贬斥。汪辉祖很注重道德自律,不轻易放弃自己的信念与他人同流合污。汪辉祖的法律思想尽管讲求实用主义,但是也能看出他对于现实制度的不满,但是在现实社会中往往得不到伸张,于是同其他的人一样,汪辉祖往往会借助报应思想。《佐治药言》《学治臆说》中含有大量的违法、违情办案后受到报应的事例,有报之于自身的,也有报之于子孙的。这是汪辉祖得以自勉的重要依据,也是约束古代司法官员的重要精神因素,蒲松龄也有"狱讼乃居官之首务,培阴骘,灭天理,皆在于此,不可不慎也"的看法。[①] 但同时也说明封建社会对于官吏违法办案的制度约束、制裁措施很不到位。只靠对报应的畏惧和"尽心""立品""勤事"这些道德自律,并不能从根本上解决司法中存在的问题。从根本上来说,这也是专制社会自身无法解决的问题。清朝后期的司法黑暗说明了这一点,"昔人谓赃吏犯法,法在;奸吏舞文,法亡。吏治至此,人心风俗至此,危乎不危"。[②] 汪辉祖就是处在这个封建社会晚期僵化腐败的体制"悖论"之中。

毫无疑问,上述的中国传统司法观中的"体俗情""忌辣手""省民""设身置想"等思想对于我国当代司法具有借鉴意义。英国现代法学家哈特认为,人们对于法律(规则)往往有持内在观点与持外在观点之分,持内在观点的人对法律采取接受、认可的态度,而持外在观点的人往往是因为惧怕制裁而被动接受法律。[③] 在一个法治社会中,法律的权威体现在持有内在观点的人占据绝大多数。当代中国司法要想让人们发自内心地接受,鉴于传统观念在现代人的日常生

① 《聊斋志异・冤狱》。

② 《皇朝经世文续编》,光绪二十三年思补楼刻本。

③ 《法律的概念》(第二版),第97页。

活中仍然占有重要的地位，与中华传统道德相结合的司法思想应该在现代司法制度设计中得到充分考量。

四、樊增祥的司法方法

中国古代非常重视个案的实质正义，用樊增祥的话说，就是“立法者，惟期法之必行；奉行者，当求事之有济”。[①] 立法者着眼于所立之法得到严格执行，而司法者在适用法律时还要考虑平息争议。现代分析法学派主张法律有自洽的逻辑，应该避免受到道德伦理、社会观念等不确定性规则的影响。而社会法学派认为法不外乎是一种社会现象，强调司法对社会生活的作用、效果以及各种社会因素对司法的影响。中国古代司法具有与社会法学同样的旨趣，但其受道德伦理的影响很大，在这一方面与社会法学派又有区别。

（一）事实与规范

现代司法的裁判过程是一个严格的三段论模式：

T——R	大前提	法律规则
S====T	小前提	事实
S——R	推论	判决

三段论先要查明事实（小前提），然后再引出法律规则（大前提），所谓“以事实为根据、以法律为准绳”。现代裁判逻辑的意义在于：首先，法官要靠这个逻辑公式去说服当事人，说服社会。大前提正确、

① 《樊山政书》卷二《批阳平厘卡李令焕墀禀》，第 49 页。

小前提正确,推论必定正确;大前提、小前提只要有一个错误,推论必定错误。其次,法官靠这个逻辑公式去说服上级法院。[①] 在古代司法中,事实同样是重要的前提,但它与大前提(法律规则)之间,并不是直接引出的关系,它们之间存在着"情理"等中介。在司法实践中,中国古代司法推理要比现代司法复杂得多。

1. 事实:情节必须"圆到"

在樊增祥的眼中,事实是案件审断的基础。事实的表达要在细节上经得起推敲,不能有一丝的马虎。如果不能自圆其说或者与常理相悖,则肯定存在问题。在《批华州褚牧详》中,樊增祥敏感地发现详文中的问题:

> 此案出于正月二十六日,该州牧尚穿白风毛袍褂,此是何等寒天,乃云"本夫李玉堂夜归,灯尚未熄,推门进内,看见奸夫奸妇光身,一头睡熟"云云。月维孟春,时当半夜,该二人在行奸之后,既不穿衣,亦不盖被,竟于灯光之下作"呈身御史"模样,而且酣睡如死,可谓不怕冷矣。此等情节实令人看不过去。[②]

在北方寒冷的冬天,光身睡觉且不盖被子的情节与常识之间存在矛盾,这点如果解释不通,案件则无法判断。

在词讼案件的审理上,樊增祥同样注重事实的查判。法律上的事实和客观事实并不一定是一回事,所以存在着事实认定的标准,证据是证明"真"的必需。中国自西周起就有"无简不听"的规定,[③] 在樊增祥的判断中,"空口无凭"的行为无法得到支持。

① 梁慧星:《裁判的方法》,法律出版社 2012 年版,第 12—13 页。
② 《樊山政书》卷一七《批华州褚牧详》,第 467 页。
③ 《尚书·吕刑》。

当然也存在不需要证明的事实。现代法律认为一些众所周知的事实、自然规律、常识以及有效文书能证明的事实,并不需要证据去证明。在《樊山政书》的词讼中,也存在不需要证明的事实:比如儒家的纲常伦理,只要存在以卑犯尊的情形,不论争议事实如何,对于前者一律予以惩治;日常情理,大家公认的一些生活及与人交往的准则等,也属于无需证明的事实。

2. 规范:断案本无一定

樊增祥认为,“至幻者民情也”,司法所面临的复杂情形,光靠律例是完全不够的,所谓:“天下断无一定之法,而可以概通省之吏与民者,抑更有不可执一者。”因此,樊增祥认为“断案本无一定”[①]。樊增祥是个经验主义者,个案衡平依靠对于具体案情的分析,而非简单的适用法律。从《樊山政书》可以看出,樊增祥对于词讼还是存在一些固化的思维模式。

现代裁判中,查清事实后,就要寻找相应的法律规则,作为裁判的标准,得出结论。判决中出现的案件事实,是参照法律规范而形成,并非是已经发生事件天然、完全的呈现,即在案件事实中也反映着事实与规范的关系。[②] 但是如前文所述,中国古代的民事法律规则并不完善,且主要依据礼以及日常伦理、习俗来断案。所以为了找到大前提,“人情俗尚,各处不同,入国问禁,为吏亦然”,官员每到一地,首先要做的是“体问风俗,然后折中剖断,自然情法兼到”。[③] 这些俗情夹杂在事实与法律之间,影响裁判的最终方向。

① 《樊山政书》卷一三《批临潼县禀》,第362页。

② [德]拉伦茨:《法学方法论》,陈爱娥译,商务印书馆2003年版,第160—161页。

③ 《学治臆说卷上·初任须体问风俗》。

(二) 身份与判断

"礼"的职能是"别",通过礼来建立贵贱身份等级,不同身份的人代表不同的道德水准,同时也是法律适用的重要标准。在《樊山政书》中很多词讼便是直接依据身份而做出的判断。樊增祥的信任次序大概是这样的(沿箭头方向,信任度从大到小):

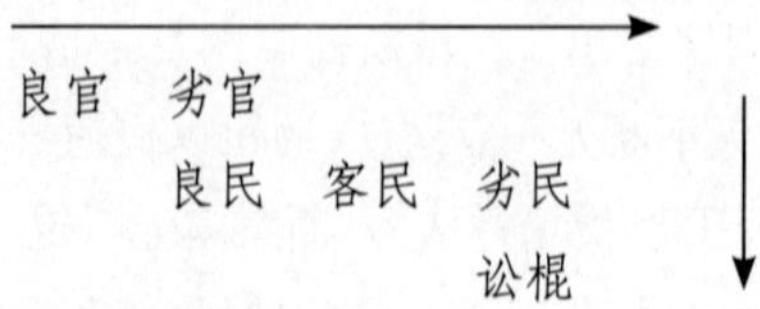

1. 信官不信民

在对待呈控的态度上,樊增祥一般不会对于州县官员的初断做批判,往往与民以斥责、与官以回护。

尽管樊增祥一直强调:"本司于官于民,两无偏倚",[①] 但实际上他认为官员再不济,毕竟是选拔出来的精英,有着"最低限度的道德"。[②] 而细民则不然,而且其控词属于一面之词,原则上不能相信。即使作为受害人家属,对官员办案不力,也要注意言行,不得斥责官长,以下犯上。樊增祥在《批江宁县孀妇杨李氏控词》中如此斥责"不明事理"的杨李氏:

① 《樊山政书》卷六《批山阳县增生杨诗浙廪生杨诗瀚呈词》,第 152 页。

② 这里用了哈特在《法律的概念》中提出的"法律是最低限度的道德"的说法,他认为基于"自我保存"的需要,法律与道德存在着最低限度的必然联系。樊增祥眼中的官员大抵上就是如此,他认为官员基于群体意识,大多都有一定的自律精神。

> 尔等身为苦主，缉凶不获，宜其呈催，然立言须有分寸。词称“斥革陈泰，血比周官保，另差干役，不消十日，必获徐麻子”等语。百姓指挥官长，官长即奉令承教乎？尔等须知，命案不获凶手，作官者比尔等更急十倍。若如此呈催，俨然替官作主，正恐欲速反缓耳。[①]

樊增祥相信，官员会认真缉凶，甚至比家属都要急百倍，一方面是因为命案期限的要求，[②]另一方面也是对官员为政的信任。樊增祥相信：“在官者无小无大，胸中皆有真是非，民有冤而不伸者鲜矣，官有才而不得自见者亦鲜矣。”[③]

2. 良官与劣官

就官员内部而言，对不同的官员，信任度是不一样的。樊增祥对下级官员往往有基本的判断。接到呈控后，初断官员贤庸情况会对呈控的信任度产生影响。如果初断者是值得信赖的、品质优良的官吏，即使呈控文辞有理，往往也会遭到驳斥：

> 蔡令为吾陕最慈最明之吏，如尔言不虚，必能伸冤理枉，乃将尔既责且押，冤上加冤，尤为必无之事。[④]

---

① 《樊山政书》卷二〇《批江宁县孀妇杨李氏控词》，第 560—561 页。

② 薛允升《读例存疑》卷一〇载：“地方遇有受伤身死无名之人，并无失物情形者，扣限六个月查参，将承缉官照命案例议处。如日后查系盗杀，将原参处分查销，改照盗案例，补参疏防。地方遇有受伤身死无名之人，内有失物情形者，扣限四个月查参，将承缉官照盗案例，题参疏防。如日后查系仇杀，将原参处分查销，改照命案例议处。”

③ 《樊山政书》卷八《批临潼县李令禀》，第 210 页。

④ 《樊山政书》卷一五《批商州客民李华鸿控词》，第 417 页。

如果官吏本身就是比较昏庸的,樊增祥往往会选择相信控词:“此次批提,实因赵令不甚可靠,无成见也。”[①] 可见一斑。

3. 县民与客民

儒家治理国家强调“民本”,主要是为了维持长久统治。在“民可使由之,不可使知之”的体制下,[②] “民本”之重“民”掩盖不了个体意义上的卑民贱民之实质。樊增祥在州县的时候,深知“涉诉”细民的素质,“本司久在关中,深知上控呈词多虚少实,是以从不轻准。[③]”

而民之中的客民,离乡背土,自有不齿之处,所谓“大凡轻去其乡之客民与京控省控之老民,率非善类”。[④] 基于这种“率非善类”的判断,樊增祥对于客民涉讼案件往往带有不予支持的倾向性。[⑤]

4. 劣差与讼棍

古代官员对于讼棍的厌恶一以贯之,“天下惟讼棍乃妄诬耳”,[⑥] 自不待言。而劣差自然是因为陋规的原因,向来以勒索两造为收入之来源,其行为实属不齿。樊增祥如此描述这两种人:

> 夫劣差可恶,则诚可恶矣。而敢于上控差役之讼棍,其毒尤十倍于差。问其名,则平民也;问其事,则公理也。彼先自立于

① 《樊山政书》卷六《批山阳县增生杨诗浙廪生杨诗瀚呈词》,第 152 页。

② 《论语·泰伯第八》。

③ 《樊山政书》卷四《批蒲城县民武钻谟呈词》,第 99 页。

④ 《樊山政书》卷六《批鄜州客民赵鸿源呈词》,第 151 页。

⑤ 《樊山政书》共有 19 则批词涉及客民,11 件客民提请解决纠纷的案件,樊增祥对其中的 7 件不准。参见李文军:《清代地方诉讼中的“客民”——以〈樊山政书〉为中心的考察》,载于《唯实》2010 年第 2 期,第 71 页;刘家楠:《樊增祥的司法实践与司法理念研究》,中国政法大学 2014 年博士论文,第 113—114 页。

⑥ 《樊山政书》卷二《批咸阳县民沈龙等控词》,第 35 页。

> 不败之地，以打此百讼百胜之官司。稍一驳诘，彼即坐听讼者以袒差之名，以为历控上台之地。一经得直，归而号于众曰“去蠹免累，皆我上控之力”，可以勒收讼费。从此声名一出，狡黠之吏役反结纳之，庸恶之官长亦畏惮之，而良民之受其鱼肉者较贪官污吏劣丁蠹役而更甚十倍矣。[①]

此两类恶人结合的“嘴脸”，被樊增祥刻画入骨。此类人之所以“有市场”，就是因为庸碌的官长一味敷衍，不敢惩治，造就他们鱼肉良民的气焰。

以上均为樊增祥从为官多年的经验中总结出来的司法方法。这些方法，使批词在保证质量（判断）的情况下，极大提高效率，可谓“事半功倍”。当然，这种方法不可避免会存在缺陷，例如对下级官员的了解方面，专制社会官员往往呈现出“表里不一致”的基本特征，上级官员对于下级的了解一般都具有片面性，甚至虚假性。当然，樊增祥也会在阅看案件的具体情形时予以矫正这种“先入为主”。

（三）当断则断

当事实与规范均审理清楚的时候，就要依据是非作出明确的判断。判断时不能优柔寡断、似是而非，樊增祥总结为：“问得明，看得透，驳得倒，说得出。”[②] 古代所谓的“法官”都兼有繁多的政务，被认为是专门司法机关的臬司实际上承担着众多的行政事务，府、州县的官员更是如此，因此需要高效率地完成案件的审理。

---

① 《樊山政书》卷一八《批临潼县禀》，第 508—509 页。

② 《樊山政书》卷一八《批镇安县刘令林立禀》，第 504 页。

1. 不迁就诬告者

对于讹人钱财的人绝不姑息,否则只会助长其上控的气焰。樊增祥在《批西安府详》中说得明白:

> 有冤者伸冤,诬告者坐诬,无不一了百了。彼诬人讹人者,其处心惟在得钱。一钱不给,虽欲上控而无资;一遂所欲,不但挟之以为资,而且持之以为柄。语人曰:"我若诬彼,安肯以钱贿我乎?"是出钱而愈不了也。

乱世多刁民,在清末浑浑噩噩的社会中,对于诬告者的仁慈只会导致"得寸进尺,反咬一口",为断案者所忌。

樊增祥在《批西安府详》中,通过一个案例阐释了当断则断的重要性。

> 此案柳新财之舅汪兴隆受雇与赵锦堂佣工,六月炎天,触发羊角疯旧症而死。当唤同兴隆堂弟汪启文看明,由锦堂备办衣棺,殓埋了事。十日以后,柳新财忽以外甥出头诬控,谓系锦堂之子赵冬儿殴毙私埋。查死者病发之时有张永顺帮同冬儿救治,死后又有伊堂弟及黄老汉一同看明。[①]

对于此案,樊增祥认为州县将张永顺、汪启文两人传来询问明白即可,既然汪兴隆的死亡缘由已经经过了他堂弟的查看,过了十日,其外甥柳新财来控,应属以尸讹钱无疑。对"此等极不要紧之假命案",应"立时了结",审问明白后,对诬告者重笞五百板,锁递回籍即可。然而县令却再传黄老汉覆讯,让双方亲友商议调和。樊增祥认为此

① 《樊山政书》卷一五《批西安府详》,第 404 页。

种做法“实属胆小如鼠，万分无用”。结果柳新财又上控到了西安府；西安府不准，将此案详报到了省。

对于宫令这种断案之“滑手”，为了息事宁人，总是让无辜方出钱财换平安；无辜方基于对诉讼的厌恶，以及怕在诉讼中受累，往往会花钱消灾。此案中，“赵锦堂出钱雇人，不幸死于其家，衣棺殓埋已经受累，而又被柳新财诬控。县差传案，管饭管烟；亲友说和，承情酌酒，所费已属不赀”。但是这样的花费并不会让诬告方满意，他会一而再、再而三地上控，以求更多的钱财。若将此案提省发审，赵家必然会倾家荡产。所以樊增祥说：“作牧令者，一事不断，作孽无穷。”[①] 该案的审理者宫令所采用的“滑手”方法——遇到案件不敢据法决断，只知道通过调解来让双方达成合意，这种方法“实属胆小如鼠，万分无用”。所谓的“合意”只会让诬告者得意而占理者吃亏。

为此，樊增祥表达了他对于此类人的强烈愤慨：

> 与人家事，其难甚于谋国。妇女无识，戚族教唆，涉讼公庭，照例批饬调处。即经官断，往往无理者薄责而厚赉，有理者受累而折财。问官之自命循良者，于被讹之家劝令忍让，曰“全骨肉”也；于诬告之人酌断财产，曰“恤贫寡”也。此等断法，几于人人如是，而犹自以为厚道，为明允。本司恨之较贪赃枉法者更加一倍。[②]

此类无用之法，戴上“全骨肉”“恤贫寡”之名号，实属“沽名钓誉”。这样的官员比贪腐官员更可怕，樊增祥也是“恨之入骨”，“较贪

① 《樊山政书》卷一五《批西安府详》，第 405 页。
② 《樊山政书》卷一〇《批西安府详》，第 264 页。

赃枉法者更加一倍"。

2. 不累民

自从周公对于政权合法性通过"以德配天"进行解释后,历代都认为德之来源是民,所以产生了"贵民"思想。当然这种思想和现在的民主与人权是无关的,只不过是说统治者在"驭民"的时候不能"杀鸡取卵"罢了。[①]

古代司法自古以来就有"不累民"的主张,一场官司所产生的拖累对于脆弱的小农家庭可能是致命的,古代民间谚语中有"堂上一点朱,民间千点血"的说法。[②] 樊增祥继承了传统的"不累民"思想,在《樊山政书》中多有发挥。当然,从历史实际来看,这种思想往往停留在以官箴书为代表的书面上,就像是一种装饰,看起来很漂亮,但没有什么实际的用途。所以这种"粉饰"不能改变官司对于普通民众带来的毁灭性。但是樊增祥毕竟在常年的为官过程中,看到过很多触目惊心的例子,所以尽可能地防止这种不必要的伤害的出现。

对于常见的家事纠纷,"和稀泥"是古代儒家官吏的惯常做法,但这种做法会牵累涉诉者。樊增祥基本上秉承的是法家思想:分清是非,一断而绝。对于案件无关人员,在问清案情后,及时释放。[③]

樊增祥眼中的"情理"绝不是"你好我也好"的模式,而是要分清是非曲直的。此外,关于案情及时审结的好处,樊增祥说:"事关地方治安,务宜秉公究明,以孚舆情而远官谤。切切。"[④] 很明显,清末与

---

① 现代民主制度强调人民的主体性。"贵民"思想之下的人民只是被统治的客体,因此,"贵民"更多强调的是统治者的自律。

② 《佐治药言·省事》。

③ 《樊山政书》卷一七《批褒城县禀》,第464—465页。

④ 《樊山政书》卷二〇《批上元县贡生冯德恩禀》,第588页。

以前的时代已经不同，拖延累民的案件可能会通过报纸的宣传而为人所知，对官府的形象造成负面影响，对舆情的重视是樊增祥处于新旧交替时代的一个特征。

（四）辣手惩恶

从汉武帝“罢黜百家、独尊儒术”起，儒家在名义上取得了意识形态的统治地位。但是，由于儒家对法律的轻视及缺乏系统的理论，后世法律及律学的发展，不得不在儒法合流的基础上，形成“外儒内法、阳儒阴法”的司法传统。[①] 儒家司法者虽然强调仁政，但是对于触犯法律、礼教的恶人却毫不手软。时至清末，风潮涌动，社会不宁，“乱世用重典”的思维在《樊山政书》中多有表现，这一点与处于乾、嘉时期的官员“忌辣手”的做法已有相当大的不同。大致上，州县官员多关注个案纠纷平息，注重用“仁”；而省级官员对社会秩序的整体性维护更加看重，所以喜欢“惩恶树风”。

1. 君子常失于厚

如果地方官员施“仁”的对象过泛过宽，就会产生“君子常失于厚”的问题，[②] 樊增祥对此类案件常常给予批评。他认为“仁”的对象应该是良民，而不是刁民。对棍徒等刁民的“仁”，弊大于利。对于这些人，非但不能“仁”，而且要重罚，以维护社会基本的纲常礼教，实现“惩恶乃能劝善”的目的。

在一些刑案中，樊增祥认为对施恶者以“救生不救死”之词开脱，

① 康建胜：《传统儒法之争与合——以电影〈武侠〉中的情、法冲突为例》，载于《甘肃理论学刊》2012 年第 1 期，第 140—144 页。

② 程子曰：“人之过也，各于其党。君子常失于厚，小人常失于薄；君子过于爱，小人过于忍。”朱熹：《论语集注》。

属于“作孽”。他是这样说的:

> 向来牧令不谙律例,幕友狃于积习,恒持“救生不救死”之说,将谋故重情,一律改为斗杀。殊不知生者漏网,死者埋冤,非积福也,乃作孽也。①

罪刑不相适应,为恶者受不到应有的惩罚,何来公平可言?何来“积福”之说?对恶者的仁慈就是对被害者的残忍,孰轻孰重?为官者自然应该仔细衡量。

在一则“兄弟争产案”中,樊增祥认为在词讼中仅用儒家孝悌观来感化兄弟纠纷已不合时宜,时代不同,旧有的方式也要变革。

> 此案原告李振恺,当其长兄故绝之时,尚未生子,业凭亲族以二门之子为长门后,虽得遗业,然葬祭之费,皆二门任之。振恺突于数年以后,因生子而起夺业之心,竟以占掳控其二兄,意在婪产夺继。该令于讯明后,不打一板,发给兄弟翕和故事一本,令其熟读自悟。②

兄弟相争的案件自古多有,渭南县令的做法属于模仿两汉循吏之法,通过亲情感动来解决纠纷。然而当下是“世风益薄,贪财产而悖伦常者”多有的时代,在这样一种社会现状下,此法“微嫌迂缓”。事实证明,即使屡番说教,也无法感动争产的弟弟李振恺,从而导致诉讼不休,而使兄受累,结果“仁于奸民而反累及良民”。

---

①《樊山政书》卷一《批淳化县详》,第 19 页。

②《樊山政书》卷一一《批渭南县详》,第 289 页。

古代司法档案不乏为了宣传儒家精神而加以美化的情形，[①]实际案件的处理面对的不是儒家的伦理，而是丑恶的人性(樊增祥大致上认为争讼的人十有八九不是好人)，所以樊增祥认为在词讼审断中要清楚理想和现实之间的差距，断然不能“东施效颦”，徒留笑柄。

2. 惩恶需施辣手

樊增祥自谓：“本司向来惩治恶人，每施辣手。”[②]理由是：“地方官惩治棍徒，如热鏊翻饼，无待其凉，方足使奸民知畏”；[③]“棍徒”“奸民”等人属于“斗筲之人”，根本无法通过讲道理来感化，[④]只有“使彼受剥肤之灾”才能实现现代法理上所讲的“特殊预防”。在对一个影响官府买粮存仓的讼棍的处罚上，樊增祥表现出了他“辣手”的一面。

> 冯立智之披猖贪狡，健讼肥私，本司知之久矣。皆由周令阘冗无能，纵之使然。该民乡愚下贱，非绅非衿，胆敢屡次聚众上控。此次该县买粮存仓，该民染指不得，辄敢数黄道黑，阻挠仓事。经该令传讯，犹敢恣意咆哮。若遇本司，早已立毙杖下。该令仅予笞责，何涵养之深也！冯立智着锁系铁杆石墩三年，期满察看禀夺，并令将从前收吞讼费钱二千串从宽减半交出，添买义仓谷石。如敢抗违，即从严比责，期于必交而后已，不准姑息。[⑤]

---

① 徐忠明：《关于明清时期司法档案中的虚构与真实——以〈天启崇祯年间潘氏不平鸣稿〉为中心的考察》，载于《法学家》2005年第5期，第42—49页。

② 《樊山政书》卷一八《批镇安县刘令林立禀》，第505页。

③ 《樊山政书》卷八《批商州杨署牧》，第205页。

④ 《论语·子路》云：“斗筲之人，何足算也。”董仲舒认为：上品之性是不用教而自然善，这是圣人的过善之性；斗筲之性则是教而不能善的性；只有中民之性具有善质，通过圣人的教化可以把善质变成善，因而他们才是教化的对象。参见曹影：《“性三品”：董仲舒社会教化的理论根据》，载于《社会科学战线》2008年第8期，第39页。

⑤ 《樊山政书》卷八《批蓝田县冯令禀》，第206—207页。

“披猖贪狡，健讼肥私”恶人的养成因周令“阘冗无能”的纵容所导致，现在发展到了“聚众上控、阻挠仓事、恣意咆咻”的程度。樊增祥认为县令仅予以笞责之罚太轻；如果换做自己裁断，会“立毙杖下”，可谓是痛恨重罚，此外对于此人从事讼师所得到的收入，追加罚没一半，且觉得没有全部罚没已属“从宽”。

《樊山政书》中，要求对于恶人给以“立毙杖下”式的严厉处罚者，比比皆是。[①] 此外还有“戮尸悬首”与“杖毙”之说：

> 仰仍戮尸悬首，以儆群凶。……刑乱用重，勿稍存妇人之仁，是为至要。[②]
>
> 本司并非轻视人命，特以该令儒者以仁存心，平生无一妄语，相信有素，今乃历绘其凶恶形状，有证有据，杖毙何疑。[③]

为此，樊增祥常常批评府县官员“殊欠老辣”，认为：“大凡善断案者，如盛暑食瓜，清凉沁膈；其宽缓者，如病夫打狗，不闻棒喝之声，徒长猘骄之气而已。”[④] 这一点与清朝中期的汪辉祖主张不一样，汪辉祖认为在律例范围内，“可轻可重之间者，所争止在片语，而出入甚关重大，此处非设身处地诚求不可。诚求反覆，心有一线生机，可以借手。”[⑤] 这种差别，也许是一个朝代中期和末期“刑罚世轻世重”不同的一种表现。

---

① 《樊山政书》中运用到惩罚方面的“立毙杖下”共21次，“杖毙”共10次。

② 《樊山政书》卷九《批韩城县禀》，第255页。

③ 《樊山政书》卷一〇《批雒南县禀》，第261页。

④ 《樊山政书》卷一《批富平县周令丕绅详》，第13页。

⑤ 《佐治药言·求生》。

3. 法家之笔，仁人之心

樊增祥认为运用“辣手”并不违背和否定“仁”。对犯了淫奸行为的大学堂生员，是惩罚还是宽纵？主张宽纵的人觉得应该维护大学堂的体面，低调处理此事。樊增祥不认同，他说：“或又谓恐伤大学堂体面，殊不知放殛四凶，何损尧天之大？明刑两观，何伤孔教之宏？”[1] “明刑”才能“弼教”，前者本来就是实现后者的保障。

实行“仁政”是儒家的基本信念，但这并不意味着对恶人的姑息，恰恰相反，应予严惩。从另一个方面，对有怨抑的良民，就不能施与“辣手”了，对此，《樊山政书》有“宁宽勿刻”的表述：“查阅密折，切实平允，宁宽勿刻，实获我心。”[2] 对象不同，方法自然也要不同。此外刑政的宣传方面，樊增祥也并不排斥“慎罚”，但整体意义上的原则在具体案件中运用的时候，还是要“具体问题具体分析”。

自然而然，樊增祥对于宽、刻的认识分为两点：一是宽待良民。他们或者是主观恶性不强的人，或者是其行为并没有严重违背基本伦理，从情理上有可以宽宥的解释。二是严惩刁民。此类人严重违背圣人教化，大致上算是“斗筲之人”，对于他们的教化往往起不到作用，所以惩治要起到“一般预防”的作用，“杀鸡给猴看”，通过严惩起到对于社会风气和秩序的积极影响。

作为固守传统的司法者，樊增祥并没有放弃教化与促人自新的努力。这种心境，可以一语概之，即：“法家之笔，仁人之心。”[3] 在《批盩厔县曾令禀》中，樊增祥是这样说的：

---

① 《樊山政书》卷五《详抚部院》，第 129 页。

② 《樊山政书》卷五《批绥德州孔牧繁朴禀》，第 129 页。

③ 《樊山政书》卷一三《批榆林府刘守禀》，第 361 页。

据禀赵群等三人以赌为生,屡犯屡惩屡赌而不改,是诚不可教诲,不可救药者也。应如所拟,锁系三年,期满察看。如不知悔,则锁至五年再看,再不痛悔,则递加至十年可也。来牍遽请锁系十年,万一若辈中途改悔,而大府批定在前,不满不释,岂非阻人自新?吾辈疾恶固严,仍宜寓慈祥于骏厉。贤令尹当亦知此意也。[①]

他主张设置阶段性的惩罚,通过"听其言、观其行"而"寓慈祥于骏厉",给赵群等人悔过自新的机会。

从樊增祥的视野来看,教化与惩恶是一把刀的两面,二者并不矛盾,而是相辅相成。但是二者运用的度是比较难以把握的,虽然经过儒家伦理在理论上的长期调和,并不能防止司法实践中的重重问题。在一个多种思想冲突激荡的时代,统治者急功近利掺杂着秩序稳定的焦虑,会让司法政策倾向于暴戾,与"盛世"时心平气和的说教心态决然不同。

(五)裁判重实效

韦伯认为,中国司法属于"卡迪式的"审判(Kadi–Justiz),表现出司法官员的非专业化和司法裁判的实质化,而西方恰恰相反——法官的职业化和裁判的形式化。[②] 关于这一学说,存在着争议,韦伯的观点似乎没有仔细分析中国古代诉讼的复杂性,刑事案件(命盗重案)与民事案件(户婚田产细故案)存在着不同的法律要求与裁判模

① 《樊山政书》卷七《批盩厔县曾令禀》,第 177 页。

② [德] 韦伯:《儒教与道教》,洪天富译,江苏人民出版社 1993 年版,第 120—124 页。

式。但就实质化而言，应该是中国古代司法的表象。[①] 在这样的“父母官诉讼”中，法官考虑的因素不仅仅是适用法律，而是一种“有着强烈的非理性的，而且具体的‘衡平’的司法”。[②] 滋贺秀三认为，其中使用的“情理”，是一种“常识性正义衡平感觉”。[③] 所以官员断案要竭尽全力争取获得当事人的认可。只要可以平息诉争，州县可以采取其自认为比较合理的方式给予审断。可分为两个方面：

1. 执行与息讼

民间词讼，最怕屡判屡控，形成“蔓讼”，累民累官。从情法相互契合的角度来说，公平的判决并不一定能够解决问题，因此在断案时考虑双方的接受能力与裁判执行的可能性，进而说服两造接受就显得尤为重要。《批石泉县详》中拖欠稞谷案：

> 此案因黄继瀛拖欠黄光明当价稞谷，蔓讼八年之久。继瀛已死，其妻黄马氏无力清还，以致光明控道控司，添诬耸准。李

① 主张形式化的论著可参见：[日]滋贺秀三：《中国法文化的考察———以诉讼的形态为素材》，载于《明清时期的民事审判与民间契约》；贺卫方：《中国古代司法判决的风格与精神——以宋代判决为基本依据兼与英国比较》，载于《中国社会科学》1990 年第 6 期；[日]寺田浩明：《清代民事审判：性质及意义——日美两国学者之间的争论》，载于《北大法律评论》第 1 卷第 2 辑，法律出版社 1999 年版，第 603—617 页。主张实质化的论著可参见：[美]D．布迪、C．莫里斯：《中华帝国的法律》，江苏人民出版社 2003 年版；[美]黄宗智：《民事审判与民间调解：清代的表达与实践》，中国社会科学出版社 1998 年版；张伟仁：《中国传统的司法和法学》，载于《现代法学》2006 年第 5 期。近年出现形式与实质有机结合的观点，参见：徐忠明：《清代中国司法裁判的形式化与实质化——以〈病榻梦痕录〉所载案件为中心的考察》，载于《政法论坛》2007 年第 2 期。

② [德]韦伯：《经济与社会》（下），林荣远译，商务印书馆 1997 年版，第 170 页。

③ [日]滋贺秀三：《清代诉讼制度之民事法源的概括性考察——情、理、法》，载于《明清时期的民事审判与民间契约》，第 36 页。

故令蔚然初讯此案,即断令继瀛还钱四百串了事。继瀛在日,尚且无力归还,以致光明屡控。今仅黄马氏一寡妇,该令仍照前断,令措钱四百串交案,押其弟继洲为质。[①]

樊增祥认为此判的问题在于债务人黄继瀛活着的时候尚无力还债,死后其夫人黄马氏与以往相比,更加贫困无助,丝毫没有还债能力,断令还钱四百串的裁决容易做得出来但肯定无法执行。如果原告的债权得不到实现,就会一告再告。所以这名叫李蔚然的前任县令最大的问题是只适用法律而不顾及是否能得到执行,无法从根本上解决纠纷。因此,樊增祥认为对此案一方面要"剀切开导",说服债主黄光明认清现实,"勉以恤孤怜贫之义,责其添诬越控之非",从而同意减少债务。然后看黄马氏究竟能出多少钱,或二百串,或三百串,还钱了事。为此,樊增祥还给债主黄光明算了一笔账:"试问光明再讼八年,所花费者岂止二百串,吾恐马氏嫂叔亦将从继瀛于地下,而此钱愈无着落矣。"减少偿还数额,才可能最终达到"断案者取其易遵,得钱者图其爽利"的效果,这样才能做到"案结事了"。

故此,樊增祥认为,再完美的判决,如果不能执行,便是空言。他说:"账债案件,公断尚是空言,交银乃为实际。"[②]

基于上述原因,樊增祥迷信采取"管押"的方式执行判决,把人扣起来,家人履行债务完毕再放人。户婚田土、钱债细故等民事纠纷的执行,也是如此:

户婚田土,钱债细故,一堂了结,可谓明决矣。然具结下堂,

① 《樊山政书》卷六《批石泉县详》,第167—168页。

② 《樊山政书》卷七《批三原县德令详》,第199页。

或应交钱，或应交人，或应交房、交地，均抗不交，再控再讯，再结再抗，终无了期。一经管押，莫不如期交领完事，此则管押之效也。

虽然有“违法”之嫌疑，但终究是能解决实际问题的。同样，“土棍积窃”的改悔，也应该具体问题具体分析，不必拘泥于律例：

土棍积窃，岂能一一照例拟办？薄责释放，终于害民，重责久押，庶几知悔。①

总而言之，樊增祥认为判决不能仅仅着眼于律例与情理，而且要考虑到两造的实际情况，提出双方都能接受的方案。不能只管判决，而不考虑如何执行。

2. 刑事惩罚与民事赔偿一并解决

在樊增祥的眼中，断案仅关注一方的犯罪行为及诉请还不够，还要考虑到其行为涉及的他人、他事，尤其是后者，要在裁判中做出分别。《批韩城县丁令锡奎详》一案：

关孙氏夫故无子，遗女翠儿九岁，凭媒刘之安说合，招王心宽（二十五岁）上门为婿。俟翠儿长大成婚，心宽于八月十七日进门。至九月二十七夜，突欲与丈母同宿。孙氏斥骂不允，遂用剃刀将其脖项抹伤。翠儿哭喊，又用剃刀登时杀死。及孙氏大声呼救，邻右纷来，心宽亦畏罪自刎，此冤孽也，亦妖异也。②

县令的判决是：王心宽罪有应得，已死免议。房主邻人救阻不及，亦

① 《樊山政书》卷一《批宝鸡县杨令调元禀》，第 14 页。

② 《樊山政书》卷二《批韩城县丁令锡奎详》，第 41—42 页。

无庸议。剃刀存库,尸棺饬埋。樊增祥对此判决不以为然,反讽县令“可谓结得容易,办得干净”。樊增祥认为此案判决遗漏了两个人,一人是关孙氏,她同意此等姻缘,实属引贼入门,但考虑到已受刀伤,免于惩责也说得过去;另一人是媒人刘之安,此案男女相差十六岁,且女方只有九岁,撮合这样的婚姻是产生“淫凶冤酷”的根源,对此人一定要“重责枷号”。

此外,樊增祥认为“关孙氏为稚女招壮夫,图养赡也”,而如今“身危女殉”,岌岌可危,断此案也要考虑关孙氏的生活问题。于是他认为王心宽的长辈(叔王太和、舅史清善)因为对其行为训阻不力,应当承担相应责任。于是断令两人各出钱十串,媒人刘之安出钱二十串。将这四十串给关孙氏“以为惨遭人命之费”,并作为生活之资。此案断得可谓周全。

总之,从裁判之时就考虑执行的可能性,以及相关的身份、财产的一体解决是中国古代裁判“实质化”的表现。

五、情理法视域下的“能动”司法[①]

能动司法曾是我国司法中的一个“热词”,热度起得快也降得快,在当今的司法体制改革的表述中已经鲜有提及了。对于能动司法的推崇的现象背后有着深刻的中国传统情理法思维,仍有必要值得我们回顾与反思。

① 本节原以《传统司法中的“能动”主义及其价值——以情理法为视角》为题目发表于《甘肃社会科学》2012 年第 2 期,收入本书时做了必要的修改。

我国司法机关一开始大力倡导能动司法的时候,[①]学界对这一主张就存在完全不同的意见,但是,能动司法这一概念仍然正式进入我国司法官方话语,并被认知为我国司法的基本理念予以了实施。“能动司法”这个名词虽然发源于美国,但是中国的“能动司法”与西方的“司法能动主义”(Judicial activism)有着非常大的区别,甚至是毫无关系的。苏力认为:“外国司法能动主义的讨论在很大程度上与中国的司法实践没有多大关系。……并非翻译为同一个词,这个词指涉的司法实践就一定等同于外文中这个词的指涉。”[②]笔者赞同这一观点,并据此认为推进与完善我国的司法,从西方的司法理论里得不到我们需要的更多养分。我们不妨换一个角度,把视野转向中国传统司法的运行方式,看看能否对于中国当代司法有所借鉴和启示。

(一)中国传统司法中的“能动”现象

如果从中国古代历朝律文的规定上看,我们容易得出中国古代司法是“法条主义”的结论。汉代法律规定:法官“出罪为故纵,入罪为故不直”。[③]唐律在这一方面规定得更为详尽:“诸断罪皆须具引律、令、格、式正文,违者笞三十。”[④]法官除须依法定罪外,还不得超出诉状所控范围判案:“诸鞫狱者,皆须依所告状鞫之,若于本状之外,别求他罪者,以故入人罪论。”[⑤]宋、明、清的法律都有类似的规定。同时,

①2009年8月,最高人民法院院长王胜俊明确提出了能动司法的主张要求。参见王胜俊:《坚持能动司法,切实服务大局》,2009年8月28日王胜俊在江苏省高级人民法院调研座谈会上的讲话。

② 苏力:《关于能动司法》,载于《法律适用》2010年第Z1期,第10页。

③ 程树德:《九朝律考》,中华书局2006年版,第98页。

④《唐律疏议》卷三〇《断狱》。

⑤《唐律疏议》卷二九《断狱》。

尽管中国古代也存在判例法,如秦代的廷行事,汉代的决事比,唐代的条格,宋代的编敕,明清时期的条例、成案等,但在司法实践中,也只是在特殊情况下,可以把某些判例作为审理判决案件的法律依据。从表面上看,中国古代的法官在案件审理的时候受到成文法律(律、令、格、式等多种形式)的严格束缚。然而,通过对保存下来的历代判例判牍进一步研究之后就会发现,古代司法官员并不是那么严格依据法律条文办案。①

中国古代判例判牍中大量的"不据法司法"的记载表明司法官员适用法律有一套法律条文之外的模式,以至于严格按照律文司法反倒会导致严厉的批评。据汪辉祖在其《学治臆说 · 法贵准情》中记载:"乾隆三十一二年间江苏有干吏张某治尚严厉,县试一童子怀挟旧文,依法枷示,童之姻友环跽乞恩,称某童婚甫一日,请满月后补枷。张不允,新妇闻信自经。急脱枷。童子亦投水死。"干吏张某严格执法似无错处,但导致了两死的恶果,对于这一结果,汪辉祖批评干吏张某"执法非过,独不闻律设大法,礼顺人情乎"?认为其不通情理,不是一名好官。可以看出,考量"上稽天理、下揆人情"是古代司法的"能动"主义的重要因素。

中国古代司法实践径直依据情理或其他非成文法渊源判决案件,可以从汉代的《春秋》决狱追溯起。引经释法是儒家为扩大其学说在法律方面的影响,在司法中修正法家的法律条文的行为。这种以情补法、法外寻理的做法,实际上抵消了法律条文的实际效力,从此开了法外情断的先河。到了北魏太平真君时期,"六年春,以有司

① 康建胜:《情理法与传统司法实践》,载于《青海社会科学》2011 年第 2 期,第 74—75 页。

断法不平，诏诸疑狱皆付中书”，仍然“依古经义论决之”。[①] 尽管后来随着魏晋南北朝时期中国法律的儒家化，礼治规则（规范化的情理规则）进入了立法，“论心定罪”完成了历史使命，但据情断案的遗风并未消亡，直至清末。很多被后世称道的司法判决，往往就是情理法司法实践运行模式的一种体现。上述两例司法审判，一例“能动”考虑情理而另一例严格依法得到相反的评价便可以说明问题。

当然，这种“条文规定是一回事，法律实施又是一回事”的现象，[②] 因为根植于“情理”（可以认为是儒家伦理道德为治国之本的基本信仰），所以是“能动”而不是“任意”“盲动”。下文试图从政治制度和民心习俗两个方面予以进一步证明。

（二）为“礼”服务的传统“能动”司法

中国传统上是个“礼制”而非“法治”社会。礼是西周宗法制的产物，其中心内容是家国一体的“亲亲、尊尊”等级观念，后来在孔子的改造下加入了“仁”的内容，变成了温情脉脉的传统道德规范。可以说，礼在传统中国是世俗的“自然法”，礼的内容是律法制定的基本原则与依据，律法的实施也应该符合礼的基本精神，礼是高于法的。

在礼的价值观的指导下，传统中国一直追求“男有分，女有归。货恶其弃于地也，不必藏于己；力恶其不出于身也，不必为己。是故谋闭而不兴，盗窃乱贼而不作，故外户而不闭”的各居其位、和谐共处的大同社会。[③] 而要实现这一和谐的礼制秩序，需要统治者的智慧与技巧。在中国古代，司法审判是行政官员兼任的工作，于是司法不可

① 《魏书·刑罚七》。
② 《中国法律与中国社会》，第 2 页。
③ 《礼记·礼运》。

避免地要服务于行政统治的价值秩序。所以,古代司法的“能动”首要是要围绕礼制下的稳定、等级、和谐的价值取向,可以“弃法从礼”但断然不能“执法而违礼”。一个称职的案件裁判者不仅致力于适用“白纸黑字”的法律,还要在司法实践中深切洞察和分析礼与法之间的界限,做出灵活而又符合统治利益的区分,才能对案件做出“能动”的判决。当然,司法的这种政治功能,在西方现代法治发展过程中都是存在的,如美国著名的“马伯里诉麦迪逊案”,之所以产生巨大的影响力,就在于马歇尔大法官运用法律处理政治问题的技巧之高超。这说明,虽然司法并不等于政治,但也不能脱离政治,完全独立于政治,传统中国在这一方面只是表现得更加突出。

具体而言,以维护礼为中心的传统中国司法的“能动”主义,突出表现在作为司法实践模式的“情理法”中。作为规则的“情理”既是构成“礼”的素材,同时也是对于“礼”的通俗理解,官员们审理案件的时候,无论是“情理法兼顾”“合情合理”还是“弃法从情理”,从根本上来说都是为了维护礼。案件审理所追求的低级目的是适用成文法,定分止争,更高的目的是通过对子民的教导达到防患于未然,从根本上消灭诉讼。以古代司法中的调解制度为例,中国的司法调解源远流长。早在西周时期,在地方官吏中就出现了专门从事调解的“调人”。其后中国司法活动中的调解得到了极大的发展,调解形式多样,调解的依据是儒家伦理道德和民间习俗的“情理”,普通纠纷的解决主要是靠调解达到“案结事了”。清代幕宾汪辉祖在《学治臆说·断案不如息案》中解释调解的好处:“勤于听讼,善已,然有不必过分皂白可归和睦者,则莫如亲友之调处。盖听断以法,而调处以情,法则泾渭不可不分,情则是非不妨稍借。理直者既通亲友之情,义曲者可免公庭之法,调人之所以设于周官也。或自矜明察,不准息销,似非安人之道。”故在调解中以“动之以情、晓之以理”为主要方法。可以看出,调解是围绕着“情理”展开的,不是简单的“各打五十大板”。同时,中国古代案件裁判者的调解往往是带有强制色彩和职权主义的,甚至为达到调解目的,案件裁判者可以动用刑罚等手段迫使当事人接受调解。

总体上讲,传统司法中的“能动”主义围绕“礼制”,一方面保障了社会的稳定与和谐,另一方面实现了司法的高效率及纠纷解决的彻底性,是符合当时的社会发展需求的,其方法与技巧可为当代能动司法所借鉴。但是,这种完全服务于政治统治的“能动”司法因此也丧失了自身的权威与品质,沦为政治的附属物,是与现代司法理念完全不一致的。

(三)传统“能动”司法的社会土壤

在儒家思想中,始终是非常注重民心所向的,认为“天聪明,自我民聪明;天明畏,自我民明畏”。①宣扬得乎丘民者为天子,失民心者失天下。②古代的司法官员,“他们的裁判常常是变通的,但都是建立在人情之上的,这正是对于法律精神的最深刻的理解”。③所以,抛开衣食等物质因素,所谓的“民心”就是根植于普通百姓心中的道德规范。

社会土壤是一定历史时期、一定区域内的居民,因为共同的文化

① 《尚书·皋陶谟》。

② 参见《孟子·离娄上》:“孟子曰:桀纣之失天下也,失其民也;失其民者,失其心也。得天下有道:得其民,斯得天下矣;得其民有道:得其心,斯得民矣;得其心有道:所欲与之聚之,所恶勿施尔也。”

③ 梁治平:《法意与人情》,海天出版社1992年版,第151页。

传统和生活习惯而形成的共同观念与习俗,我们在这里只是考察传统"能动"司法的"情理"土壤。如前所述,"礼"的通俗表现形式"情理"在儒家思想的持久影响下渗透到了社会的方方面面,形成了一种稳固的传统道德。所以传统中国的"情理"具有广泛的社会性,是法之所立的基础,法合人情则兴,法逆人情则竭。作为民心的"情理"对传统"能动"司法的影响集中表现在执法原情上,统治者一方面要求官吏原法定罪,不得"舍法用情""违法殉情",但另一方面,为了宣扬统治者的德化仁政,加强法律与民心的沟通,提高社会的凝聚力,在特定的情况下也主张"法顺人情",甚至"舍法用情"。

当然,中国古代法律被称为"伦理法",表明其受道德影响之深刻,但不能说西方的法律就没有道德情理因素。相反,西方法律中的人道、人本、人权主义精神是很重视道德及其作用的。中国之所以出现了大量法外据情断案的"能动",还有以下几方面的社会实际状况:皇帝的"人主专断"权力经常随意改变法律条文及法律的适用;一朝开国定型的基本法典后世鲜有修改,时间长了与社会发展不相适应;民事法律规定的缺失。这些原因往往造成基本法典的很多条文被大量修改或者成了具文,法律丧失了纠纷裁判者的应有权威。所以,在一般百姓的眼中,法官的裁判才是实际的法律,而不关心国家律文的规定,以道德为标准的情理社会秩序也就成了评判法官断案是否合理的依据。以上原因共同形成了传统司法"能动"的独特的社会土壤。

还是通过实例来说明上述的观点。李元度在《先正事略》中记载翁运标任湖南武陵县知县时的一个案例:有兄弟争田者,亲勘之。坐田野中,忽自掩涕。讼者惊问之,曰:"吾兄弟日相依。及来武陵,吾兄已不及见矣。今见汝兄弟,偶思吾兄,故悲耳。"语未终,讼者亦感泣，以其田互让。乃中分之。[1] 翁知县审理案件不查清是非，也不寻找律文依据，而是"现身说法"，以自己的兄弟之情感悟争田的两兄弟，使"讼者亦感泣"而互让，最后产生平分地产的结局，做到了"案结事了"。传统中国的民事纠纷因为司法的这种"能动"而变得温情，成为案件处理的一种标准模式，为普通民众所理解并接受。

故此，受到传统德主刑辅的统治模式的影响，传统中国的民众往往对法律"敬而远之"，甚至厌恶。法国学者达维德曾这样描述这一现状："中国人民一般是在不用法律的情况下生活的。他们对于法律制定些什么规定不感兴趣，也不愿站到法官面前去。他们处理与别人的关系以是否合乎情理为准则。他们不要求什么权力，要的只是和睦相处与和谐。"[2] 至于迫不得已出现的"官司"，自然也就更加能接受"温情"模式解决。

可以说，传统司法"能动"主义符合古代中国民众对司法的道德评判及以无讼为价值取向的传统中国法律文化，根植在广泛的社会土壤之上。当代司法中机械的"法条主义"受到民众质疑的原因，在于很多案件审理不是孤立、简单适用法律的问题，而且还需考量"民心"以及"常识"等基本价值观。当然还应该清醒地认识到，在现代法治观念下，如果能动司法使法律"成为漂浮在海洋上的冰山"，丧失了其独立的根基与价值判断，那就得不偿失了。

（四）传统司法"能动"主义的价值

总之，中国传统司法结合"情理"来决断案件，力求"合法又合

---

① 《名公书判清明集》，第 215 页。

② ［法］R．达维德：《当代主要法律体系》，漆竹生译，上海译文出版社 1984 年版，第 487 页。

情”,学者将此称古代司法中的情理法运行模式。[①] 这种司法模式的特点不是排斥简单的法条主义,而是寻求以情理为支柱的法律条文中所蕴含的基本价值,即:礼治社会的秩序稳定。套用我们现今能动司法的话语来说就是“服务于礼治大局、服务于情理社会”。其对于当代司法的启示与价值下文分述之。

第一,传统司法“能动”主义灵活的多元化纠纷解决机制。司法作为法律实现最为激烈的一种方式,必然会影响到人们对于法律的评价及社会的稳定。以情理法相融为目标的传统“能动”司法的背后,实质上存在着古代司法所欲解决的形式一致性和实质合理性的冲突,以其智慧、能力和社会责任感来实现个案中的合法与合理。法官用情理法作为解决纠纷的手段,是调整利益冲突、平衡各方面利害关系的衡平器,具有促进社会关系和谐、稳定社会秩序的工具性作用,在一定程度上兼顾了政治效果、社会效果与法律效果的统一。传统司法强调法、情、理的有机融合,强化裁判者对于诉讼过程的能动干预,并通过多样性的纠纷解决方式来实现社会的和谐与伦理秩序的维系。[②] 这些观念与理论同样符合我们现代能动司法的理论需要,正如博登海默所说的:“只有那些以某种具体和妥切的方式将刚性与灵活性完美结合在一起的法律制度,才是真正伟大的法律制度。”[③]

第二,传统司法“能动”主义的政治属性。法律要为政治服务,

① 霍存福:《中国传统法文化的文化性状与文化追寻——情理法的发生、发展及其命运》,载于《法制与社会发展》2001 年第 3 期,第 1—2 页。

② 管伟:《古代中国“能动司法”的实践及特征》,载于《浙江工商大学学报》2010 年第 4 期,第 37 页。

③ 《法理学、法律哲学与法律方法》,第 424 页。

从来没有完全脱离政治的司法。从情理法的司法实践角度看,中国传统司法权的“能动”行使,实质上是承担着“礼”的政治伦理的职能,目标在于实现政治功能。我国现代能动司法强调为大局服务、为人民司法等司法理念,以及强调宽严相济,调解优先,调判结合,定分止争,案结事了,司法群众路线,法律效果与社会效果统一等司法政策,[①] 至少在形式上与传统司法的“能动”主义所追求的政治价值与目标有某种一致性。当然,传统司法的“能动”主义以牺牲公正和形式平等为代价,以求换得政治社会的和谐与稳定的做法,与现代司法理念并不兼容,是我们需要注意的。

第三,传统司法“能动”主义的传统法律文化因素。虽然中国古代法律制度作为整体已经不适应现代社会的发展,法治是中国通往富强民主的唯一道路,但是五千年的传统文化的惯性却始终影响着我们,司法不可能存在于不受传统文化影响的“真空”中。我们应该承认恩格斯在《反杜林论》中的观点:“和那种以天真的革命精神笼统地抛弃以往的全部历史的作法相反,现代唯物主义把历史看做人类的发展过程,而它的任务就在于发现这个过程的运动规律。”[②] 对于我国传统司法制度以及整个法律制度应当怀有一种“温情与敬意”的态度,[③] 根据社会的发展合理分析其利弊,借鉴其合理之处,既不夸大其作用,也不以“专制落后”为由而任意丢弃。现代法治理论肇始于西方,但是不能说西方的法治理论代表了全人类的法治探索。中国应该传承传统法律制度文化中的合理因子,而不是一味倾心于西

---

① 公丕祥:《当代中国能动司法的意义分析》,载于《江苏社会科学》2010 年第 5 期,第 101 页。

② [德] 马克思、恩格斯:《马克思恩格斯选集》(第 3 卷),人民出版社 1972 年版,第 64 页。

③ 《国史大纲》,第 1 页。

方的法治模式。作为一个曾经对于世界的发展有着重要影响的文明古国,同样不能放弃对于当代世界法治发展方向进行有益的探索。中国传统司法“能动”主义,无论是其优点还是缺点,都是在长久的历史生活中积累起来的。以“和谐、以人为本”为指导思想的能动司法可以看作是对西方司法机械主义的一种反思和对传统司法实践模式的一种借鉴。以此为契机,反思中国法治的发展方向以及司法改革方向极具现实意义。

附:儒法之争与合
——以《武侠》中的情、法冲突为例[①]

电影《武侠》讲述了民国初年中国西南边陲的刘家村,外来户刘金喜稀里糊涂地打死了两名土匪,村里人于是将他视为大英雄。但是,这看似普普通通的盲打误杀却引起了县衙捕快徐百九的怀疑。徐百九由此留在村里,对刘金喜展开了连番的观察、试探及调查,最后发现“刘金喜”是黑社会组织“七十二地煞”的老二唐龙,只不过他已经改恶从善并脱离了组织。影片展现了徐百九在办案及缉捕唐龙(刘金喜)的过程中面临的情与法的冲突,而徐百九前后相互矛盾的选择导致他的悲剧命运。

中国传统法律中的儒法之争,不管是在立法还是在司法中,都无不纠缠着情与法的取舍。事实上,儒家的情与法家的法并不是非此即彼的不相容关系。《武侠》中所展现的“徐百九的抉择”更多地承

① 本节内容曾以《传统儒法之争与合——以电影〈武侠〉中的情、法冲突为例》为题原载于《甘肃理论学刊》2012年第1期,收入本书时做了必要的修改。

载了现代法治环境中的人们对于情、法的矛盾观念，尽管这并不完全符合传统法律处理情与法冲突的实际。我们从影片的情、法冲突的情节出发来分析中国古代儒法争执与合流过程及原因，来说明中国传统法律发展的基本脉络及其对现代中国法治的启示。

（一）儒法之争：不同的方法，相同的目的

在影片中，徐百九（简称“徐”）和另一捕快（简称“捕”）的一段对话直接表明了儒家与法家的不同：

> 捕：为何不放过他（指唐龙），他想做个好人。
>
> 徐：我们抓人不是想让他做个好人。
>
> 捕：那为了什么？
>
> 徐：为了法。
>
> 捕：如果法不能使人变成一个好人的话，那法有什么用？

可以看出，徐百九坚持法律在实践中应毫无变通地实施，法（法律）就是为了法（秩序），强调机械的程序主义，这是法家“一任于法”思想的体现。而另一名捕快则认为法是为了让人成为“好人”，应该根据具体的情（情节）来实现具体的效果，强调法对于教化的作用，这是儒家的法律思想。毫无疑问，法家的“法”与儒家的“情”之间存在着明显的形式、方法上的不同。

1. 法家严格主义的“法”

首先需要说明的是，这里讨论的“法”主要涉及法家在适用法律上的严格主义，即法的不折不扣的运用过程对于规则确立的重要性。法家认为人的本性是趋利避害，只有严格执行法律才能“定分止争”，才能建立稳定划一的社会秩序，“夫法者，所以兴功惧暴也；律者，所

以定分止争也;令者,所以令人知事也”。[①] 法家的代表人物慎到通过一个故事来形象地阐释这一论点:“一兔走街,百人追之,分未定也;积兔满市,过而不顾,非不欲兔,分定不可争也。”[②] 同样是兔子,但是“追”与“不顾”的根本原因不在于人们有“路不拾遗”的道德觉悟,而是因为“令行禁止”所建立的“分定不可争”之秩序。

与此相应,法家认为不能依靠道德教化达到社会秩序,徐百九早年的经历似乎印证了法家的这一观点。在影片中,徐百九年轻时感情用事,释放一名偷钱的孩子,结果孩子在菜中下毒毒死了养父母,同时也致徐百九重伤,酿成大祸。惨烈的教训让徐百九得出“人性是不可靠的”“只有法、只有物质才不会骗人”的结论,认为应该压抑自己的情,用法而不用情,这种观念的改变也直接导致了他后来对于唐龙(刘金喜)的穷追不舍。所以韩非子说:“夫圣人之治国,不恃人之为吾善也,而用其不得为非也。恃人之为吾善也,境内不什数;用人不得为非,一国可使齐。为治者用众而舍寡,故不务德而务法。”[③] 按照法家的观点,作恶之人虽然是少数,但是这是社会动荡的原因。所以,建立良好的秩序,不能着眼于提倡好的道德,而应致力于建立管理少数作恶者的法律。据此推论,以法治民,才会天下太平,而只以宣扬好的道德教化来治理国家是徒劳的。

法家迷恋用“法”排斥“情”,所谓“不知亲疏、远近、贵贱、美恶”。[④] 追求客观的标准,进而维持公平,电影中徐百九对岳父的“大义灭亲”,也是这种价值观的体现。但是,法家在司法中断然抛弃“情”

---

① 《管子·七臣七主》。
② 《意林》卷二。
③ 《韩非子·显学》。
④ 《管子·任法》。

的做法很容易走向极端。《韩非子·外储说右下》记载了秦昭襄王时期，秦国出现饥荒，有臣子请求赈灾，但昭襄王说："吾秦法，使民有功而受赏，有罪而受诛。……夫使民有功与无功俱赏者，此乱之道也。……夫生而乱，不如死而治，大夫其释之。"为了维护法律的赏罚规则，保护由此确定的社会秩序，竟然宁可让灾民饿死，是何等的不人道！所以说，法家的讲法固然有很大的合理性，但是如果不考虑社会的纷繁复杂，往往表现出极端的残酷性。

2. 儒家情法相谐的"情"

与法家相反，儒家反对归于一的法。晋代的张斐在认为："律者，幽理之奥，不可以一体守也。……或随事以尽情。"[①] 特别强调法在实施中"情"的作用，强调以情感人的教化作用，以实现和谐的社会秩序。我们这里所讲的儒家的"情"，内容非常广泛。首先是人之常情，《礼记·礼运》说："何谓人情？喜、怒、哀、惧、爱、恶、欲，七者弗学而能。"在影片中唐龙在屠杀的过程中被孩子的哭声唤醒了良知，从此改邪归正，做一个平凡而善良的人，这是人之常情的一种表现。其次，情是礼所构建的社会秩序的表现，中国古代的礼制是以宗法制为核心的等级制度，是由家到国的。所以这种"情"通过家庭成员间的伦理关系表现出来，比如子孝弟恭、亲属容隐、干名犯义等制度。最后，古代司法中的"情"也反映出案件情节的特殊性，强调审案个别化，具体情况具体分析。在儒家法官的眼中：法与情谐，情法同在，你中有我，我中有你。[②]

因此儒家的"情"要求法律以温和的方式表现自己。在中国古

---

① 《晋书·刑法志》。

② 张晋藩：《中国法律的传统与现代转型》(第三版)，法律出版社2009年版，第104页。

代的司法审判中,为了夸大统治者的德化仁政,加强法律与民心的沟通,提高整个社会的凝聚力,统治者还颇为主张“法顺人情”,甚至“舍法用情”,而这些做法无论是在官方还是在民间都得到了认可。比如《旧唐书》中所记载的一个案例:“兴平县人上官兴因罪杀人亡窜,吏执其父下狱。兴自首请罪,以出其父。京兆尹杜悰、御史中丞宇文鼎以其首罪免父,有光孝义,请减死配流。……诏竟许决流。”[①]依照唐代法律,逃亡之人自首只能减其逃亡罪二等,其杀人的行为还是要依律惩罚的[②]。然而,因为是自首“以出其父”关乎孝道,所以给以特别的恩典。可以看出,在中国古代礼之权威远远高于法的权威,往往会不惜违律以从情。

儒家对于“情”的追求自然地发展为对法的轻视。古代人在追述前朝治理有方的时候,都喜欢用“刑措之风”来描述,“刑措”成了太平盛世的代名词。儒家从一开始就对诉讼表现出了厌恶,孔子说:“听讼,吾尤人也,必也使无讼乎。”[③]而要达到无讼,就要发挥道德教化的作用,“道之以德,齐之以礼,有耻且格”。[④]所以在中国传统的法文化中,过多的诉讼往往被认为是官吏德化不足和缺乏政绩的表现。在影片中,另一捕快的说法体现了这一思维:用法的结果是要让唐龙成为好人,而唐龙现在已经是好人了,结论是法再对其不依不饶就没有必要了,因为法的目的达到了。儒家讲情发展到了取消法的地步,这对国家和社会秩序的稳定是非常危险的,这是儒家法律思想的缺

① 《旧唐书·王彦威传》。

② 《唐律疏议》卷五:“其于人损伤,因犯杀伤而自首者,得免所因之罪,仍从故杀伤法。”参见刘俊文点校:《唐律疏议》,法律出版社1999年版,第114页。

③ 《论语·颜渊》。

④ 《论语·为政》。

陷与不足。

3. 儒法两家在情与法关系上的相融性

从上文可以看出，儒家讲情，法家讲法，双方都有其合理与不足之处，二者的矛盾在于稳定的统治秩序是用“情”还是用“法”的争议，是方法上的分歧。近代学者王伯琦从法国公法学者狄骥对于法律规范的分类的角度剖析了儒法两家的区别。① 狄骥将法律规范分为准则法和技术法，② 所谓准则法，“是强要社会的任何人遵守的作为和不作为的法则”；而技术法，“则是在可能范围内用以确保准则法被遵守或实施的法则”。③ 前者保证了社会秩序的稳定，是目的，而后者是如何达到稳定秩序的具体规则，是方法。

就准则法上来讲，儒法两家并没有什么出入。首先，儒法两家都是积极入世的思想，都有构建社会稳定秩序的政治抱负，都希望建立以尊君为核心的严格等级制度，而且认为法律的功能都是工具性的保障作用。儒家所说的“贵贱有等，长幼有差，贫富轻重皆有称者也”，④ 法家所谓的“贵贱不相逾，愚智提衡而立，治之至也”，⑤ 有很大的一致性。其次，法家也并不反对作为目的的道德，韩非子描述的“救群生之乱，去天下之祸，使强不陵弱，众不暴寡，耆老得遂，幼孤得长，边境不侵，君臣相亲，父子相保，而无死亡系虏之患”⑥ 的社会景象和儒家的“大同社会”根本上就是一样的。另外，早期法家的代表人

---

① 《近代法律思潮与中国固有文化》，第 9—17 页。

② 又被称为“规范的法律规则”（准则法）、“建设的法律规则”（技术法）。

③ ［法］莱昂 · 狄骥：《宪法论》（第一卷），钱克新译，商务印书馆 1959 年版，第 155—173 页。

④ 《荀子 · 礼论》。

⑤ 《韩非子 · 有度》。

⑥ 《韩非子 · 奸劫弑臣》。

物管仲和晏婴认为人民的道德应该以经济作为基础,“仓廪实而知礼节,衣食足而知荣辱”,[①] 最终的目的还是实现道德化的秩序。再次,法家也承认法还要受到“准则法”的约束,认为法律也要符合民心与人情,“法者,宪令著于官府,刑罚必于民心”,这和儒家的观点有一致性。儒家也有强调法的作用的,如荀子讲“重法爱民”,他的思想已经和法家有了很多的相容之处了。双方门派的师承关系进一步表明儒法之间一直进行着沟通和共同发展,如法家初期的代表人物李悝、吴起等,都是孔子的再传弟子,荀子把法家思想注入到了儒学中,而他的弟子韩非和李斯则分别是法家的集大成者和实施者。

据此,我们认为,儒法之争,所争者不在理想的社会秩序本身,而在实现这理想的方法,即任德还是任刑,或者,应以何者为主。这种准则法的一致性,是儒法两家能够克服各自的缺陷而融合的基础。

(二)儒法合流:情、法关系的演变

在影片中,徐百九的岳父卖假药事发后向他跪地求饶,恳请他放过自己,但是徐百九为了自己的信仰,秉公办事,结果使其岳父恼羞而悬梁自尽,徐百九的妻子也因为此事而与他决裂,造成人亡家破的后果。徐百九走情的路碰了壁,为何走法的路也是如此艰难?事实上,这对中国古代“徐百九们”来说并不是一个难题。如《大清律例》“亲属相为容隐”[②] 条规定:“凡同居,若大功以上亲,及外祖父母、外

① 《史记·货殖列传》。

② 因为是探讨传统法律,所以这里引用了非徐百九时期的法律,但从清末变法至民国末期的大规模的法制改革中,亲属容隐制度经改造后一直被保留下来。《大清新刑律》、1935 年《中华民国刑法》以及 1935 年《中华民国刑事诉讼法》都有类似规定。

孙、妻之父母、女婿，若孙之妇、夫之兄弟及兄弟妻，有罪相为容隐。”[①] 按照当时的法律，徐百九放过岳父并替之隐瞒是符合法律规定的，如果不隐瞒反而要招致法律的惩罚。这表明，在中国古代，法与情并不是非此即彼的关系，原因是中国法律发展过程中的儒法合流。

关于儒法的关系，汉宣帝的说法是最有代表性的，当太子（后来的汉元帝）对宣帝多用刑吏表达了不满后，他的回答是：“汉家自有制度，本以霸王道杂之，奈何纯任德教，用周政乎？”[②] 这说明汉代统治者就已经自觉地把儒法结合起来实施统治了。外儒，是统治秩序的的仁德外衣，内法，则为统治秩序的坚强的后盾。用现代的术语说，法家所讲的是组织和领导的理论与方法。[③] 法家深入到人际关系中最基本的物质需求层次，毫无顾忌地撕去人伦情感的温情脉脉的面纱，揭示其掩盖下的赤裸裸的利害关系。这种急功近利的思想虽然短期产生好的效果，但终究不可使国家长治久安。而儒家学说的最精妙之处是把法律根植于亿万人最切近、最亲密、最难摆脱、最本能捍卫的血亲之“情”之上。自汉以后，虽说思想统一于儒家，但法家的精神并未绝灭，中国古代法律制度自此开始了以儒家为主而吸收和改造法家思想的儒法合流过程。

仔细分析中国古代法律制度的发展史，从情、法关系的角度可以将儒法合流的过程分为三个阶段。

1. 法外原情、以情坏法阶段

西汉董仲舒以先秦儒学为基础，吸收了阴阳家、法家等诸家思想，又借助于“天人合一”的神学模式，完成了儒学的更新。自汉武

① 《大清律例》，第 120—121 页。

② 《汉书 · 元帝纪》。

③ 冯友兰：《中国哲学简史》，北京大学出版社 1997 年版，第 186 页。

帝“罢黜百家,独尊儒术”之后,儒家思想从先秦的百家之学进居为一家独尊的封建正统思想。然而汉代的法律制度与思想却出现了“分道扬镳”的奇特现象:法家的法律文本,儒家的指导思想。西汉初期“汉承秦制”,相国萧何“攈摭秦法,取其宜于时者作律九章”,[①] 本身就是照抄秦律,东汉基本沿用了西汉的法律,所以汉代的法律实质上还是法家的法律,所以出现了汉宣帝以法家为“里”而以儒家为“表”的统治模式。这一时期,儒家只能通过对司法的影响来实现自己思想的法律化,于是出现了“春秋决狱”,即所谓“《春秋》之治狱,论心定罪。志善而违于法者免,志恶而合于法者诛”。[②]《通典》记载了这样一个案例:甲无子,拾道旁弃儿乙养之以为子。及乙长,有罪杀人,以状语甲,甲藏匿乙,甲当何论?仲舒断曰:“甲无子,振活养乙,虽非所生,谁与易之?《诗》云:螟蛉有子,蜾蠃负之。《春秋》之义,父为子隐,甲宜匿乙。”[③] 在这则案件中,董仲舒先引用《诗经》来说明养父等同于亲父,继以《春秋》之义中的父为子隐,为甲藏匿乙的窝藏行为开脱,从而用亲情伦理化解了法律。

《春秋》决狱实质上开启了中国法律以情入法的大门,并为后世所传承。两汉时期《春秋》决狱极盛一时,魏晋时期遗风犹存,如北魏太平真君“六年春,以有司断法不平,诏诸疑狱皆付中书,依古经义论决之”。[④] 在这一阶段,儒法合流主要体现在司法上,儒家注重法外原情,把刚猛酷烈的法家法典转化成温文尔雅的儒家司法,对于以情坏法持积极支持的态度。

---

① 《汉书·刑法志》。

② 《盐铁论·刑德》。

③ 《通典》卷六九。

④ 《魏书·刑罚志》。

2. 引情入法、情法统一阶段

魏晋南北朝时期，虽然儒家思想在意识形态领域受到了老庄、佛学的挑战，但是在立法上，儒家开始步履稳健地突破法家的堡垒，并且将儒家的宗法等级、人情伦理逐步渗入到立法中。瞿同祖先生认为："儒家有系统之修改法律自曹魏始。……曹魏而后每一新的朝代成立，必制定一套本朝的法律。法典的编纂和修订落入儒臣之手，于是他们把握此时机，可以以大刀阔斧的方式为所欲为，有更多的机会尽量将儒家之精华——礼——糅杂在法律条文里，一直到法律全部为儒家思想所支配为止。"[①] 曹魏《新律》仿效周礼八辟的八议制度，晋《泰始律》的准五服以治罪，《北魏律》的存养、官当制度，《北齐律》的重罪十条（十恶之前身）等体现儒家思想的制度纷纷进入法律中。到了唐初，"一准乎礼"的唐律的产生，标志着法家的规范和儒家的情理已经完美地结合在一起。至此儒家之情全面渗透进"制度法律公私生活"中。

这一阶段，儒家思想在融合法家思想的过程中，对法家思想采取了兼收并蓄的方法，是谓"制礼作教，立法设刑，动缘民情，而则天象地"。[②] 儒家除继续在司法领域渗透儒家的"情"之外，重点在立法领域全面改造法家的法，儒家的情处于强势的状态，法家的思想受到压制。

3. 严格执法、特例据情阶段

自从儒家彻底改造了法家的法之后，"德礼为本，刑罚为用"，"春秋决狱"成功完成了引情入法的历史任务而退出了历史舞台。这时的法典往往有严格的据法断案的规定，如《唐律疏议》规定："诸断罪

---

① 《中国法律与中国社会》，第 334—335 页。

② 《汉书・刑法志》。

皆须具引律、令、格、式正文,违者笞三十。”由于“以情入法”,所以在大多数时候,情与法是一致的,徐百九不会遇到逮捕岳父这样的情法冲突的问题了。但是毕竟法的保守性和情的多变性之间终究是无法完全一致,所以儒法合流后仍然会面临着情与法的冲突,比如徐百九对改恶从善的唐龙究竟是抓还是不抓的问题。于是儒家内部开始出现有法家思想因素的“主法论”和坚持儒家传统灵活司法的“主情论”的争执。前者要求严格执行法律,不能以情坏法、曲法从情;后者认为执法过程中还应依据实际情况,不能完全机械依照律文的规定。

唐以后的判例判牍中有很多法外原情的例子,主情论者往往在法的基本规范下,强调特殊情况下处理案件的非常规手段,其用情断案的方式也为人们所认可。但从整体上讲,主法论还是占了主流,毕竟法的严格执行对于统治秩序的稳定是非常重要的。既然法中已经有了“大情”,那么法外的“小情”就不能过分兼顾了。所以包拯、海瑞等不近“小情”的官员受到了褒扬,正如晋代的三公尚书刘颂说的“无情则法徒克,有情则挠法”。唐代的柳宗元、白居易,宋代的王安石、杨万里、朱熹,明代的方孝孺、丘濬,清代的黄宗羲、袁枚而至沈家本,这些历代儒学大家都不乏主法精神的议论,有时甚至从言语上看不出来法家与儒家的区别了。我们认为,这是被儒家融合于其中的法家因素思想的复苏。以朱熹为例,他强调“以严为本,以宽济之”,[①]主张恢复肉刑,肯定了法家“辟以止辟”的价值观念;不以私恩废天下之公法,融合了法家刑无等级的观念。

从儒法合流三个阶段中情与法关系的发展变化可以看出,中国传统法律中,情与法处于持续的冲突之中,但是每个阶段都有不同的

① 《朱子语类》卷一〇八。

调和方法与策略。“天下一致而百虑，同归而殊途。”[①] 儒家和法家，存在着一致与百虑。儒家在情与法关系的处理上逐渐学会了不是以道德规范去消灭法律规范，而是超越取义，融汇法家的合理思想，形成适应社会发展的立法与司法制度。

（三）结论与启示：传统情法关系的当代价值

儒法合流的过程是情的灵活性与法的原则性的结合，中国传统法律无论在立法上还是在司法上都体现出了浓厚的情理因素。从传统的情法制度与观念来看，徐百九将岳父绳之以法是违情且违法的行为；将偷东西的小孩释放是滥用情而违法的行为；而对于唐龙的不依不饶是不近人情但合法的行为。徐百九的悲剧在于他只看到了情与法的对立却忽视了情与法的一致。正如前文所述，“徐百九的抉择”是现代人对于情、法的冲突不知所措的一种表现，现代中国的立法与司法也面临如何避免像徐百九一样游走在情与法的边缘的问题。当代中国所面临的情与法的问题虽然和古代完全不同了，但是中国儒法合流过程中情与法的兼顾这个基本思路我们还是应该继承的。在通向现代法治的道路上，我们面对问题时，总是想到从西方法治理论中寻求现成的答案，而忽略了中国传统法律思想的影响，尽管这些影响有消极的也有积极的。

中华文化五千年不中断，屹立于世界的东方，儒家思想功不可没。周虽旧邦，其命维新。儒家也是如此，孔子言礼，孟子崇仁，荀子隆礼重法，儒家一直在顺应时代而推移更张。在法律上，儒家能够吸收法家的合理因素，校正自己对于法的看法，并且不停地发展、完善

① 《史记·太史公自序》。

情与法的关系。在这个过程中所体现的兼容并蓄的精神、对实质正义的追求对于中国当代法治的发展无疑是有借鉴意义的。毫无疑问,中国古代法律制度作为整体已经不适应现代社会的发展,法治是中国通往富强民主的唯一道路。但是我们也应该意识到,历史的发展是不能割裂的,一国法律的发展也是如此,我们应该对于传统法律文化有一种"温情与敬意"的态度,而不是一味倾心于西方的法治模式。作为一个曾经对于世界的发展有着重要影响的文明古国,同样不能放弃对于当代世界法治发展方向进行有益的探索。近年来,无论是《刑法修正案八》中的对于75岁以上老人的优恤规定,还是《刑事诉讼法》的修改中人们对于亲属作证义务的争议,还有司法制度指导思想及具体做法的调整,都表明了我国在构建当代法治制度中利用传统法律文化的种种尝试。

恩格斯在《反杜林论》认为:"和那种以天真的革命精神笼统地抛弃以往的全部历史的作法相反,现代唯物主义把历史看做人类的发展过程,而它的任务就在于发现这个过程的运动规律。"[①] 我们认为,中国传统法律在儒法合流过程中处理情与法的方法与技巧,无论是其优点还是缺点,都是在长久的历史生活中积累起来的,至今仍然会影响我们对于法律现象的一般看法,历史与现实、历史与未来从来都是链接在一起的。

① 《马克思恩格斯选集》(第3卷),第64页。

第五章

月报词讼册与州县细故诉讼监督

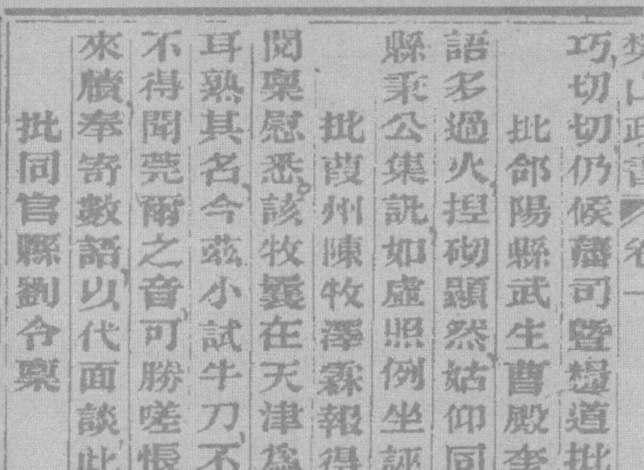
樊山政書 卷一　　　粲珍書局印

巧切切仍候藩司暨鹽道批示繳

批郃陽縣武生曹殿奎稟詞

語多過火捏砌顯然姑仰同州府遴委妥員會同郃陽縣秉公集訊如虛照例坐誣勿稍徇縱切切詞發仍繳

批葭州陳牧澤霖報得雨稟

閱稟慰悉該牧籍在天津爲李恐伯夫子所激賞本司耳熟其名今茲小試牛刀不減武城弦誦惜哲人萎矣不得聞莞爾之音可勝嗟悵本司公冗未暇作函偶覽來牘奉寄數語以代面談此繳

批同官縣劉令稟

第五章

判断皆简洁了当，斯为老手，斯为好手。

——《樊山政书》

《樊山政书》收录了樊增祥1901年至1906年在陕西任按察使、署理布政使、实授布政使期间对府、县的月报词讼册的批词104则。其中给予褒奖评价的79则，给予中性评价的15则，予以贬斥评价的10则，总体上以鼓励为主。

这些批词按照内容可以分为三类：第一类是月报词讼册制度的执行情况，主要是关于月报词讼册上报情况的议论，是对上报自理案件的数量及州县官员的重视程度所做的评论；第二类是月报词讼册的形式规范，如文字表达是否清楚，案情表述是否明了等方面的评论；第三类是月报词讼册内容的实质审查，对其中词讼判决的看法，主要是对于自理案件实体部分的判决是否符合情理或律例的评论。

我们通过樊增祥的批词可以管窥清代省级两司对于州县月报词讼册的监控状况。

一、清代州县月报词讼册制度

清代的基层组织有县、州以及与县平行的厅。有人将清代州县处理的诉讼分为词讼和案件，前者是自理细故，后者是刑事重案。[①]所谓的词讼是："其自理民词，枷杖以下，一切户婚、田土、钱债、斗殴细故，名为词讼。"[②]毫无疑问，在自理词讼上的处理上，州县官员有着极大自主权。基于集权的需要，中央对于州县自理案件的监督与控制有着比较详细的规定。

---

① 邓建鹏：《词讼与案件：清代的诉讼分类及其实践》，载于《法学家》2012年第5期，第120页。

② [清]包世臣：《齐民四术》，中华书局2001年版，第251页。

(一)月报词讼册制度

自理案件由州县官员做出生效判决,州县裁判的自理案件,其数量要远远大于刑事重案,历代对于州县自理案件都进行必要的监控,以防止基层官员为所欲为。到了清代,随着集权思维渗透到了方方面面,对自理案件的控制也越来越严格。根据《大清律例》的规定,对于自理案件的监督从规定上来看有这样三个方面:

第一是设立循环簿。“将一月内事件填注簿内,开明已、未结缘由,其有应行展限及覆审者,亦即于册内注明”,[①] 每月月底送直接上级——府(直隶州)查核。所谓“循环”,就是有两本簿册,一本上级审核,一本州县记录,每个月一循环。第二是“六路通详”。“将每月自理事件,作何审断,与准理拘提完结之月日逐件登记,按月造册,申送该府、道、司、抚、督查考。”[②] “六路”是指督、抚、藩、臬、道、府。《樊山政书》中记载的对于词讼册的批示就是州县上报到藩、臬的月报词讼册。第三是“巡道巡历”。通过道台的巡视稽查,“所至即提该州县词讼号簿逐一稽核,如有未完勒限催审,一面开单移司报院,仍令该州县将某人告某人某事于某日审结造册报销”。[③] 这三方面的“查核”“查考”“稽核”构成了对于州县词讼的监督法律体系。

除中央的规定外,各省也制定了关于词讼册监管的“省例”,据《西江政要》记载,乾隆二十九年(1764),江西臬司衙门对具体的造报时间做出明确要求:“州县循环簿册,务须照式按月开填,于下月初五以前,呈送该管府道,确查稽核。而府州道员,即于每月初十以前,

① 《大清律例》,第480页。

② 《大清律例》,第479页。

③ 《大清律例》(《四库全书》本)卷三〇《刑律·诉讼》“告状不受理”条。

遵照原议章程，分别详院送司。”[1] 目的是定以一定期限，使府州提高警惕、从严办理，防止州县官员的拖沓懈怠。

综上，月报词讼册制度所要达到的目的大致有这样三个方面：第一，督促地方及时处理案件。清代的自理案件亦有审限，但是由于没有明确的处罚条款，州县一般不严格执行这一期限，皇帝的敕令和大臣的奏折对此问题多有提及，说明这一问题已经比较严重。第二，监督案件的公正审理，至少在心理上因为上级的审核而具有压力，认真断案。第三，作为考核官员的一项指标。司法实践是官员的重要职责，一些认真的上级会非常关注基层官员的断案能力，并把它与考绩相挂钩，希望能够以此来促进州县官员公正断案，以化解矛盾，实现基层社会秩序的稳定。

（二）月报词讼册责任

为保证月报词讼册能够认真上报，《大清律例》对于违反月报词讼册的不同行为分别给予相应的处罚。

其一是“隐漏装饰”。指的是不按照要求上报，按其行为轻重及主观恶性课以不同处罚，“轻则记过，重则题参”。

其二是“拖延不结”。不按规定的时间上报词讼册，“循环轮流注销其有迟延不结、朦混遗漏者，详报督抚咨参，各照例分别议处”。[2]

如果因为词讼册的拖延，造成上司无法及时核查案件而产生严重后果的，比如产生“废时失业，牵连无辜，小事累及妇女，甚至卖妻鬻子者”的后果，则必须“题参”。如果其上司“徇庇不参”，而被他人

---

① 江西按察司衙门：《西江政要》卷八《酌定州县呈送自理循环簿期限》。

② 《大清律例》，第 480 页。

所告或者被科道发现,则对上司一并处罚,所谓:"将该管各上司,一并交与该部,从重议处。"[①]

从光绪朝的《钦定六部处分则例》规定,可以看出自理词讼册制度所承担的期限审查的任务:

> 嘉庆十五年二月初八日,奉上谕:御史西琅阿奏州县延搁词讼,请酌立稽察章程一折。向来州县审理词讼,无论案情大小,定例俱有限期。近日各省不能实力奉行,州县承审大案,于通详时报有起限日期,尚知虑干参处,不敢迟延。其自理词讼多不详报起限,往往任意延搁。迨负屈小民屡次呈催,犹复辗转悬牌,拘传守候,致胥役从中讹索,人证等被累无穷,实为怠玩恶习。著照该御史所请,嗣后各省州县自理词讼,将所收呈词每月造报该管道府,按例起限,其前报各案已结、未结俱于续报册内陆续声明,即责成道府依限督催,于年底具结申报藩臬两司查核。如各州县延搁案件、及该管道府有纵容徇庇等情,即当据实严参,以示惩儆。将此通谕各省知之。[②]

此上谕说明,在词讼册中往往不报案件的受理审结时间,拖累两造,饱囊胥吏,避免上级追查积案。为此专门要求将已经审结、还未审结的案件数量,以及审理的时间都要上报,以便上级查核。违者严厉惩罚。

从法律规定的角度来讲,对于自理案件采取"备案制",一般不对其裁判结果做实质性审查,只是对于上报行为本身的不尽职,以及延

① 《大清律例》,第479页。

② 《钦定六部处分则例》(光绪朝)卷四七。

误行为进行处罚。但是如果遇到比较认真的官长,其对词讼册的认真查核会影响到州县官的仕途,这使得对词讼裁判的实质性审查成为可能。

月报词讼册虽然有较为完备的法律规定,但是由于事关细民细故,在官吏考成中的影响并不是很大,所以州县官吏并不是认真履行这一职责。“江南戎烬后,庶政不缉,日昌集流亡,除豪猾,设月报词讼册,定钱漕科则,下其法各省。”[①] 说明在太平天国平定后,月报词讼册制度在江南地区已经名存实亡了相当长一段时间了。

二、从《樊山政书》看月报词讼册制度的实施

在樊增祥的批词中,多次表达出对于月报词讼册的上报数量、时间和质量等的不满,认为州县对于月报词讼册的重视程度不够。这说明清末月报词讼册制度并没有得到认真落实。尽管樊增祥对词讼册的褒扬居多,但是要考虑两个原因:一是选择的因素,收入《樊山政书》的大多属于要登报作为范式或者有话可批的优异者,所谓“真课吏馆中之师范也。摘登数案,以志欣赏”,[②] 多展示积极的一面。二是激励的因素,樊增祥通过对优异者的褒奖,以期给后进者以引导。

樊增祥对于州县月报词讼册的不满,还出于樊增祥的主观因素。樊山诗词文章,俨然大家,对于文字格法颇有自己的标准。加之樊增

① 《清史稿》卷二三五《丁日昌传》。

② 《樊山政书》卷一四《批临潼县词讼册》,第 392 页。

祥长时间州县为官的经历,在断案方面颇有心得,其判牍为世人尊为典范。因此从自身的能力与经验出发,樊增祥对于词讼审断有着较高的要求。此外樊增祥勤于政务,对于词讼册比较重视,认真阅读批答,这并不是所有的省级官员都能做得到的,也不是省级官员的常态。在月报词讼册方面,州县官员与樊增祥还在“磨合”阶段,双方似乎都不满意对方的做法。

(一) 词讼册的实际作者

州县正印官事务繁杂,[①] 月报词讼册基本上都是刑名幕友代笔,这一点樊增祥十分清楚。在批答中,他会直接对州县官的幕友提出批评:“盖幕友文理平常,叙事不能清晰,更恐判断未允,致干驳斥。庸幕庸吏不望褒奖,但求免于训责。”[②] 同样,如果认为月报词讼册文字水平较高,也会直接夸奖幕友:“该令公事较多,恐非亲笔,秉笔之人乃今之名幕也。”[③] 可以看出,幕友代笔是当时官场的普遍现象。

偶尔也有县令亲自为之的情形,樊增祥多予以特别的鼓励与褒奖。对城固县易令:“判词皆其亲笔,足见精神才力,色色过人。”[④] 对蒲城县令:“此皆县公亲笔叙述,故详尽如此。”[⑤] 在给予肯定基础上,樊增祥也知悉州县官员事务之繁忙,所以认为幕僚代笔属于正常,州县官员不必非要亲自为之。此外,樊增祥认为月报词讼册大可不必

①《清史稿·职官志》载:“知县掌一县治理,决讼断辟,劝农赈贫,讨猾除奸,兴养立教。凡贡士、读法、养老、祀神,靡所不综。”

②《樊山政书》卷一〇《批临潼县李令自理词讼月报清册》,第 278 页。

③《樊山政书》卷一八《批富平李令经江词讼册》,第 500 页。

④《樊山政书》卷一三《批城固县易令词讼册》,第 365 页。

⑤《樊山政书》卷一九《批蒲城县词讼册》,第 556 页。

按照骈文的标准写作，还是对于城固县易令，樊增祥劝说："惟判语俱用四六，若县公自撰，未免过劳。若幕友代撰，亦可不必。"词讼册追求骈四俪六，太过于耗费时间，即使幕友，也没必要如此下功夫。所以，樊增祥建议，"此可偶一为之，勿册册皆然，篇篇如是也"。[①]

樊增祥认为物以类聚："官既如此，幕亦似之。"——有怎样的官员就有怎样的幕僚。[②] 在词讼册上，"官不能动笔，幕亦不甚能动笔"，因此"每月必报，愈多愈难，是以少报"。[③] 可以说不同的官风对于幕友影响很大，幕友并不具备行政主体资格，只是为州县官员服务的私人助理，幕友并不对自己履行州县官员职责的行为后果承担行政责任。樊增祥有时也为用了劣幕的官员着急："此系何等劣幕所为？仰即日驱逐出署，免致该令受累。"[④]

总之，虽然有偶然"亲笔叙述"的官员，但月报词讼册多为刑名幕友所作，州县官员要保证所请幕僚的能力并要对幕僚上报的文书进行必要的审查，无论如何，州县官员最终要对此承担责任。

（二）州县月报的态度与时效

相比较命盗重案而言，自理词讼与考成关系不大。而且民间的户婚、田土、钱债纠纷在各级官员看来多是鼠牙雀角之事，并没有平息纠纷的积极性与动力，因而州县词讼尘积不结或随意而断是普遍事实。对此，在一般情况下，主持刑名总汇的按察使和主掌钱粮民务的布政使多主张加强自理词讼循环簿册的监管，主要是从形式上予

① 《樊山政书》卷一一《批城固县易令自理词讼月报清册》，第 297 页。

② 《樊山政书》卷一八《批蒲城县曾令士刚词讼册》，第 502 页。

③ 《樊山政书》卷一二《批石泉县词讼册》，第 342 页。

④ 《樊山政书》卷一《批三原县六项月报清册》，第 6 页。

以要求,看是否按时按量上报,对于质量大多不甚或者不愿追究,显示出就事论事的技术性特点。[①]

与一般省级官员不同的是,樊增祥对月报词讼册非常看重,很关注它的质量,对于“半属具文”的月报词讼册现状深恶痛绝。他在《批临潼县李令自理词讼月报清册》中很气愤地说:“查各属月报自理词讼,大率类列两三案塞责,事皆极没要紧之事。问案者易了结,造册者亦易申叙。若情节稍多,供证较繁,即不肯造报。”[②] 显然,州县官员对于月报词讼册并不注重质量,典型案例也是写上两三个简单明了的案件,稍微复杂一点就怕费笔墨太多,也难以交代清楚,就不愿上报。只是为了履行手续,从形式上完成工作任务,造成词讼册多是“率意填写”、塞责敷衍之作。为此,樊增祥专门批评石泉县令:“造赍清讼册籍,荒唐敷衍。”[③] 甚至樊增祥上任按察使好长时间后,三原县还用前任按察使名字上报词讼册,樊增祥哭笑不得,怒斥:“此即糊涂昏愦之一端”,将原册掷还,“着据实另造”。[④] 也许三原县令压根就没有想到,新任的按察使会认真阅看月报词讼册。“庸幕庸吏不望褒奖,但求免于训责”是州县官员对于月报词讼册的一种普遍心理。[⑤]

尽管州县的重视程度不够,但从《樊山政书》可以看出,抛开内容是否完善不说,大多数州县能够按照规定上报,但时间上有六七成

① 魏淑民:《清代司法实践中督抚和按察使的差异化行为特征》,载于《中州学刊》2015年第6期,第122页。

② 《樊山政书》卷一〇《批临潼县李令自理词讼月报清册》,第278页。

③ 《樊山政书》卷一《批石泉县民吴兴武控词》,第4页。

④ 《樊山政书》卷一《批三原县六项月报清册》,第6页。

⑤ 《樊山政书》卷一〇《批临潼县李令自理词讼月报清册》,第278页。

的并不准时，也有个别的不按月上报的情形。樊增祥对不按月上报词讼册的官员予以责难："其向不造月报册及隔数月始报两三案者，本司必有以报之，勿悔可耳。"[①] 看到上司这样的刻薄话语，相信下属定然会出一身冷汗，下次规规矩矩按月上报词讼册。这还不算完，樊增祥在《批城固县易令词讼册》中用谐语挖苦不造月报册者：

> 通计各属讼案按月册报者不过十之三四，其余非害羞，即脱滑。昔人谓，丈夫见客，大踏步就出去，女子便有许多做作。凡不造月报册者，是自谓不成丈夫也。[②]

把不按时上报词讼册的官员比喻成害羞、滑头的女人，算不上大丈夫，在古代算是一种很重的羞辱了。

如果州县官员能改弦易辙，纠正不报词讼册的坏毛病，樊增祥则予以褒奖。对向来没有报送词讼册习惯的咸宁、长安两县能"虚心就正"，樊增祥说："两首县近在同城，向不造送月报清册。今亦虚心就正，不惟为各属之倡，亦'酒逢知己饮，诗对会家吟'之意也。"[③] 颇有"上梁正而下梁正"的自豪。同时也说明，两司对词讼册的上报除过言语威胁外，实际上缺乏有效的规制手段，能批评后改正，则十分难得。

（三）上报的词讼数量

这里所说的数量，指的是有案情表述与裁判结果的词讼，并不是州县受理案件和审结案件的汇总数字。就《樊山政书》对月报词讼

① 《樊山政书》卷一二《批石泉县词讼册》，第 343 页。
② 《樊山政书》卷一三《批城固县易令词讼册》，第 365 页。
③ 《樊山政书》卷一四《批咸长两县词讼册》，第 377 页。

册的批答中有数目记载的进行的统计:上报四案的有16则,上报六案的6则,上报三案、五案的各4则,未上报、上报一案、七案、十一案、十六案的各1则。最多的居然上报了16则!多与少之间的差距还是很大。

但这些收录的批答并不是普遍的情况。樊增祥认为词讼册最大的问题就是少报:“各属月报册大抵三两案居多。本司是过来人,岂不知某州某县每月当有若干案?”樊增祥分析少报的原因有三:一是文笔差。“官不能动笔,幕亦不甚能动笔”,官员与幕僚文笔不堪,报的越多,需要表述的内容就越复杂,所以能少报就少报。二是没信心。所谓:“审案虽多,可以告人者实少。”官吏对于自己审理的自理案件“问心不过,不堪示人”,对自己审理的案件的质量并没有信心。就像秀才出场一样,“能文者必出稿传观,若著名不通之生监,必匿而不出”。三是怕批驳。“庸滑州县”认为报的越多,越容易被上司挑出毛病加以批驳,还不如少报甚至不报。[①] 这是一以贯之的庸碌思维,不求有功但求无过。于是月报词讼册中的自理案件就越报越少,甚至到了无案可报的地步。樊增祥对于三原县词讼册非常诧异:

> 查阅来册,四月一月,上控十六案,自理无。三原之民竟一月不打官司乎?抑因该令不能问案,不屑告状乎?该令腼颜注册,深堪怪异。……五月一月,每五日之中必报自理一案,不少不多,竟是印板文字。[②]

---

① 《樊山政书》卷一二《批石泉县词讼册》,第342—343页。

② 《樊山政书》卷一《批三原县六项月报清册》,第6页。

三原县的词讼册可谓真敷衍，大概抱着上司不会阅看的心态做此形式文章，不巧遇到了认真负责的樊藩司。

樊增祥鼓励州县多报词讼，对于上报数量多的州县均予以表扬，比如他称赞长武县令李焕墀："该令每月判册多多益善，即此可见办事切实，无一毫躲闪，嘉叹深之。"[①]只有多报词讼，上司才能把握州县自理案件的审理情况，才能对于基层的民事审判予以有效的监督与指导。对于州县司法的关注，樊增祥的确要比别人更加用心。

(四) 词讼的审断质量

月报词讼册制度的目的是督促州县官员公正、及时审理自理案件，词讼审断的公允与否、合乎律意情理与否是最关键的。特别是一些头绪纷繁案件的审理，更能反映州县官员的断案水平。但是大多州县官员上报自理案件时，尽量挑选简单明了的，以避免上司的驳斥。

简单的案件，无论是审断过程还是文书的制作都比较轻松，容易断的明、说得清。既然月报词讼册并没有要求上报所有的词讼，州县官员的这种选择似乎是无可厚非的。但是认真负责的樊增祥对此极不满意，认为这是州县官员审案无能的表现。他在《批临潼县词讼册》中这样说：

> 听讼之事，千形百态，有有趣者，有无味者，有极讨厌者。大约百案之中，有趣者不过什一，无味者什六七，无味而又讨厌者什二三。不能问案者，一味茫然，不必论矣。能问案者，不难于

① 《樊山政书》卷一五《批长武县李令焕墀词讼册》，第425页。

> 审有趣之案,难在审无味而讨厌之案。[①]

“无味而讨厌”之案实际上是一些疑难杂案,没有明确的法律规定,也没有约定俗成的规则,甚至在情理上也难有定论。这对于裁判官员的素质要求非常高,不仅仅在律学根基,更重要的是司法经验。

但也有官员知难而上,专门上报疑难案件,比如三原县令倪度上报了六件复杂的案件,樊增祥批文言:“六案皆胶葛荒幻,自非老手莫能得其要领。而批郤导窾,使无情者不能尽其辞。阅之,既惬心又解颐也。”[②] 对于樊增祥来说,读一则“批郤导窾”的胶葛案件,和读一首优美的诗文是同样的享受。三原县令的难能可贵在于像他这样的州县官员实在是太少了。

总而言之,樊增祥理想的上报自理词讼是:

> 大半头绪纠纷,曲直互见,而一一分肌劈理,斧以断之,断者公明,讼者悦服,阅者惬心贵当。大抵道理本极平实,见得到,说得出,刁狡者驳得倒,糊涂者唤得醒,天下事似易而实难者无过此矣。[③]

断案公明,文字有序,让阅看词讼册的上级心情舒畅,这可不是一件容易的事情。因此樊增祥发出了“天下事似易而实难者无过此矣”的感慨,说明关于词讼册的理想与现实之间的差距还是很大的,和清末法律制度变革的理想与现实之间的鸿沟相比较,似乎是一样的。

---

① 《樊山政书》卷一五《批临潼县词讼册》,第409页。

② 《樊山政书》卷一一《批三原县倪令度自理词讼月报清册》,第301页。

③ 《樊山政书》卷一〇《批临潼县李令自理词讼月报清册》,第278—279页。原书为“分朋劈理”,“朋”应为“肌”的校勘之误。

三、"好手"——词讼册的文字要求

中国古代司法向来重实体而轻程序，[①] 然而就月报词讼册而言，遣词造句的重要性丝毫不亚于案件公平判决。樊增祥认为词讼册的文字应该"叙述案由斟酌情理，亦清楚，亦公平，惟其了然于心，故口里说得出，笔下写得透也"。[②] 案件的明了是前提，只有对案件了然于心才能说得出、写得透。这是基于省级司法书面审查的必然要求，月报词讼册采取文字审查，其用语是否明了清晰，陈述是否合理，对于上级核查案件都是至为关键的。在《樊山政书》中，樊增祥对于月报词讼册行文方面的要求可用"好手"二字来概括。"好手"的具体要求，主要有以下几个方面。

（一）"作官须读书人"

樊增祥认为，"月报册多矣，能断案者亦正不乏"，但是"能说难说之话，能达难达之情"的人则很少。[③] 为何如此呢？樊增祥进一步解释："断固允协，词尤雅令，文章粉泽，吏治增晖。作官须读书人，正在此等处标其俊异。"[④] 这一要求只有读书人才有能力做到。

---

① 有人认为中国古代的司法模式就是实体非理性。不可否认古代司法有一定的程序，但相较而言，对实体的追求，远远超过了对程序的追求，所谓程序不过是实现实体的公正的手段而已。重实体、轻程序的观念基本否定了程序自身所体现的价值，"纯粹程序正义"的观念更是无法想象。这种司法现象，在某种程度上也印证了中国文化的精神，即务实精神。

② 《樊山政书》卷一二《批高陵县王令词讼册》，第 344 页。

③ 《樊山政书》卷一二《批雒南县词讼册》，第 333 页。

④ 《樊山政书》卷一八《批泾阳县蔡令宝善词讼册》，第 512 页。

“作官须读书人”是中国古代社会“崇文”精神的体现,读书人除过道德修养的要求外,还有“仁言仁心,可以为法”的信仰与目标。[①]“仁义”一词,字里行间体现出德治观念与读书人的气质。读书人最擅长的就是文字造诣了,古人的诗词歌赋极其重视文字组织,八股文也讲究规律。所以,大凡是当官的人,在公文方面不免都有点“文学气息”,对于优美而清晰的表达方式往往会“惺惺相惜”。[②]樊增祥是当时的文学大家,在诗歌领域极负盛名,在日常的工作中自然体现出这一优势来。他会一时兴起,专门改正下级详文中的文字用语。故其在判词、公文中无不渗透着文人气质。

这种文人气质如何运用到案件裁判中呢?樊增祥如此论述“断案”与“衡文”的关系:

> 看人断案犹衡文也。同题作文,而有深,有浅,有警策,有平庸,有高超卓绝,有荒谬不通。断案亦然,其不能者勿论矣。中平之吏,大致不差,其坐堂问不到深曲处,其叙详亦说不着要害处。此则三等之秀才,头场之落卷,吾不欲观之矣。[③]

人的能力往往有“一通百通”的规律,作文与断案在逻辑上有相通之处,断案水平与作文水平成正比,特别是在“疑难杂案”的处理上,更显现出能作文与不能作文的差距。文以载道,文字运用水平对于案

① 《樊山政书》卷一四《批澄城县杨令词讼册》,第382页。

② 梁治平先生认为,中国古代的判词分为两种风格。一种是唐人的风格,大多数是虚判(霍存福先生认为也有实判详,详见霍存福:《唐代判词中的实判——兼与拟判比较》,载于《现代法学》2013年第6期),“援经用事,词情并茂,工整对仗,音节铿锵,极尽文章之妙”。另外一种是以《刑案汇览》为代表的实判,用词浅近,文风质朴,贴近实际的社会生活。详见梁治平:《法意与人情》,第104—114页。

③ 《樊山政书》卷一四《批临潼县词讼册》,第391页。

情的清晰表达，呈正比例关系。每日在文案中工作的上司，读到写得好的词讼册，会是何等心情。樊增祥进一步认为：

> 尝谓言语、文学、政事本是一串，不会说话、不能作文之人，其政事虽妥当，而决难出色。听讼者，政事之一端，坐堂要口才，禀详要文笔。[①]

在这里，他又将断案、作文与说话三者连成一体。口才是口头语言，文笔是书面语言，它们是思想、意见、主意等的不同表达形式，最终要服务于断案、政事。

当然，樊增祥也坚定地认为："作官与作文同，但使居心要好，未有不竿头日进者。欣喜览之。"[②] 能力的提升基础还在于"居心"——实质上还是个人的道德水准。作官的"心地"与能力之间的关系实质上是一个非常复杂的问题，樊增祥也曾提出"老实之害胜于贪酷"。不同结论的原因还是在于"语境"的不同。

"作官须读书人"的原则在月报词讼册上的体现有两个方面：一方面是经世致用下的读书作文体现了为政者的表达能力，此能力也是断案所需要的，所以二者成正比关系。另一方面是月报词讼册属于上级对下级的书面监督，所以文字能否准确表述案情，对于上级提高工作效率至为重要。当然，对于月报词讼册而言，"作官须读书人"是一个大的原则，读书人能否作好词讼册，还需要其他方面的磨练以及实践经验的积累。对于能够写好月报词讼册的官员，樊增祥统称之为"好手"，是作文的好手也是断案的好手。

---

① 《樊山政书》卷一二《批雒南县词讼册》，第 333 页。

② 《樊山政书》卷一二《批山阳县刘令自理词讼月报清册》，第 330 页。

(二)“胸有墨水”,“文采斐然”

樊增祥强调,“胸有墨水”是成为“好手”的前提。他说:“大凡有学问人,虽初任而即能了事。若胸无墨水,虽服官数十年,历任七八州县,而冥顽如故。人安可以不读书?”[①] 按照樊增祥的认识,胸中有无“墨水”,全在于读书,并且不能通过作官的经验训练而改善。所以说,文字的功底与经验是通过不同的方式而获得的。读书可以使人明理,使人有更加开阔的视野,有学问作官学得快,并且进步快,而无学问的人只能原地踏步,无法上升到更高的层次。因此要实现“擿奸有术,断制有方,叙事有伦,发言有要”的境界,[②] 非有学问的读书人不能为之。

就公文而言,樊增祥强调“禀详要文笔”,[③] 文字表述与口语不同,需要用简练的文字表达;口语可以累赘、重复、无序,但作文不可以这样。同时,文字的表达要有文采,让人阅读起来心情愉悦。达到这样的要求,需要文字功底,需要经过长时间的训练,才能达到“撰叙详雅,出以骈俪,事理曲尽,文采斐然,是轩鹤之清而益以威凤之采”的风度。[④] 此外,一些疑难案件的审判具有怪异奇特的特点,在此基础上对这些因素加以渲染、加工和演绎,自然也就成为判案类的叙事文学了。[⑤]

① 《樊山政书》卷一九《批韩城县词讼册》,第530页。

② 《樊山政书》卷一四《批临潼县词讼册》,第392页。原书作“摘”,应是错字,校勘之误。有成语“发奸擿伏”。

③ 《樊山政书》卷一二《批雒南县词讼册》,第333页。

④ 《樊山政书》卷一九《批定远厅汪丞时慁词讼册》,第536页。

⑤ 吴承学:《唐代判文文体及源流研究》,载于《文学遗产》1999年第6期,第21—33页。

民事案件的审理，不仅仅是纠纷的解决，同时也是社会基本价值观的表达，以及官员教化职能的实现。古代由于交通不便，各级官员的交流大多通过文书，这种交流一方面是处理政务的需要，另一方面也是传递一种共同的价值观（或者对于这种价值观的共同发现以及修正）的需要。同时，赏心悦目的文字与枯燥的政务工作相比较，无疑会给具有“诗人”气质的各级官员增添些许乐趣。

（三）“简洁了当”，“但取明通”

“叙述供判，皆文章也”，[①] 但关涉司法的文书毕竟与“诗词大赛”有区别，再斐然的文采也要为内容服务。樊增祥虽以诗词文章工整艳丽而著称，但他也明白公文所要表达的关键还是说明事实，所以樊增祥一再强调法律文书简洁了当、叙事清楚的重要性。他一再强调“只要明白，勿求奇崛”[②]“简洁了当”，[③] 断不可只求形式而不重内容。公文的目的在于“见得明，说得透，驳得倒，断得公”，[④] 因此，文字说明事情的能力，案件叙述的层次与逻辑，对于上司理解和把握案情都非常重要。对于只重对仗、舍本逐末的词讼册，樊增祥往往会予以批评：“公事但取明通，粉泽多则反不真切。”[⑤] 词讼册固然要有文采，但是“过犹不及”，太多的粉饰掩盖了内容便不可取了。

词讼册“文采斐然”加“简洁明白”固然很好，但是从另外一个

---

① 《樊山政书》卷一五《批扶风县谭令词讼册》，第 431 页。

② 《樊山政书》卷一八《批宜君县王令词讼册》，第 512 页。

③ 此语在樊增祥批答月报词讼册中多次出现。如卷一八《批澄城县培令林词讼册》，第 518 页；卷一九《批韩城县词讼册》，第 530 页。

④ 《樊山政书》卷一六《批石泉县词讼册》，第 459 页。

⑤ 《樊山政书》卷一一《批城固县易令自理词讼月报清册》，第 297 页。

方面来看,如果案情能够表达清楚,文字朴实、表达诚恳也是值得提倡的。樊增祥在《批鄜县程令埙词讼册》中对于"言如菽粟"的月报也给予表扬。[①] 当然月报词讼册的文字与词讼的判词是不一样的,词讼册是给上级看的,讲究词章没有问题。但是判词的受众是普通百姓,所以一定要平实易懂,不能将二者混同。总而言之,樊增祥把落脚点定在了:"作官不论文章好歹,断法不谬即得。"[②]

(四)"分肌劈理","斧以断之"

司法公文对于案情的表达除过文采、简洁清楚的要求之外,还需要前后连贯,对其前因后果予以清楚的说明,让人理解起案情来没有困难,所谓:"叙述清晰,则阅者眼明。"[③] 对此,樊增祥强调禀详要做到"头绪纠纷,曲直互见,而一一分肌劈理,斧以断之",只有这样才能使"断者公明,讼者悦服,阅者惬心贵当"。要做到这样的"三赢"可不是一件容易的事情。[④]

一般认为中国传统的注释律学重归纳而轻演绎、重实用而轻理论,未能建立一个逻辑化、系统化的理论体系。未建立体系的重要原因在于情理的过度运用,情理是分析论证的出发点,但情理往往缺乏清晰明确的规则,容易导致裁判的不可预知和个性化。《樊山政书》中的"剖断公明,情理兼尽",[⑤] 与现代形式逻辑的法律推理与法律逻

---

① 清代藏书家张师亮评名臣张廷玉《澄怀园语》时说:"其言如布帛菽粟,朴实切要,于持家涉世之道,修己接物之方,尤为周详恳挚。"

② 《樊山政书》卷一四《批中部县王令词讼册》,第 377 页。

③ 《樊山政书》卷一二《批雒南县词讼册》,第 333 页。

④ 《樊山政书》卷一〇《批临潼县李令自理词讼月报清册》,第 278 页。

⑤ 《樊山政书》卷一四《批朝邑县曾令词讼册》,第 381 页。

辑是不同的。但其中的推理方式也很难说没有确定的模式与思维，毕竟情理有广泛的社会认可基础，从这个角度而言，“情理”也是有确定性的。因此，禀详的“分肌劈理”还是有规律和标准可循的。

词讼册在形式上具备了文字既雅致又简明，就可以被樊增祥称之为“好手”（书中出现5次）。[①] “好手”往往不会因为案情复杂、情节支离而苦恼，而是“案情惟恐不轇轕，词证惟恐不繁多，因其情节支离，愈见断才敏妙”。[②] 似乎只有复杂的案例才有“好手”的用武之地。

总而言之，“好手”的词讼文字表达能够抓住重点，擅长梳理主干，剖析有理，说理明白，能为人所接受。当然，“八股”思维下的文人，往往会形成一种“案情禀详范式”，或者说是“欺瞒”的潜规则。这种范式往往聚焦于文字的自洽而刻意隐瞒一些事实，他们似乎断定上级是没有精力去查证一些词讼的细节问题的，而上级很多时候也无意去追究其中存在的问题，这也是“行规”，所以说推动古代社会运行的各色“潜规则”是上下“合谋”的产物，形成了中国“上有政策、下有对策”的一贯行政模式。

四、“老手”——词讼册的审断要求

月报词讼册制度的目的是对于州县自理案件进行监控，保证词讼的公允，防止出现民怨及上控。因此案件的处理是否公平，是否有“合情合理”的裁判结果，是樊增祥批词中最主要的内容。在词讼审断的实质要求方面，樊增祥将做得好的州县官员称之为“老手”。从

① 这里的好手不单单是指文字水平，有时也会成为断案公允的代名词。但是在大多数情况下是作为文字水平的评价来用的。

② 《樊山政书》卷一〇《批临潼县李令自理词讼月报清册》，第278页。

字面上看,这里的“老”是“老道”“经验”的意思,来源于对为官经历和现实的生活的总结。

(一)“老手”的特点

前述“好手”更多是文字方面的技巧,对司法而言并不是全部。《樊山政书》屡次强调“查案必须老手”,[①] 樊增祥眼中的“老手”大致上有以下这样一些表现。

1. 更事之“老手”

樊增祥强调“作官须用老手”,原因是“以其更事多也”,州县官员最可贵的是经验。[②] 他认为:“州县由刑名出身,其于案件之窾窍,公事之节目,无不洞达于心,办事自愈形得手。”[③] 大有“老马识途”之意。古代官吏作官前并没有经过系统的司法训练,虽然有刑名幕僚的帮助,但是正印官对于司法审判要承担完全的责任,所以对于司法必须要有清醒的认识。熟谙“案件之窾窍”的能力只能在实践中予以培养,所以“更事”多了,自然就会成为“老手”,这是一般规律。我们现代人常说,法律人首先应该是人,应该了解人的七情六欲、风俗道德、习惯常识,万不可以僵化理解法条来对抗现实生活。在中国古代,情理更是被当做词讼审理的基础,“人情世故”之经验是“老手”断案的根本依据。

① 《樊山政书》卷一九《批屈令寿昌禀》,第535页。《樊山政书》中关于审断之“老手”共出现25次。

② 现代官员的选拔也非常重视资历与经验,比如在《党政领导干部选拔任用工作条例》中,县处级干部的选拔必须要有五年以上工龄和两年以上基层工作经历;一般应当具有在下一级两个以上职位任职的经历;由副职提任正职的,应当在副职岗位工作两年以上;由下级正职提任上级副职的,应当在下级正职岗位工作三年以上。

③ 《樊山政书》卷二《批宁陕厅焦丞绰禀》,第47页。

此外，樊增祥在《批西安府光守禀》中赞赏西安知府说："谳局乃省城一大政也。贤太守总理庶狱，留意人才，所请入局帮审十四人或则老于吏事，或则始发新硎，惟老手能识重轻，而新者亦借资历练。"[①]老吏能识"轻重"，新人能显"活力"，将二者结合起来，这种"以老带新"的模式在现代司法中同样被重视，突出了经验在司法中的价值。

2. 谨慎之"老手"

"老手"之"老"，除其"更事"外，还在于"慎"。特别是在"案关生死，罪关出入"的刑案，这些案件与县署寻常词讼不同，即使是"老手高才，犹或时有舛错"。在一般词讼中也应该"慎之又慎"，因为在官员眼中两造所争的"小利"可能就是民间百姓的"身家性命所依"，万不可过于随意，将细故酿成大案。因此，樊增祥在省城谳局的用人上，主张要用经验丰富、知事轻重的"老手"。樊增祥还现身说法地感慨道："本司为吏多年，既于事略有体会，亦大有鉴诫，是以不得不慎。"[②]这和现代"谨慎司法"的理念是一致的。[③]司法作为社会正义的最后一条防线，哪怕是再小的案件，裁判结果也会对当事人带来极大的身体、财产以及精神方面的影响。同样，草率的裁判还会影响司法权威以及民众对司法的看法，所以必须严谨而慎重。

3. 活用之"老手"

"老手"的经验，体现在对于僵化法条的破除，善于"死法而活用

---

① 《樊山政书》卷一七《批西安府光守禀》，第 463 页。

② 《樊山政书》卷一《批西安府傅守世炜禀》，第 16 页。

③ 现代司法理论普遍认为：一名作为其他人楷模的杰出法律人不单纯是一个成功的技术人员，而且还是一名审慎的或具有实践智慧的人。参见[美]安索尼 · T. 克罗曼：《迷失的律师——法律职业理想的衰落》，周战超、石新中译，法律出版社 2002 年版，第 62—66 页。

之,缓狱而速成之",樊增祥称之为"老手灵心"。中国古代每朝每代制定一部律典后基本就不会再修改,但是社会的发展可等不及律典的完善,往往会出现法律严重滞后的现象。清代通过"五年一小修,十年一大修"的"例"来适应社会变化,但《大清律例》只对事关统治秩序的民事行为进行规范,大量的民事纠纷还是要依靠转换为民间习俗的"礼"来解决。"老手"自然要明白这一道理,往往会于"不合例之中而有极快心之举"。[①] 灵活的词讼审判技巧造就了法律推理技术的缺乏,中国古代法官在判案过程中喜欢以儒家的纲常伦理检讨法律适用的效果。樊增祥眼中的这种"快心之举"被韦伯称为以"经验擅断",成为西方人眼中中国古代法的根本性缺陷。[②] 这是一种带有西方语境的"有色眼镜",因为它是最适应中国古代"集权的简约统治"理念的一种司法模式。

4. 条理之"老手"

"老手"办案的另一个重要表现是把握重点,分清轻重,条理清晰。用樊增祥的话说,就是"老手办事,动协经权",[③] "老手办事,具有条理,不事矜张"。[④] 《樊山政书》的批文一再强调把握主干,不纠结于细枝末节,案件应当越审越简单,而不是越审越复杂。唯物辩证法认为,在事物多种矛盾中,必有而且只有一种矛盾居于支配的地位,起着规定或影响其他矛盾的作用。抓住了主要矛盾,问题才能有解决方案。一个看似复杂的案件必然存在两造争议的焦点,找到了"焦点"就找到了解决纠纷的"钥匙"。否则只能是"瞎子摸象","各说

① 《樊山政书》卷一三《批渭南县张令禀》,第 361 页。
② 《儒教与道教》,第 174 页。
③ 《樊山政书》卷九《批汉阴厅张倅禀》,第 246 页。
④ 《樊山政书》卷六《批邠州舒令绍祥禀》,第 159 页。

各话”，无助于矛盾的解决。因此，有条理的“老手”断案，一是既有原则性，又有灵活性；二是办事有规矩，不会大张旗鼓地弄出动静，往往会在人不觉察的情况下消除矛盾，大有“治大国若烹小鲜”的意味。[①]

5. 明白之“老手”

最后，樊增祥将“老手”归结为“明白”：“判事明白，故是老手。”[②]这里的“明白”与“好手”的“明白”是有区别的，后者强调文字表述上的明白，而前者则侧重于案件判断上的明白，是在说能够跳出案件，从更高的层面去看待纠纷。所谓：“明白透快，见得到，说得出，办事是老手。”[③]樊增祥对一则月报词讼册上报案件的评判中称：“六案皆胶葛荒幻，自非老手莫能得其要领。”能透过现象看到本质，是其特征。在中国古代，权力是不可分割的，不存在司法与行政的分权，司法只是实现统治的一个环节或者说是职责。拥有了这样的“大视野”才能将裁判与德治、与政权、与社会稳定结合起来。

“明白”也会涉及到对审理过程的把控。《大学》中言：“无情者不得尽其辞，大畏民志，此谓知本。”还是在于对问题根本的把握。

（二）“老手”的审断过程

在樊增祥看来，一名词讼“老手”在案件审理过程中应具备以下几方面的要求。

1. 事实认定——明白、明爽

案件的公正裁决，关键在于查清事实。《樊山政书》关于月报词讼册的批答中“明白”出现五处。樊增祥所说的“明白”，有这样几层

① 《道德经》，第六十章。

② 《樊山政书》卷一四《批砖坪厅七八两月词讼册》，第 401 页。

③ 《樊山政书》卷一五《批榆林盐厘刘令汝䜣禀》，第 410 页。

含义:一是查明案情,所谓“断案以明爽为主”,要求明了双方争议的事实。[①] 二是抓住案情关键,不纠缠于细枝末节,遇到复杂案件,能够抽茧剥丝,“其情节支离,愈见断才敏妙”。[②] 三是是非曲直的明白,对事实能够判断得当,头脑清晰,在《批蒲城县李令自理词讼月报清册》中,樊增祥如是说:“身坐堂皇,一问即明,一明即断,一断即了,是非曲直,较然明白,亦甚不易矣。”[③] 而要做到事实的明白,需要一定的“聪敏”,而不是简单的老实肯干,樊增祥向来认为:“长厚进步必致糊涂,糊涂改良即成颠倒。”[④]

以祝自申控杨邦兴案为例,樊增祥批道:

> 查祝自申控杨邦兴一案,邦兴乘杨万朋出外,借宿其家,致与郭姓争奸互殴。万朋投约讲理,邦兴自知理曲,认罚钱二十三串交乡约祝自申作为地方公用,并移居他处。数月以后,邦兴复至该村,与万朋相遇,逞刁辱詈。祝乡约禀控到案。若本司处此,将邦兴重打一顿,褫籍管束即得。而该丞重责祝自申,革去乡约,薄责杨邦兴,免其褫解。留坝之民不曰该丞糊涂颠倒者几希矣。其判词曰“乡约借端私罚,其为入己无疑”,夫自申身为乡约,万朋以奸殴重情请其讲理,其势不能不管,邦兴恐送官治罪,自愿认罚。争风有据,何得曰“借端”?同众评理,何得曰“私罚”?并无人控自申侵吞,而曰“入己无疑”,何其武断?当邦兴认罚之时,惟恐见官后不知如何重责,是以甘心出钱求息,若早知该

① 《樊山政书》卷一八《批署白河县培令词讼册》,第520页。
② 《樊山政书》卷一〇《批临潼县李令自理词讼月报清册》,第278页。
③ 《樊山政书》卷一〇《批蒲城县李令自理词讼月报清册》,第278页。
④ 《樊山政书》卷一二《批留坝厅词讼册》,第343页。

丞如此轻松，岂但不出钱，必且再奸再殴矣。祝乡约因邦兴所犯较重，又拖欠罚钱三串未交，犹敢向本夫辱詈，理直气壮，送案请惩，私以为慈父神君必有明断也。[①]

此案，留坝厅丞没有分清是非，没有抓住案件的基本事实——杨邦兴"争奸"与"逞刁辱詈"之情节，而是把目光放在了乡约祝自申的"私罚"行为上，于是做出"重责祝自申"而"薄责杨邦兴"的判决。樊增祥认为这个判决存在两个问题，一是糊涂，分不清重点，做出长奸夫之气焰的判决，与社会价值观相背。二是武断，对于祝乡约的处罚，没有"同众评理"、没有查清罚金究竟是否"入己"等基本事实，就仓促做出了裁决。

因此，事实清晰是裁判正确的基础，也是两造服判的前提。查清事实，首要的是抓住重点，不纠缠于细枝末节、不脱离案件主干；其次既要明白双方争议的焦点，又要找到审断的钥匙——事实中的关键细节。

2. 裁判过程——情理、允协

情理法的司法模式是中国伦理法社会的显著特征，樊增祥的审断思维实际上是中国传统情理法思想的延续。在《樊山政书》的月报词讼册批答中"情理"共出现十一次。"允协"共出现六次，"允协"指确实符合；或和洽；或恰当，适当。其他相同含义的词语有很多。[②]

樊增祥强调"情理外无法律"，[③] 断案要"物理人情，折衷至当"，[④]

---

① 《樊山政书》卷一二《批留坝厅词讼册》，第 343 页。

② 比如分别出现五次的"苦心""用心"，二词都表达的是为了达到和谐而穷其情理之意。

③ 《樊山政书》卷一九《批韩城县词讼册》，第 556 页。

④ 《樊山政书》卷一八《批蒲城县曾令士刚词讼册》，第 515 页。

达到“于理、于例、于人情无不推求至当”的完美境界。[①] 当然,这不是一件很容易做到的事情,虽然“天下事专论情理,尽人皆知”,人人都明白情理,但只有“天资高、才识敏”的人,才会知晓“情理中又有情理”。[②] 所谓“情理中的情理”是对情理的因地因时的变通与推究,用现代人的话说,就是不同语境下的“情理”具有不同的含义,如同德国哲学家弗雷格所说的:“只有在语境中,一个命题才有意义。”[③] 奥地利哲学家维特根斯坦在《哲学研究》中提出了“意义在于使用”的重要命题,他坚持认为:“尽管不是在所有范畴中,但在许多范畴中我们所使用的‘意义’一词能够被定义,因此一个词的意义在于它在语言中的用法。”[④] 总而言之,在司法上,没有脱离具体案件的“抽象”情理。知晓并善于运用情理是审案的关键因素,樊增祥说:“审案以得情为难,心知其情,而能当堂一口道破则尤难。”[⑤]

以刘文涛骗买侄媳刘董氏案为例:刘文涛采取诱骗的方式将孀居的侄媳刘董氏卖给赵连富为妻,得钱四十串。刘董氏到赵家后矢死不从,赵连富加以捆缚。长安县令断令刘董氏回娘家守节,而令诡卖之刘文涛出钱四十串,并将串娶之赵连富财礼八十串一并归之,以

① 《樊山政书》卷一八《批长武县李令焕墀词讼册》,第 512 页。

② 《樊山政书》卷一三《批华阴县词讼册》,第 372 页。

③ Michael Beany (ed.) .*The Frege Reader*.Oxford:Blackwell Publishers,1997:73. 转引自樊岳红:《维特根斯坦意义理论的语境分析》,载于《江西社会科学》2019 年第 7 期,第 25 页。

④ L.Wittgenstein.*Philosophical Investigations* (4th edition) .P.M.S.Hacker and J.Schulte (eds.), G.E.M.Anscombe, P.M.S.Hacker and J.Schulte (trans.) .Oxford:Blackwell Publishers,2009:43. 转引自樊岳红:《维特根斯坦意义理论的语境分析》,载于《江西社会科学》2019 年第 7 期,第 25 页。

⑤《樊山政书》卷一九《批蒲城县徐令普词讼册》,第 541 页。(原文为“薄城县”,有误。)

为养赡之资。按照律文的规定和常理的判断，刘文涛诱拐妇人，赵连富收买被拐卖的妇人，赵连富的罪应该轻于刘文涛，但为何处罚更重呢？樊增祥对此解释说：

> 殊不知谋娶之始，连富实御轮而归，则已情同串拐。及到家事露，董氏矢死不从，则又加以捆缚，幸而该孀妇以智完贞，诳令入城，至傅全信家乃得见天披雾。是此八十串之财礼断无归赵之理，而以断归董氏为心安而理得也。[①]

具体情况是，刘文涛拐卖之初，赵连富因有"御轮而归"之行为，樊增祥推定其已知情，定其行为为串拐。此外，董氏不从后使强加以捆缚，孀妇得以完贞完全是以智取胜。所以八十串的财礼不能给赵，而是给了受害人刘董氏。

对于此案的处理，充分遵从了人们的爱憎、当事人的需求、社会的稳定。尽管在法律适用和公平上存在些许瑕疵，但是只要在情理上站住脚就是好判决。这或许就是樊增祥所说的"别情老境"之境界吧。[②]

总体而言，樊增祥关于裁判中必须运用情理的观点有这样几层含义：一是强调自理案件中情理运用的重要性；二是要做到恰当，一定要根据个案的实际情况，认真分析人情习俗得出最为恰当的判决；三是符合情理的裁判才能为人所接受。

3. 判决结果——平允、持平、公平、公允

古人崇尚公平，认为它是为政之要，《尚书·洪范》载："无偏无

① 《樊山政书》卷一八《批长安县胡令启虞词讼册》，第506—507页。
② 《樊山政书》卷一八《批长安县胡令启虞词讼册》，第506页。

党,王道荡荡;无党无偏,王道平平。”说的是为政不可有私心,只有平允才能使仁义之道更宽广。治理国家贵在以天下为公,断结词讼胜在为两造持平。《樊山政书》对月报词讼册的批答中“平允”出现十次,“持平”出现九次,“公平”出现六次,“公允”出现八次。“平允”一般指公平适当;“持平”指主持公正或公平,没有偏颇;“公平”指公正而不偏袒;“公允”指公平恰当,不偏袒任何一方。这四个词含义大体相仿,都是针对裁判结果而言。

樊增祥认为“公平”是为官的基本准则,他说:“做官的人,遇事总要持平。”① 词讼的审理,更是要公平而不偏袒,所谓“断者公明,讼者悦服”,② “判断公允,则受者心服”,③ 审理自理词讼时只有不偏袒任何一方,才会获得当事人的信任,判词也容易被接受。宋代的《州县提纲》云:“事惟公平可以服人心……惟平心定气,因是非而论曲直,则事不失之偏,而人心得其平矣。”④ 道理都是一样的,所以说“公生明,明生断”。⑤

我们以李吉祥与李义舟合伙纠纷互控案为例:

> 李吉祥先开烟钱店折本,以残帐作钱五百串打合李义舟出钱五百串伙做“义盛祥”生意,李吉祥连东带掌,义舟概不过问。其生意甚佳,义舟又寄存钱五百串。五年之中,义舟使钱三十余串,吉祥则用至一千三百九十串之多。忽然闭歇,令义舟分认外债,以至互控。刘令不念义舟一千串之血本化为乌有,吉祥五百

① 《樊山政书》卷一五《批白河县词讼册》,第 414 页。

② 《樊山政书》卷一〇《批临潼县李令自理词讼月报清册》,第 278 页。

③ 《樊山政书》卷一二《批雒南县词讼册》,第 333 页。

④ [宋]不著撰人:《州县提纲》卷一《平心》,《四库全书》本。

⑤ 《樊山政书》卷一九《批定远厅汪丞时嫛词讼册》,第 536 页。

> 串之残帐掏换千金，皂白不分，断令所有欠外之帐，二李各还一半。此则刘林立之颟顸，与李吉祥之贪狡，又同一可恨矣。此两案该令讯明平反后，未将赵万江、李吉祥责打一板，稍嫌轻纵。[①]

通过此案可以看出，古人虽没有权利与义务相一致的认识，但亦有“利责一致”之观念——权利大的责任重，获利多的责任大。该案中，李义舟投资一千串，只从中获利三十串；而李吉祥投资五百串，却已经获利一千三百九十串，双方的付出与收获差距太大。但刘县令不顾及双方的投入与产出问题，在生意闭歇的时候判令二人平等承担责任，樊增祥认为所断“颟顸”，“不念义舟一千串之血本化为乌有，吉祥五百串之残帐掏换千金，皂白不分”，此种判决，怎能让人信服，只会引起上控。

对于两造而言，所关注的焦点还是判决结果。虽然每人心中都有对于公平的不同判断，但是社会普遍的公平观还是比较明确的，因此案件裁判结果是否符合一般观念中的“平允”是让两造息讼的关键。当然在裁判说理中，要讲究“准情酌理，语语持平”。[②]樊增祥认为，只有“判断平允”，“斟酌平允”，“问得清楚，断得平允”，“老当平允”，才能符合“案案持平，恰如吾意中所欲出”的基本要求。[③]

4. 惩处刁顽——痛快

虽然儒家讲君子仁心，但是樊增祥认为对于刁顽之徒，绝对不能手软，惩治措施一定要“痛快”，比如“一千板，一面枷，可谓沉着痛

① 《樊山政书》卷一一《批扶风县自理词讼月报清册》，第 313 页。

② 《樊山政书》卷一〇《批朝邑县曾令自理词讼月报清册》，第 279 页。

③ 《樊山政书》卷一〇《批蒲城县李令自理词讼月报清册》，第 277 页。

快”,[①] 可谓极度严厉。樊增祥处处强调“惩处恶人亦甚痛快”,[②] 着眼于对恶人的处罚要干脆利落、惩前毖后,不能有妇人之仁。与此相关的词语还有“眼明口刚”“断制谨严”“笔刀胸镜”等。

樊增祥“痛快”惩恶原因有两方面。

一是对待恶人要处以重罚。那么什么是恶人?在樊增祥的眼中,恶人主要是违背伦理道德情节较重,以及扰乱纲常有序的社会秩序者。董仲舒把人性区分为所谓“圣人之性”“中民之性”“斗筲之性”。[③] 仁义教育只是对“圣人之性”“中民之性”有用,而“斗筲之性”之人是无“善质”的,生来就是“恶”的,教化无用,只能采用严厉的刑罚手段来处置他们。此类恶人,“所以犹有忌惮者,天上有雷公,地上有板子”,[④] 除此之外,似乎他们再没有什么可怕的了。

二是体现出樊增祥对于重刑的偏好,认为只有重刑才能对奸顽之徒起到震慑的作用。樊增祥认为,当时所处的时代属于“世风益薄”,礼教暗滞,所以要用重典治世,“害马当除,故治邑尚严”。一开始人们不能理解他的做法,认为他太残酷,但是了解到了实际情况后,官员往往都会支持他。对此,樊增祥发感慨:“尝谓作官有何奇节,勿讨好,勿沽名,行其心所安,求其事之是,知过决改,见贤思齐,如是焉已矣。”[⑤] 作官不是作秀,沽名钓誉不可取,根本还在于干事,对待“仁义”的理解也是如此。

为此,樊增祥多次批评州县官员过于仁弱,对“莠民”“失之过

---

① 《樊山政书》卷一三《批朝邑县曾令词讼册》,第 357 页。

② 《樊山政书》卷一九《批富平县朱令荫润词讼册》,第 537 页。

③ [西汉]董仲舒:《春秋繁露·深察名号》。

④ 《樊山政书》卷一八《批韩城县张令瑞玑词讼册》,第 499 页。

⑤ 《樊山政书》卷一〇《批朝邑县曾令自理词讼月报清册》,第 280 页。

厚”,不利于惩前毖后。[1] 以卜刘氏及薛智控卜随儿案为例:

> 卜刘氏夫妇乏嗣,抚卜随儿为子,并定薛智之女为媳。不期随儿年长,习于下流,屡次偷窃有案,逐令归宗,另以卜荆树为嗣,并与薛女离婚。而随儿胆敢剥荆树之衣,又扬言薛女适人,定当刁抢,以致卜刘氏及薛智一齐控案。该令将随儿笞责,断令薛智将女另聘,所得礼银分给随儿一半,俾得小本营生。

韩城县令张瑞玑此断可谓“仁人之用心”,用一半礼银安抚卜随儿,希望其不再喧闹。樊增祥批以“美哉”二字,但其意并不是认可张令的判决,而是说张令把恶人“想的太美了”。他认为:

> 随儿屡次犯窃,作恶之基础已成,观于拦路夺衣,扬言抢女,其由小窃而入于刀匪强盗之域,盖如水之就下,而鼠之升梯也。

指望卜随儿这样的人改邪归正,似乎不太现实。樊增祥进一步分析此案的情理:

> 薛女为其嗣父母所聘,既因下流不肖被逐,则不得为卜氏之子者,岂得复为薛氏之婿?

既然双方没有了关系,卜随儿有何损失可言? “本已两不相干,而又令分给礼银,则近于畏其抢亲,而以利饵之矣。”樊增祥最后提出了自己断案的思路:

> 若吾断此案,岂惟不给银而已,并当久押县厅,使知法令之严与幽禁之苦。一半年后,庶几回心改过,卒为好人。

---

① 《樊山政书》卷一八《批富平县李令经江词讼册》,第515页。

只有通过严惩卜随儿,让其体验“法令之严与幽禁之苦”,以后才有可能改正。一味的退让只会助长他的气焰,长此以往,卜随儿真的就会“无药可救”了。

樊增祥认为:“今之民非古之民,吾见以德化民者多矣,莫不先自矜而后乃自悔也。盖仁于愚人为矜其愚,仁于善人为嘉其善,仁于恶人则适足以长其恶,而愚者且将慕效之,善者无宁日矣。”[①] 在清末这样一个特殊时期,示范作用对于社会稳定极为重要,对恶人的惩罚不仅仅是伸张正义,更是关乎社会风气的塑造,马虎不得。为此,樊增祥这样解释他往往建议州县加重处罚的原因:

> 本司于各属词讼详报到司,往往较原断加重。其加重者必至刁极劣之徒,盖恐州县权轻,刁民玩易,故随事为之助力,亦以久在下位深知牧令苦情故也。至于各属奉批以后,或咎在绅衿,或案关民教,只要刁风压得住,外人折得倒,不至长恶害良,固不必定照司批办理也。然知此意者实难,安得人人如该令乎?[②]

显然他有“苦心”在内,但也给了州县选择的权利,不必非要按照他的批词惩罚。

(三)“老手”断案“圆洁干净”

总体上来说,《樊山政书》中的“老手”是与经验相关的。美国现实主义法学家霍姆斯认为,“法律的生命始终不是逻辑,而是经验”,这里所谓“经验”,包括“可感知的时代必要性、盛行的道德和政治理

---

① 《樊山政书》卷一八《批韩城县张令瑞玑词讼册》,第 499 页。

② 《樊山政书》卷一二《批兴平县杨令禀》,第 326 页。

论、公共政策的直觉知识（无论是公开宣称的还是无意识的），甚至法官及其同胞所共有的偏见等等”，这些经验的东西“在确定支配人们所应依据的规则时，比演绎推理具有更大的作用”。[①] 中国古代司法裁判中，对于经验也很重视。但人情世故是在生活中逐渐掌握的，而不是从书本中获得的。[②] 官员要解决纠纷，丰富的阅历和经验不可或缺。因此，樊增祥说：“老手断案，圆洁干净。”[③] 这里的“圆”是圆满的含义，具体而言就是在词讼中能够最大限度地满足各方对于裁判的不同期望，使之能够接受结果，只有这样纠纷的解决才能干净而不拖泥带水，从而消除矛盾，不留后患。

断案做到“干净”，大致包括三方面：一是要符合情理，与常识角度的推理相吻合，能为民众认可和接受。二是要有技巧。樊增祥认为，在审断过程中，“于平民则用巽语法言，于刁绅必施权谲手段”，[④] 不能“对牛弹琴”。中国古代清官断案中，大多有使用诡计破案的佳话，从实质正义的角度出发，只要能查明案情，可以运用各种“机智”。三是本着消除矛盾的目的断案，公正与不公正并不是绝对的，双方都能接受才是最重要的。案子办得“干净”，不仅可以使民众安心务业，也免去了因为上控给上级带来的麻烦。

通过下述案例，可以看到《樊山政书》中“老手”的审断模式。

① Holmes, *The Common Law*（Boston, 1923）, P.1，转引自［美］E. 博登海默：《法理学：法律哲学与法律方法》，邓正来译，中国政法大学出版社 1999 年版，第 151 页。

② 特别是中国古代伦理与行为之间存在不小的差距，人们习惯于“说一套、做一套”。表面上的生活道理与行为的方式明确统一，但实际中充满了复杂与陷阱，而这些现实的做法往往“只能意会，不可言传”，只能靠“吃一堑、长一智”的实践方式获得。

③ 《樊山政书》卷一九《批鄜县程令埙词讼册》，第 557 页。

④ 《樊山政书》卷一四《批华州褚牧词讼册》，第 384 页。

> 李孙氏听陈广泰、杨老五诱拐背夫逃走,别嫁王百川为妻,经本夫李遇儿控案质明,断归前夫,乃一定之理。贤令尹因陈、杨二犯远扬,百川财礼无着,乃自出银三十二两,俾百川领银,遇儿领妻。甚哉,断案之难。不如是,则百川不服,遇儿妻不得归,而此案终不得结。

李孙氏与李遇儿结发一年,李孙氏背夫逃走,别嫁他人,已是不守妇道的犯罪行为。县令将其笞责后,断归前夫。为了弥补不知情的后夫李百川的财礼损失,曾县令自出银三十二两给后夫,以平息事端。樊增祥对这样的判决总体予以认可,但他认为本案判断不止一种:

> 设身处地,吾问此案,有两种断法:一则将李氏立毙杖下,前后两夫,如君子之无所争,最为痛快。然在古人则可,今人则断不能,徒为是过屠之嚼而已。一则如该令所断,将李氏痛打荆条无算,断归遇儿;一面严缉陈、杨二拐犯到案,押追财礼。

按照樊增祥的原意,本可将李孙氏立毙杖下,但时过世迁,当今已不能运用此种严酷之法。同时,樊增祥认为后夫李百川不应该得到补偿。

> 官不能代出一钱,后夫王百川亦决不能听其争执。何也?百川虽不知拐逃情事,然误娶拐妇,与误买贼赃等,前已误矣,岂能复得原银?况得妇已将一年,律以女间之意,岂无夜合之资,而竟双宿多时,仍将财礼归还,分厘不短。若必如此,方能结一龌龊拐案,为民父母不亦难乎?观过知仁,未免君子常失于厚矣。[①]

---

① 《樊山政书》卷一四《批朝邑县曾令词讼册》,第381—382页。

樊增祥认为李百川“误娶拐妇，与误买贼赃”是相同的，有过错、有责任，不应归还原银。而且这个李百川与李孙氏已经“双宿”一年，即使是去妓院嫖宿，也要付资，所以不应该分厘不差地归还原银。也就是说，樊增祥认为曾令过于宽厚，其实不用自己出银。

樊增祥关于这段“齷齪”婚姻中的“夜合之资”的说法，显然不太严肃，但是对于小民来说，却未必不成道理，未必没有说服力。断案的方式、言语、结果要根据不同的两造及不同的情形而定，并没有统一的规则。樊增祥如此说，都是其长期出任州县官的经验积累，是通过读“圣贤书”无法获得的。

博登海默认为，法官在做判断的时候，他眼中的资料包括了整个法律与社会秩序，渊源于传统、社会习俗和时代精神；那些已经牢固确立的文化价值规范、贯穿于法律制度中的基本原则、显而易见的情势必要性以及占支配地位的公共政策方针是限制法官推理的客观因素。[①]“老手”之经验可以说就是“传统司法逻辑、各地社会习俗和清末时代特色”的总结。

（四）“好手”与“老手”的关系

《樊山政书》中的“好手”与“老手”存在互动的联系，樊增祥经常相提并论，如：“文章作手，断案老手”，[②]“以例案言，是刑名老手。即以文章言，亦是公牍作家”。[③]“好手”是基础，若是文字功夫不过关，禀详不清不楚，断然不会成为“老手”。但只有文字的功夫，没有经验的积累，审断不能明白公允，不能“案结事了”，空有一肚子墨水也是

① 《法理学：法律哲学与法律方法》，第503页。

② 《樊山政书》卷一五《批扶风县谭令词讼册》，第431页。

③ 《樊山政书》卷一一《批汉中府恩成守禀》，第297页。

枉费,所以积累经验,成为断案“老手”就显得极为重要。

“好手”与“老手”二者是相互促进的。一般来说,大凡“老手”,基本上都是“好手”,说明经验有助于提高法律公文的写作。

樊增祥同时强调,如果在“度”上把握不好,“好手”容易做避重就轻的形式公文。林毓生先生曾经提出了“形式主义”的谬误,表现在两个方面:第一是指只做表面功夫的行为,或只看到表面的思想。第二是指一种仅仅根据形式逻辑或形式的建构,而未对实质问题仔细考察而武断采用的前提、机械地演绎的过程。[①] 清代幕友在上报案情时首先要“晓得剪裁”,即先确定所拟适用的制定法规则,然后对情节、供词、人证、物证、书证,甚至伤痕、尸检结果等材料进行大刀阔斧的删削。这样可以天衣无缝,铸成铁案,非但犯人无从翻异,就是同为办案老手的上级幕友也难识破。[②] 此等“好手”绝非樊增祥所欣赏的“好手”,是一种典型的“形式主义谬误”。

“老手”最容易犯的错误是漫不经心。樊增祥认为:“大凡同寅资望较深,老于吏事者,其好处在熟能生巧,其坏处在漫不经心。盖高年不免倦勤,则遇事略观大意,不勤不慎,丛脞必多。抑思老手如斯,后进将何所取法耶?甚愿同寅事事经心,时时防过,老手颓唐不可也,才人胆大尤不可也。”[③] 古代官员通常的情况是,在既有的事实框架内寻找灵感。事实与规则的联结点有时仅仅是个别的表面联结点,但可以出于对“情罪相符”“情罪平允”的追求,通过重新定性或延展性描述等手段创造出来。“老手”基于经验的灵活进入了自负的“情

① 林毓生:《中国传统的创造性转化》,三联书店1988年版,第326页。

② 赵静:《司法判词的表达与实践——以古代判词为中心》,复旦大学2004年博士论文,第150页。

③ 《樊山政书》卷四《批郃阳县禀》,第101页。

理”思维模式，但基于实质正义与个案衡平的司法往往会与执法者的性格相关联而最终走向“固执己见”。

（五）对词讼审断不当的批驳

《樊山政书》对于月报词讼册提出意见、批评和驳斥的一共有二十一则，其中四则是关于文字叙述颠三倒四、比喻不恰当、题首不对等形式方面的问题，[①]其余十七则都是从实体方面认为案件的裁判不正确。一般来说，自理案件“案已断结，无复翻之理”，[②]樊增祥只是指出州县词讼裁判的错误及不足，以便在其将来的案件审理中引以为鉴，做出更加符合情理与法律的裁判。但是也有例外，樊增祥偶尔也会对词讼册上的裁决做出改判，比如在批南郑县词讼册时：“判事痛快之至，王全德如此狂淫险恶，枷号两月，不足蔽辜，着锁系一年，期满察看禀夺。此缴。”[③]一下从枷号两月改判成了锁系一年。《大清律例》并没有此等程序性的规定，但是鉴于上级对于下级的全面控制，此改判必然会得以执行。

樊增祥主要是基于如下原因对州县词讼册的审断做出批驳的。

① 这四则分别是：卷一《批三原县六项月报清册》，对月报中还用前任官员的称呼、四月没报一件自理案、五月每五日必报一案的形式问题进行驳斥，同时认为三原县令所聘的幕僚太差，建议辞退；卷一五《批洛川县孙令词讼册》，认为判词中将王学盈为堂嫂招夫比喻成陈平盗嫂、将逐嗣子归宗比喻成郭巨埋儿极不恰当，“贪对仗遂稍乖事实耳”，拟改“嫂无夫而为招夫，已故兄未必不生妒忌；已有子而逐嗣子，本生父居然包管来回”，这里有序言中所讲的戏谑之意；卷一五《批石泉县词讼册》，据称萧德礼与汪瑞生素识，窥瑞生不在，擅入内室，与萧德礼之妻胡氏调奸，瑞生回家棒殴云云。果如所云，是萧德礼调戏萧德礼之妻也，该令如此发昏，殊出意外；卷一八《批城固县周令词讼册》，没有搞清楚究竟是兄嫂还是弟媳。

② 《樊山政书》卷一四《批华州褚牧词讼册》，第384页。

③ 《樊山政书》卷一九《批南郑县词讼册》，第556页。

1. 与个人主观判断不同

此类是与樊增祥个人的意见、看法不甚吻合。由于没有明确的客观标准,他往往只是指出来,似乎并无斥责之意,所谓:“断案自有见解,于吾意不甚合也,然亦不能谓之不是。”①

词讼案件虽然不能全然没有标准(律例、情理),然而世情多面,即使在现代高度抽象的立法技术之下,仍然不能涵盖所有的情形,何况是中国古代那种客观而具体的律例规定。州县官员遇到此类案件,全凭自己的经验,若经历不同,理解就会存在差异。断案从不同的角度出发,裁判结果也没有什么大是大非的问题,樊增祥自然也不能基于自己的主见提出批评。但不可否认,这样的批语对于下级官吏会产生影响,大多数州县官员会虚心向上级请教,调整自己以去适应上级的断案思维。

2. 与情、法均不相符

如前文所述,自理词讼若是不符合法律的规定,就应该经得起情理上的推敲;但是若在情理上站不住脚,又不依据律例,这样的裁判就说不过去了。在樊增祥的眼中,大致上并不把法律看成是断案的排他性的原则,而只是依据中的一个。实际情况是,樊增祥并无孤立的、单纯的法观念;对案件、对纠纷,他的第一反应是“情理”而并非法律。②

刘祥儿聘郑银娃为妻,荒年外出,于今五年,渺无音信。郑、刘两家一同来县,禀请立案另嫁、另娶;县令未批,却断令再等二年,然后别嫁。樊增祥痛斥:“若遵准嫁之条,则二年前已当还聘。”因为清朝

---

① 《樊山政书》卷一六《批城固县周令楠词讼册》,第 439 页。

② 霍存福:《“情理外无法律”——樊增祥“情理法”观》,未刊稿。

的“例”明明白白规定:“夫逃亡三年不归者,准其另嫁。”现在,“该令独令待至七年,不知何所依据”?判决明显违法,而没有遵循例案。同时,“三年不归准另嫁”之“法”,是顺遂人情规定的;违反了法,也同时违背了人情。这“人情”,就是不让妇女空等待,不让人间多怨女。退一步讲,即使全不考虑法的规定,而是单从人情上考量,也不至于让人再等两年吧!何况,两家都同意另嫁,只是来官府立个字据,何苦不准呢!

中国古代的婚约具有法律拘束力,但是由于一方的原因而使得婚姻不能成立,就要充分考虑无过错方的利益。古人早婚,女子年龄不可耽搁,所以法律的规定也是充分考虑了这一实际情况。此案的裁判者没有依据律例的规定,如果能提出情理上的原因(比如女子要求从一而终、男方有为国为民之原因等),再等两年也无不可。但是令樊增祥纳闷的是该令没有情理依据,却做出如此判决,简直不可理喻,所以樊增祥认为这是“人情例案,两欠斟酌。不过曰:大老爷随便而已”[①],道出了无奈与愤慨。

3. 判决不公正

前文已述,樊增祥认为的“公正”并不是现代法学理论中的“适用法律的公平”,而是常识意义上的公正,这里的“常识”可能来源于法律,更多地是来源于世俗、习惯、人情、礼教组成的情理判断。樊增祥批驳的词讼中,此类是最多的。《批华州褚牧词讼册》中有一案:

> 郑英杰之继女桂英招罗六女为婚,言明财礼六十串,仅给钱八串二百。六女又不安分,出外数年不归,突于今年四月纠人将桂英抢去,幸而挡回,以致结讼。该牧断令六女出钱三十串,将

① 《樊山政书》卷一四《批澄城县杨令词讼册》,第393页。

桂英领回作妻,无钱则桂英仍由继父养育。再等一年,六女无钱,然后准英杰另行择婿。①

对于此判决,樊增祥认为“殊欠公允”。罗六女所给财礼不足十分之二,居然敢纠集人刁抢未婚女,一看便是无赖。此案应该直接判决郑英杰归还罗六女财礼八串二百文,桂英另配。但按照州县的判决,罗六女纠人抢亲后反倒是减去了二十二串财礼,还能再宽限一年,这分明是“嘉其抢而赏之”。樊增祥认为,华州牧这种遇案各打五十大板的做法实为不妥。若是开此先例,华州凡欠给财礼不得成婚者,人人乐得而抢之。此种裁判,不知究竟如何实现华州牧所谓的“情理两得”的目的?况且罗六女订婚后出外,已经耽搁了八年未成婚,再令桂英多等一年,则此女如“季隗之就木矣”。判决如此不公,但属自理案件,樊增祥也是“特论其理耳,……故以质诸同人”,没有做进一步的追究。

4. 惩恶不足、过于宽厚

如前文所述,对于恶徒,樊增祥认为只有重罚,才能起到遏制的目的,而不应纠结于事实与法律的细节。为此,樊增祥对于失之于厚的官员多有批评,“四案皆有情趣,判断公平,叙述雅饬。惟第一案于莠民田生辉失之过厚耳”,②“雒得章、余万兴两案稍觉失之宽厚,所谓君子过于爱也”。③

在涉及钱财的词讼中,为了加大对于恶人的惩处,樊增祥的逻辑是:

① 《樊山政书》卷一四《批华州褚牧词讼册》,第 384 页。

② 《樊山政书》卷一八《批富平县李令经江词讼册》,第 515 页。

③ 《樊山政书》卷一一《批三原县倪令度自理词讼月报清册》,第 301 页。

在《批咸宁县刘令词讼册》的一例请主婚索银案的批词中，樊增祥体现了他的这一逻辑。

> 萧阮氏幼嫁萧东林为妻，东林因荒出外三年不归，存亡莫卜，阮氏改嫁马德芳，央东林母舅郜天富主婚。天富得银二十七两，不出婚书，德芳又给东林之兄萧学哲礼银六十两主婚嫁卖，因向得银而不主婚之郜天富索还原银，以致涉讼。[①]

对此案，州县的判决是："断令礼银六十两留待东林归家付给，如再三年不归，方准萧阮两姓分用。" 但樊增祥认为，此案涉及的人皆是不守礼的混账——萧阮氏不知守节，郜天富无长辈之德且贪财，萧学哲嫁卖弟媳。应将涉讼的礼银全部没收，充作学堂经费。对于恶人施"仁"，只会更加助长恶人的"恶"。

五、月报词讼册的功能

（一）加强对州县司法的监督

州县职责繁杂，一应事务，靡所不综。《清史稿》云："知州掌一州治理"，"知县掌一县治理，决讼断辟，劝农赈贫，讨滑除奸，兴养立教。"[②] 这其中，"决讼断辟" 是一项重要的职责，甚至是最主要职责。

① 《樊山政书》卷一四《批咸宁县刘令词讼册》，第 378 页。

② 《清史稿》卷一一六《职官三》。

清朝嘉庆年间安徽六安一位新任知州在十个月里裁判了1360件案件。按照《清史稿·地理志》统计,当时的州县官缺挂有“难”字的要将近50%。中国古代的州县与其说是以行政兼理司法,还不如说是以司法兼理行政。①

因此,纵然并不被认真对待,月报词讼册制度一直被坚持下来,并屡次被强调。清末“健讼”,州县官吏不堪重负,词讼案件积压不断现象严重,百姓因此屡屡越级上控,“闾阎苦累,莫甚于词讼。地方官宕延不结,差役借端讹诈,经年累月,动至荡产倾家。因而强者变为盗贼,黠者流入异端,人心风俗之坏,胥由乎此。”② 樊增祥一方面批斥越讼行为,另一方面质问和督促州县官员尽快审结案件,在批咸阳县崔鼎铭越讼中,樊增祥对县令提出措辞严厉的批评及撤职的警告:“此案行提多日,而梁令延不传解,反上禀为赵钧请奖,本司真不解其是何居心?此案着限三日解省质审,倘再延抗,定将梁令撤任。”③

(二)司法的行政解决方式

中国古代无所谓的“司法”与“行政”的区别,我们姑且借用现代人的观念,来进行分析。古人觉得,无论行政还是司法,不过是治民的不同手段而已。在清代,省一级虽然有专门的“司法”机构,但实质上,不能说除了按察使别的机构就没有司法职能。樊增祥对于

① 郭建:《帝国缩影:中国历史上的衙门》,学林出版社1999年版,第196页。

② [清]葛士濬:《皇朝经世文续编》卷八七《刑政四·治狱》。丁日昌:《清理积案以苏民困疏》。

③ 《樊山政书》卷二《批咸阳县讲生崔鼎铭控词》,第33页。类似的还有:“家庭不睦,讼属寻常,何至传案数月,一堂未过?仰长安县于五日内集讯,断结具报,勿稍延徂。”卷一《批长安县民任益谦呈词》,第17页。

月报词讼册的批语，集中在任藩司时期，这很能说明问题。

通过前文述及，对自理案件的监控，律例虽有规定，但并没有得到严格的执行。州县官吏对于月报词讼册大多持有消极的态度，上级官员也不过于追究。但若是遇到了“勤政”的上级，其对月报词讼册有严格的要求，州县官吏就得认真考量了。在古代司法中同样存在着“人存政举、人亡政息”的规律。因此，樊增祥也是多次强调“为政在人”。[①]

州县处于治民的前沿，实现着政府的基本职能。自理词讼涉及的问题虽然是细小之事，但是关乎民生，所以要加强监控，“六路通详”反映出对州县的这种监控。监控所用的是行政的手段，重点在于：如果州县官吏的词讼册的语言不当，案件的审判不公，就会给上级留下非常不好的印象，甚至会受到参劾，案件的公正与否只是一个“指标”。所以，我们可以得出这样一个结论，就是月报词讼册的申报实际上还是对于州县官员的考核，而非关注案件的公正审理，当然案件的公正审理会影响到对于官吏能力的判断。

（三）对词讼审理的督促作用

州县自理词讼不必层层审转覆核，但每月要向上级申报自理词讼清册，亦有诸多机会瞒报、少报甚至不报词讼，这可能导致自理词讼积压情况非常突出。为此，清廷采取一定的措施予以防止。

---

① 见卷一《批宝鸡县杨令调元禀》；卷二《批邠州李牧禀》；卷五《批凤翔府杨守禀》；卷八《批临潼县李令禀》；卷九《批留坝厅禀》；卷一〇《代洋务局批盩厔县禀》；卷一〇《批郃阳县仇令禀》；卷一三《批西安府尹守禀》；卷一五《详督部堂》；卷一九《批署乾州孔直牧禀》；卷二〇《批江都县禀》。

1. 严格月报词讼册制度

在清代,决定官员仕途升迁的主要因素是年资。虽然在道理上一直在倡导州县官认真对待词讼,高层官员也从爱民的角度要求地方官员"精审"词讼,但是它对上司的影响力远远比不上刑案的审理。不过,疏于词讼的官员,仍有可能成为民众痛恨的对象,引发层出不穷的上控,甚至酿成影响统治秩序的事件。所以为了社会的稳定,有必要要求州县官员认真对待词讼。[①] 月报词讼册作为监督地方官吏词讼的重要手段,被一再强调。

清代词讼册的漏报现象很严重,陈宏谋在任江苏巡抚时,在其《饬巡道清查州县词讼檄》中也曾说到:

> 本部院莅任悉心体访,从前虽议行月报,仍然漫无稽核,亦未曾催结一案。近则报者亦少,更有全然不报,则所报之有无遗漏,更无从查考矣。[②]

乾隆时代的陈宏谋尚且感慨月报词讼册是否如实上报无从查考,清末的状况就可想而知了。

《樊山政书》的批答中多次表现出这样的现象及樊增祥的忧虑。前文已述,若是遇上循吏严格要求,可能上报情况会改善,而在大多数情况下形式大于实质。此外,月报词讼册的造假现象严重,丁日昌所上的《清理积案以苏民困疏》对这种现象进行了描述:

> 访查各州县陋习,缘因词讼据实禀报,倘结案不及成数,必

---

① 邓建鹏:《词讼与案件:清代的诉讼分类及其实践》,载于《法学家》2012 年第 5 期,第 122 页。

② [清] 贺长龄《皇朝经世文编》,陈宏谋:《牧令书》卷二三《饬巡道清查州县词讼檄》。

干处分，是以每月必捏造审结若干起，作为开除既可避免处分，又可以结案之多希冀上司保奖。故统一省月报册计之结案，已不下数万起，宜若讼狱可清，民困可苏矣，而各州县年复一年案牍仍不少减者，何哉？盖造入月报者皆口角细故之案，大半伪捏，其真案之不结者，依然如故。是多一番防范，更多一番欺朦。

在词讼册中捏造结案数目，表明自己的“政绩”，而“真案”依旧积压不结，这种对上的积压在丁日昌的奏章中似乎已成为州县约定俗成的“陋习”了。这应该是月报词讼册的通常状态，虽然上级官员“随时派员密查报册实数是否相符”，但收效并不明显。

丁日昌在此疏中讲他任江苏巡抚时，发现词讼匿报现象非常普遍，通过他的调查，统计出了具体的数字：

计闽县共匿报词讼一百余起，侯官、莆田二县共匿报词讼二百余起，福清县共匿报词讼八十余起。虽内有前任未报之案，而各该县到任后不知据实补报，且蹈其覆辙，均难辞咎。又派员查点闽县押犯匿报二名，侯官县押犯匿报十五名，福清县押犯匿报二十八名，南平县押犯匿报二十五名。此外晋江、建安、瓯宁、邵武、长汀、漳平等县词讼册报亦多匿漏。以清讼安民之举，而视为故事具文粉饰朦混，殊堪痛恨。①

大致上每县都要匿报词讼百起，前任瞒报，接任者接着瞒报，成了滚雪球之态。为改变这种状况，丁日昌建议：“创立章程，通饬各属将词讼按月造册，通报予以功过，以示劝惩。并令将押犯姓名悬挂粉牌，

① ［清］葛士濬：《皇朝经世文续编》卷八七《刑政四 · 治狱》，丁日昌：《清理积案以苏民困疏》。

按月另册造报。必隐者彰之,使显然后,官吏不敢任意欺朦,仍随时派员密查报册实数是否相符,遂渐无延案私押之弊,而民困亦借以稍苏。”提议中的措施虽好,但在清末这种复杂的局势下,能否得到贯彻,仍然是个大问题。但无论如何,从理论上来说,严格月报词讼册制度,是当时最为现实的解决积案与舞弊的手段。

2. 分巡道对于词讼册的监督

此外,当时的制度还设计了分巡道加强对于月报词讼册的监督,进而强化对于词讼的监管。《大清律例》规定:

> 州县自行审理及一切户婚田土事件,责成该管巡道巡历,所至即提该州县词讼号簿逐一稽核,如有未完勒限催审,一面开单移司报院,仍令该州县将某人告某人某事于某日审结造册报销,如有迟延即行揭参,其有关积贼、刁棍、衙蠹及胥役弊匿等情,即令巡道亲提究治,知府直隶州自理词讼亦如之,如巡道奉行不力,或任意操纵颠倒是非者,该督抚亦即据实察参,分别议处。[①]

各分巡道与州县现场予以核查监督,逐一稽核词讼号簿,有问题立即责令按时结案,同时“开单移司报院”,并明确规定了相应的罚则,从制度上来说,可谓很严厉。

对此,陈宏谋认为:

> 自理词讼,原奉部议定例,责成该管巡道稽查督率。巡到州县地方,即将讼案号簿提到查核,勒限催审。有关积贼刁棍衙蠹及胥役弊匿等情,立即亲提究治。仍将未完几件开列,移司报院。如玩延不结,即行详参。知府直隶州未结词讼,亦即照此办理等

① 《大清律例》(《四库全书》本)卷三〇《刑律·诉讼》“告状不受理”条。

因,法至善也。[①]

分巡道的作用是核查原始资料,从一定程度上能够避免州县月报词讼册的造假,此为“法至善”。

总而言之,制度设置上,上级为了解全局,深怕被欺瞒,而下级则为避免督责之苦,想方设法能省则省,能瞒则瞒,上演出一幕幕的官场“猫鼠游戏”。

3. 月报词讼册的奖惩措施

通过月报词讼册可对州县自理案件进行监控,既然是通过行政方式进行的,那么行政的奖惩,也是督促严明审断自理案件的重要手段。

通过《樊山政书》可以看出,对月报词讼册做的好的州县官员的奖励非常空泛和不实际,用樊增祥的话说也只能“空言嘉奖”。奖励主要体现在“精神”层面,比如在批词中将词讼册登报,起到示范作用。鉴于此,樊增祥也是深感“返衷自问,惭负多矣”。[②] 樊增祥的严格要求并没有行政制度上的奖励机制维持,而不同官员的不同风格对于月报词讼册制度的执行影响很大,体现出了官员个性化的特征。这可以从《批凤翔府傅守禀》中看出:

> 本司去年通饬各属,将自理词讼每月摘录数起呈核。诚因端升宪所订清讼之法,六项月报但云上控若干,自理若干,未到者仅标事由,已到已结者但注“曲、直”二字,清讼局各员持册校勘。正如房考阅卷,但有题目而无文章,亦何从判其优劣哉?今

① 《皇朝经世文编》,陈宏谋:《牧令书》卷二三《饬巡道清查州县词讼檄》。

② 《樊山政书》卷一八《批蒲城县曾令士刚词讼册》,第502—503页。

> 令叙录供判,既可觇牧令之断才,而每册加批又可增局员之识见。其不合者,以管见商之,窃附直谅之义,似觉彼此有益。[①]

樊增祥要求将自理词讼每月摘录几起上报,并明确指出,这是落实上级——总督端升的“清讼”要求的举措。但因州县或不呈报,或呈报者少,樊增祥抱怨“有题目而无文章,亦何从判其优劣哉”。月报词讼册的作用,一方面是使上级有机会观察州县守令的断狱之才,另一方面要求省府谳局官员“每册加批”,又可增加他们的见识。如果与地方的意见不同,可以提出自己的意见,互相商榷,对彼此都有益处。

就惩罚而言,主要是“题参”。樊增祥对于月报词讼册不认真的官员,屡次提出类似于“以后倘再如此率意填写,定行详撤不贷”的言语。[②] 两司是州县官员的行政考核官,这样的语气还是有相当的分量。从樊增祥对于自理案件的一些错判的激烈言辞可见一斑:

> 大凡讹索刁控之案,断不可以断钱。查来册穆夏氏、陈林兴两案皆是讹赖,而一断钱十八串,一断钱五串,意在悯其贫穷,而实则赏其无赖也。此端一开,人人乐得欺讹。审实以后,不惟不坐诬,而反可以受赏。本司实无从索解。以后再有此等谬断,定行查取委员职名记过停委不贷。[③]

我们可以想象得到咸宁县刘令看到“记过停委不贷”字样的时候的心情。

无独有偶,丁日昌为了落实月报词讼册,也采取了和樊增祥类似

① 《樊山政书》卷六《批凤翔府傅守禀》,第 164 页。

② 《樊山政书》卷一《批三原县六项月报清册》,第 6 页。

③ 《樊山政书》卷六《批咸宁县刘令自理词讼月报清册》,第 145—146 页。

的奖惩措施：

> 相应请旨将调署闽县知县某署侯官县，知县某调署莆田县，知县某晋江县，知县某署南平县，知县某调署建安县，知县某署瓯宁县，知县某邵武县，知县某署漳平县，知县某调署漳平县，知县某十员一并摘顶，勒限半年内，将积压各案次第结清，再行奏请开复，其有认真振作，一律清结者，届时仰乞圣恩，分别奖励，倘再不知愧奋，另行严参，以示惩劝。①

丁日昌以雷霆之势一下将十名县令"摘顶"，要求他们半年内将所有的积压案件予以清结，半年后看效果再决定是留任奖励还是另行严参。督促之力不可谓不足。在保证月报词讼册制度得以实施的方面，一般是以惩罚为主，惩罚可让官员产生切肤之痛；以奖励为辅，因为奖励的措施不痛不痒，基本上起不到激励作用。

总之，从樊增祥的角度来看，一份合格的月报词讼册应该具备"断法严明，叙次周到"的基本特质，② 这是形式与实质的双重要求，被他称之为"好手"与"老手"。

州县官处在国家政权的基层，最接近百姓，称为"亲民之官""父母官"。大多数百姓对于"政府""国家"的认识，是停留在州县官员身上的。在交通不便利、信息闭塞的中国古代，从百姓的视角看去，州县衙门代表着国家形象。词讼涉及百姓切身利益，官府的裁断公正，固然可以维护"青天大老爷"的国家精英形象；但若是不公，则容易使得百姓对官府产生抵触、厌恶情绪。雍正在给州县官员的敕谕

① 《皇朝经世文续编》卷八七《刑政四 · 治狱》，丁日昌：《清理积案以苏民困疏》。

② 《樊山政书》卷一五《批朝邑县词讼册》，第 410 页。

中,告诫知州、知县:“身为亲民之官,乃吏治之始基也。品秩虽卑,职任甚重,务以爱民为先务,周察所属,安辑乡里。”[1] 所以说,词讼的公正审理与国家的稳定相关。

月报词讼册制度在有清一代并没有得到认真的执行,这并不奇怪,中国古代法律的规定是一回事,实际中是另外一回事的现象比比皆是。但还是可以看出,清末月报词讼册制度的废弛已经达到了相当严重的程度,偶有有识之官员——如丁日昌、樊增祥等——极力强调月报词讼册之重要性,终究也是抵不过清末腐朽官场的“众声喧哗”。樊增祥清楚地认识到,时代之变革与大势,非一人一群所能阻挡,他的一切作为,只是“唯求心安”。

① 《清世宗实录》第三卷。

第六章

转型时期的司法文体与谐语

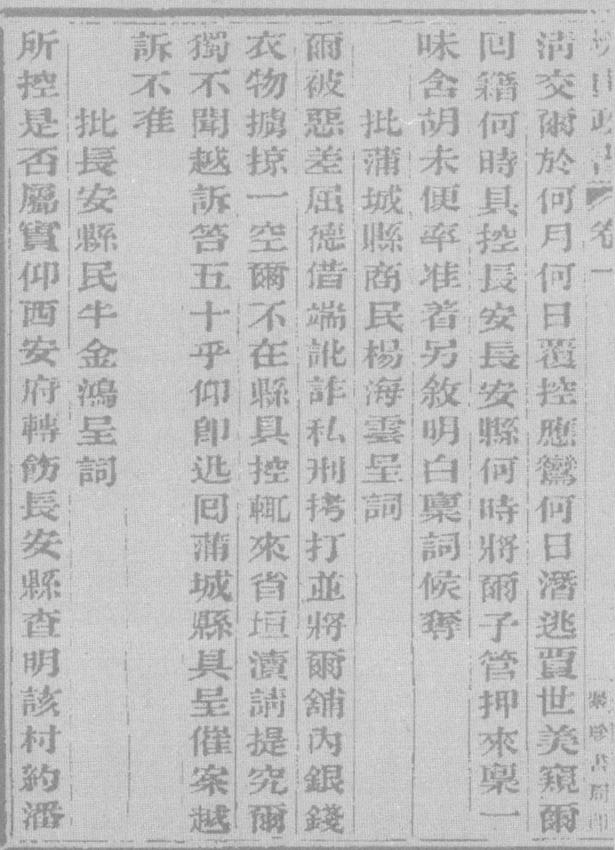
清交爾於何月何日覆控應鸞何日潛逃賈世美窺爾
回籍何時具控長安長安縣何時將爾子管押來稟一
味含胡未便率准著另敘明白稟詞候奪
批蒲城縣商民楊海雲呈詞
爾被惡差屈德借端訛詐私刑拷打並將爾鋪內銀錢
衣物擄掠一空爾不在縣具控輒來省垣瀆請提究爾
獨不聞越訴笞五十乎仰即迅回蒲城縣具呈催案越
訴不准
批長安縣民牛金鴻呈詞
所控是否屬實仰西安府轉飭長安縣查明該村約潛

第六章

吾中国事事不如外人，独伦理词章历劫不磨，环球无两。

——《樊山政书》

中国自古以来倡导“以文治国”，从词源上来说，文化一般是“文治教化”的简称。在中国人眼中，文化是顺应天地、厚德博学、仁慈爱民的含义。[①]“文化”同样是中华民族凝聚力的体现，[②]文化最初与人伦序列的整齐、人伦社会秩序的构建相关。[③]从现代意义上来说，文化的实质性含义是“人类化”，是人类价值观念在社会实践过程中的对象化，是人类创造的文化价值，经由符号这一介质在传播中的实现过程，而这种实现过程包括外在的文化产品的创造与人自身心智的塑造。[④]传统司法作为广义文化的一种，是中华民族文化的重要组成部分；传统司法文体在清末变革时期所呈现的矛盾与出路，也是国家法制发展探索的一个微缩。时代的变化，首先会在文风的变化中显露出来，《樊山政书》所呈现出来的司法文体的个性与共性，对于探究清末的法制变革具有一定的价值。

中国古人强调“文以载道”“因文见道”，文法的“盛衰”与国运相关。曹丕在《典论·论文》中言：“盖文章者，经国之大业，不朽之盛事。年寿有时而尽，荣乐止乎其身，二者必至之常期，未若文章之无穷。是以古之作者，寄身于翰墨，见意于篇籍，不假良史之辞，不托飞驰之势，而声名自传于后。”[⑤]将文风与国家命运相关联，文章之优

---

① 《逸周书·谥法解》载：“经纬天地曰文，道德博厚曰文，学勤好问曰文，慈惠爱民曰文。”

② 《论语·季氏》载：“远人不服，则修文德以来之。”

③ 西汉刘向《说苑·指武》：“圣人之治天下也，先文德而后武力。凡武之兴，为不服也；文化不改，然后加诛。”

④ 冯天瑜、何晓明、周积明：《中华文化史》（第三版），上海人民出版社2010年版，导论第12页。

⑤ 郭绍虞：《中国历代文论选》（第一册），上海古籍出版社1984年版，第158页。

良与否对于个人之声名及国家之气质都息息相关,[①]正与杜甫《偶题》诗中所谓"文章千古事,得失寸心知"。

中国历史上对文风与国家兴衰之关系有深刻的认识,魏征认为"文之为用,其大矣哉!上所以敷德教于下,下所以达情志于上。大则经纬天地,作训垂范;次则风谣歌颂,匡主和民"。[②]文风不仅仅关乎表达与文学,其气质会影响到国家的执政理念。魏晋"骈丽绮靡"之风与政治上的颓废是相关的,后世历朝历代都在禁冗文浮言,希望有"务取醇正典雅、明白通畅、温柔敦厚之文",[③]通过"变文体以正士习"。文风虽关乎国运兴衰,但其积弊并不易革除。明清时期屡次严禁繁文,但收效甚微。

清末变法之时,光绪帝在《新政上谕》称:

> 我中国之弱,在于习气太深,文法太密,庸俗之吏太多,豪杰之士少。文法者,庸人借为藏身之固,而胥吏倚为牟利之符。公事以文牍相往来,而毫无实际;人才以资格相取胜制,而日见消磨。误国家者在一"私"字,困天下者在于一"例"字。[④]

光绪帝将"文法太密""公事以文牍相往来,而毫无实际"作为国家

---

① 也有人认为,"盖文章者,经国之大业"不应解释为"文章是治理国家的大事"。这只是一种类比的方法,其意为"文章与治理国家的大业一样,都是能令人名垂千古的盛事"。参见罗宏梅:《再谈曹丕的"盖文章者,经国之大业,不朽之盛事"》,载于《黔南民族师范学院学报》2007年第4期,第21—23页。

② 《隋书·文学传序》。

③ 《明世宗实录》卷一三四,"中央研究院"历史语言研究所校印本,第3176—3178页。转引自罗宗强:《隆庆、万历初当政者的文学观念》,载于《文学遗产》2005年第4期,第6页。

④1901年1月29日光绪皇帝的《新政上谕》。

贫弱的一个重要缘由。

语言文字与“道”相连，所谓：“能手作事与能手作文，皆与寻常人不同。”[①] 即使中国的文法有“太密”及“毫无实际”的缺陷，但樊增祥仍然认为西方的文体达不到中国文字的高度，他认为：“至近之学西法者，语言文字、制造器械而已。此西艺之皮毛，而非西政之本源也。”他将西方的法律与文字一律视为西艺的“皮毛”，认为学习这些“皮毛”只会产生“舍其本而不学，学其毛而又不精，天下安得富强”的结果。[②] 中国词章则不然，樊增祥云：“吾中国事事不如外人，独伦理词章历劫不磨，环球无两。”[③] 把词章与伦理并称为中国文化的精粹。在以《樊山政书》为代表的这种“文字自豪感”下，传统文体在清末司法公文中仍居主流，但是一些新鲜词语及文风已经不可避免地渗透到了当时司法的文辞与语体中，并且需要人们去正视其所产生的冲突。

一、传统司法文体的特点

这里所说的司法文体，指的是《樊山政书》中与司法相关的州县官吏、民人的判词、禀词、呈词、控词以及樊增祥批词中表现出来的特质。

（一）伦理、词章

古人作官，可用“伦理、词章”二词概括之。伦理的根本是忠孝，这是本原；如果道德不行，便是文字再好，也不可称道。文字是道德

① 《樊山政书》卷二《批陈令维藻禀》，第 40 页。

②1901 年 1 月 29 日光绪皇帝的《新政上谕》。

③ 《樊山政书》卷六《秦中官报序》，第 169 页。

的外化,法律文书作为一种文字形式,同样也是宣扬传统伦理的工具。对此,樊增祥说:“本司教人,先从本原上说起,文艺何足道哉!”[①]文艺不能缺乏伦理这个“魂”。文章本原为道德,司法公文中应包含情理,而不能只讲形式,舍本逐末,作为工具的文字也要通过一定的技巧表现出道德。在《代批宋家川厘员禀》中,樊增祥说:

> 披阅案牍,最是苦事。得见此等文字,亦足豁目醒心。但如食蝤蛑、江瑶柱,不可过多,多则发风动气矣。[②]

在公文中文辞优美且能掌握好“度”,就能达到既“豁目”又“醒心”的效果。除此之外,文辞的良好运用,在政务的效率与趣味方面,亦有相当大的作用。樊增祥称赞雒南县令丁禧瀚的三个禀词:“如麻源三谷,步步引人入胜。看此等公牍,与看好诗词同一悦心也。”[③]

古人认为道德修养与读圣贤书最为相关,所以樊增祥说:“读书人,有良心人,固自与俗吏不同也。”[④]因此,为官要“文章尔雅,深可爱敬”,[⑤]伦理与词章融为一体才堪称完美。

(二)衡文断案

樊增祥认为,断案的方法同作文是一样的:

> 看人断案犹衡文也。同题作文,而有深,有浅,有警策,有平庸,有高超卓绝,有荒谬不通。断案亦然,其不能者勿论矣。中

① 《樊山政书》卷一五《牌示》,第426页。

② 《樊山政书》卷三《代批宋家川厘员禀》,第74页。

③ 《樊山政书》卷一五《批雒南县丁令禧瀚禀》,第425页。

④ 《樊山政书》卷一五《批略阳县刘令欣曾禀》,第425页。

⑤ 《樊山政书》卷一四《批华阴县崔令禀》,第383页。

> 平之吏，大致不差，其坐堂问不到深曲处，其叙详亦说不着要害处。[①]

文章的条理与作官的逻辑是相通的，能够写好文章自然能做好官，因为“辨论之文，须将原批宾主分清，然后下笔”。[②]只有懂得了这个规律，作官才能“擿奸有术，断制有方，叙事有伦，发言有要”。[③]

由此扩展，樊增祥认为文字水平与从政能力之间呈正比例关系。

> 同一禀也，会说话者，语语扼要；不会说话者，胶葛不清。同一案也，能问案者，直捷了当；不能问案者，蔓讼数年，犹不能结。此中消息甚微，出入甚大，人才之相越甚远。[④]

总之，“叙事如然犀照水，断案则快剑斫断生蛟鼍”[⑤]是一份好的法律文书的基本标准。

（三）形式主义

虽是“文以载道”，但是司法公文还是有固定格式与标准套语的。樊增祥认为所谓的“凡讲求吏治者，率禁用四六禀词”的说法并不正确，“其实红禀中亦可考镜人才”，[⑥]可见他并不反对禀牍的文采修饰。但是如果过分注重文辞，忽视了格式和套语只是表达清楚的工具，以至于没有明确的观点，那就不妥当了。樊增祥在《批雒南县丁令禧瀚

① 《樊山政书》卷一四《批临潼县词讼册》，第391页。
② 《樊山政书》卷一四《批华阴县崔令禀》，第383页。
③ 《樊山政书》卷一四《批临潼县词讼册》，第392页。
④ 《樊山政书》卷二《批陈令维藻禀》，第40页。
⑤ 《樊山政书》卷三《批商州尹牧禀》，第66页。
⑥ 《樊山政书》卷一五《批调署商州劳牧启恂禀》，第429页。

禀》中谈到了这种舍本逐末的文风:

> 大凡真读书人,真能办事人,一禀一牍,皆与人不同。……天下事一经例札、例禀、例批,则不如不札、不禀、不批之为妙。一沾“例”字,率出于幕友、书办之手。属员无论贤如龚、黄,文如董、贾,不肖如市侩,目不知书如野蛮,其褒答之词,必曰“尚属妥协”,或曰“尚为迅速”;谴斥之词,则曰“本应撤参,姑宽申饬”,又曰“实属不顾考成”,再轻则曰“殊属不合”,更不通则曰“殊属不谙”。此等无是无非、不明不白之旧名词通行天下,豪杰囚首丧气,庸人、小人见惯不惊,土偶皆可作官,圣人亦不合例。岂但吏治沦于糟丘,而天下事不可问矣![①]

公文文书是为了解决问题,最忌讳的是“无是无非、不明不白”。只重形式,滥用“套语”,表面上看很规范,实际上根本没有表达出内容,失去了公文的基本属性。由文见人,可见一斑。此外,樊增祥认为在文字的修饰上也是颇有讲究,有章可循,不可滥用。他对于在“起色”前面加“难”的用法很不理解,近乎是一种推诿的姿态。

> “起色”上只能加“有无”二字,不知何时不通劣幕将“难起色”三字连缀成文,劣劣相承,人人习用。近来案牍,亦颇有之,自蹈不通,阅之可恨。应将此批通饬各属幕友,以后如再用“殊难起色”等语,定将各该东家记过不贷。[②]

因此樊增祥主张要在形式与内容之间予以兼顾,所谓“老手办

---

① 《樊山政书》卷一五《批雒南县丁令禧瀚禀》,第427—428页。

② 《樊山政书》卷四《批朝邑县禀》,第107页。

事，具有条理，不事矜张”，达到“看似平淡无奇，实切实可靠”的效果，对于“满纸铺排，空言无实者”，樊增祥采取不信不取的态度。[①]

（四）书办气息

书办是府、州、县署各房书吏的通称，掌管文书，核拟稿件。大多数的司法文书是由书办起草的，书办群体的文风必然会影响到司法公文，樊增祥对于书办的“老套头，照本宣歌，腐烂陈旧”之风深恶痛绝：

> 天下最坏最可恨者，是书办习气。凡事俱有老套头，照本宣歌，腐烂陈旧。而无本事、无墨水者奉为科律，以为当行能品。[②]

书办在表面上具有丰富的文书写作经验，制作的文书也有一定章法。但若是千文一面，有何可称道之处？只会让人望文生憎。

书办的油滑之处还在于其毫无态度，两面俱圆：

> 既查无其事，断不能仿书办文章，以“查无实据，事出有因”二语，屏黜一二人，以沽两面俱圆之誉。[③]

文笔中充满了含糊，案子最后结果如何都能说得过去，司法文书如此圆滑，正是书办不求有功但求无过的“老套头”。

司法公文中的书办气息固然可憎，但书办作为州县官的重要辅助人员，“州县不能治事而能做官者，恃有幕友、书办故也”。[④]表明州县官员无法离开书办而理政，基于这样的群体性依赖，司法公文中的

① 《樊山政书》卷六《批邠州舒令绍祥禀》，第159页。
② 《樊山政书》卷一〇《札官报馆》，第269页。
③ 《樊山政书》卷一〇《牌示》，第277页。
④ 《樊山政书》卷一一《批雒南县丁令禀》，第303页。

书办陈旧之气息也就无法避免。樊增祥虽是痛恨,却也无可奈何。

二、对西方文体的接受与抵制

传统司法文体在樊增祥眼中犹如一把“双刃剑”,有明显的优点,也有让人无法忍受的缺点。长时间以来形成的思维惯性让每个人都适应了这种文体,人人都明白它的缺陷,但人人又都离不开它。西方文体要远比中国文体简单扼要,平铺直叙,加以学习似乎能够纠正传统文体的缺陷,但是文体关乎中国人的尊严,接受它远比接受西方的器物要困难的多。

(一) 西方文体的影响

光绪三十二年(1906),清廷改刑部为法部,改大理寺为大理院,前者是司法行政机关,后者专门负责审判事务。翌年清廷颁布《各级审判厅试办章程》,宣统二年(1910)又颁布《法院编制法》分设刑庭与民庭。虽然机构的变化很大,也区分了民事诉讼与刑事诉讼,但由于根深蒂固的传统司法惰性及人才、资金、观念等方面的影响,这些措施并没有产生实际的效果。司法机构、诉讼方式的变化都是基于西方的司法制度,也就必然伴随着西方司法文体潜移默化的渗透。

清末变法过程中翻译了大量以德日为代表的大陆法系国家的制定法,很多法律草案就是德日等国家的法学家起草的,同时也翻译了很多法学方面的著作,出现了中国人写的近现代意义上的法学著作。[①] 这些法律、著作中不可避免使用了西方的词汇(或者翻译时新

① 比如王鸿年1902年所写的《宪法法理要义》等。

造的词,或者是赋予新的含义的旧词),由于法政学堂的教育大多采取了西式的模式,因此不可避免地影响到了文章与公文的写作,樊增祥对此深恶痛绝:

> 去年鄂闱,端中丞详加戒谕,如"改良""起点""反影""特色"之属,概不准阑入卷端。该令岂未之见?去腊大学堂季课卷,因榜首用"文明""野蛮"字,经本司严批痛斥?近南郑禀牍用"起点"字,又经抚宪切责,该令岂未之闻?……迨戊戌以后,此等丑怪字眼,始络绎堆积于报章之上。无知之物承窍乞余,相沿相袭。[1]

西方的"改良""权利""平等"等词,络绎不绝地出现在报章公文之上,说明西方文体伴随着西方法律制度与思想进入中国的步伐,对于中国的司法公文产生了极大的影响。传统法制中的一些术语逐渐不能适应社会变化的需要,如君权、三纲、株连、请、减、八议等词语,逐渐让位于自由、平等、权利、正义、法治、缓刑、时效、罪行法定等西方词语。

清末宣统年间,奕励、沈家本编纂《考试法官必要》。该书借鉴了日本、德国等国司法文书的制作经验,作了与西方相一致的统一的刑事、民事判决书格式。[2] 此章程虽然没有实施,但是足以表明西方词语对于中国法律文书的实际影响,及中国对于西方司法文体的继受。

此外,白话文、口语语体逐渐进入司法文书,也有西方语言的影

① 《樊山政书》卷六《批学律馆游令拯课卷》,第 161 页。

② 田荔枝:《我国判词语体流变研究》,山东大学 2010 年博士论文,第 140 页。

响因素。[①]俞江教授认为,在辛亥革命之前,中国已基本上完成了吸收、消化西方法律词语进而创立自己的法律语词体系的过程。民国法律学科能够拥有一个完整的概念系统,直接得益于清末时期大胆输入与传播西方法律的过程。[②]文辞与语体是文化的组成部分,伴随着西方文化影响的扩大,法律词汇、司法文体不可避免地开始接受西方的影响。

(二)基于传统的反抗

在一个沉淀了数千年文明的国度里,如果外来事物影响到了本国固有文化,便会刺激民族文化的自尊与自信,并据此来抵制外来文化的侵蚀。张之洞面对西方文体的影响如是说:"今日环球万国学堂,皆最重国文一门。国文者,本国之文字语言、历古相传之书籍也。即间有时势变迁、不尽适用者,亦必存而传之,断不肯听其澌灭。"[③]把文字语言书籍视作一国之本是当时士大夫的一种普遍看法。光绪二十九年(1903)《奏定学堂章程》中的《学务纲要》第12条明确规定:戒袭用外国无谓名词,以存国文、端士风。樊增祥对西方文体的逐渐"泛滥"更是忧心忡忡:

> 今之少年,稍猎洋书,辄拾报章余喙,生造字眼。取古今从不连属之字,阄合为文,实则西儒何曾有此?不过绎手陋妄造作而成。而新进无知,以为文中著此等新语,即是识时务之俊杰。

① 中国古代口语与书面语言有很大的差距,这种差距在法律文书中同样存在。而西方近代的口语与书面语言基本上是一致的。

② 俞江:《清末民法学的输入与传播》,载于《法学研究》2000年第6期,第149页。

③ [清]张之洞:《张文襄公全集》第2册,中国书店1990年影印本,第145—148页。

于是通场之中，人人如此；毕生所作，篇篇如此。不惟阅者生厌，作者自视，有何趣味乎？[①]

樊增祥很反感年轻人拾人牙慧，生搬硬套，只注重“新”而不解其“意”。一方面，如前文所揭，樊增祥对传统文字的僵化、腐朽予以批判；另一方面，他认为通过西方文字来革新中国文体并不符合中国的实际情况。他认为：“我朝嘉道以后文字之腐烂已极，人才之阘冗亦无复加矣。”中西方的差距的关键原因在于“人”而不在于“文”，人变了文自然会变，所谓：“得其人则议可行，非其人则议无当，断断然矣。”[②] 总而言之，“人”是“生病”了的，“生病”的人不善用“文”造成当今之“腐烂”，但“文”自身是没有“原罪”的。

在对西方文体的继受中，日本接受得很彻底，由于对于日本法律的学习，以及日本用中文词汇翻译西方法律术语，所以清末西方文体对于中国的影响也表现在“东瀛文体”对中国的冲击。张百熙、张之洞、荣庆等奏拟的《奏定学堂章程》是这样说的：

日本各种名词，其古雅确当者固多，然其与中国文字不相宜者亦复不少。近日少年习气，每喜于文字间，袭用外国名词谚语，如团体、国魂、膨胀、舞台、代表等字，固欠雅驯；即牺牲、社会、影响、机关、组织、冲突、运动等字，虽皆中国所习见，而取义与中国旧解迥然不同，迂曲难晓；又如报告、困难、配当、观念等字，意虽可解，然并非必需此字。舍熟求生，徒令阅者解说参差，于办事亦多窒碍。

① 《樊山政书》卷六《批学律馆游令拯课卷》，第161页。

② 《樊山政书》卷一〇《书王令景峩试卷后》，第285—286页。

日文用中文词汇翻译西文的结果,是这些词汇与初始含义有了非常大的变化,“取义与中国旧解迥然不同”,甚至出现了相反的含义。尽管官方试图通过警示、纠正的措施来抵制这些“东瀛文体”的传播,但是实际上这些名词不可避免地在报章、公文中流行开来了。

无论如何,在与西方文体的对比中,樊增祥仍然沉浸在极强的自豪感中。他说:“吾闻洋人最佩服中国文字,以其善用虚字眼也。”[①] 我们无法考证这个“吾闻”是从哪里听来的,也不知道这是洋人的客气话还是真心话。虚词固然是汉语的精华所在,但同时也是西方人最无法理解之处。我们只能认为这是经济、制度的失败而引发的民族文化的自尊、自信,樊增祥将语言文字赋予“立国之本”的重要意义,提升到前所未有的高度。

同时,由于外患日深,“文字”显然与“退虏”“送穷”等当下的实际需要颇有距离。过于重文的习惯,已被认为妨碍了实业的发展。樊增祥非常珍重中国之“文”,然而也明白在以“实用”为急务的现状下西方文字的侵蚀不可避免。在这样一种局面下,中国传统“独优”的语言文字,很快就因与学习西方的取向似有冲突而受到更多新学少年的冲击,沦落到需要“保存”的地步。[②] 樊增祥在《批镇安县刘令禀》中提到他的担忧:

> 独不解姚令腹中有许多书,笔下亦复驯雅,而竟如此之糊涂颠倒。使天下人皆谓读书人不但无用,而且格外误事,此可为太息痛恨者也。……盖姚令究是读书人,其事可怪,其心无他。现

① 《樊山政书》卷一四《批砖坪厅七八两月词讼册》,第 401 页。

② 罗志田:《抵制东瀛文体:清季围绕语言文字的思想论争》,载于《历史研究》2001 年第 6 期,第 61 页。

> 直学堂改章，习学中文者限于钟点。此后学生卒业，其能读中国书至千卷以上者，恐无几人；则姚令之便便经笥，尤可贵矣。[①]

当今的状况似乎验证了樊增祥的担忧。当代中国人读古文已非常困难，而古文是国人了解历史、增强民族自豪感与自信心的基础。我们从对文体的自尊一下走到了另外一个极端，试图抛弃固有的文体，套话、空话、形式主义仍然泛滥在各种文体中，甚至没有了古人的雅致，可谓是百无可取。近年来随着国学的回暖，政府也开始加强古文的教育。[②]

三、司法文体的标准

坚守固有文化的樊增祥，在变革时代仍然强调司法文体的传统标准，这些标准并不会因为世事变迁而改变。

(一) 明白

明白主要是指事实叙述的明白和案情分析的明白，所谓“叙述清楚，判断公平”，前者说的是诉讼的事实，后者强调的是法律或情理的适用。

---

① 《樊山政书》卷一七《批镇安县刘令禀》，第481—482页。

② 2017年9月，新版“教育部编义务教育语文教科书”发行，新编的一个重要变化是增加古诗文。其中，小学语文有古诗文129篇，初中语文古诗文132篇。选文体裁多样，从《诗经》到清人诗作，从诸子散文到历史散文，从两汉论文到唐宋古文、明清小品文，均有呈现。参见人民网：9月起中小学3科使用新教材 语文增加古诗文篇目。http://culture.people.com.cn/n1/2017/0906/c1013-29518408.html

1. 事实——眉目清楚

一个词讼的禀词,首先应该写明时间、地点、人物、事情的经过等基本的要素,其次就是前后叙述不应该有相互矛盾之处。正如樊增祥所言:“凡作禀牍,务要眉目清楚。”在《批米脂县印委李赵禀》中,有一个反面事例:

> 此禀开口云:“先年,冯吉辅之故祖,请常为本之故父为伙”云云,究竟事在何年?无从知也;继云“开设‘复兴昌’生意”,究竟是何生意?无从知也;继又云“将货物尽行掳掠”,究竟是何货物?无从知也;末云“前直牧所分各账,稍有偏枯”,究竟孔牧分给常姓之款若干?合之该令等添拨之四千串共有若干?亦无从知也。[①]

开店的时间、所经营的生意、被掳掠的货物、前判的结果等重要信息都没有说,让上司如何判断?这样的禀牍,该表述的都没有表述,看了让人不明所以,“焦闷万状”。因此,法律文书的首要要求是清楚,让人能读得明白。除过事实的基本要素之外,再就是梳理出主干,不纠缠于细枝末节,善于总结案情。《批汧县禀》中樊增祥连用了十一个问语:

> 腊月十四日孙世宜夫妇出外,独留其母看家,十八日报称其母被人打死。该民夫妇究于何日回家?该令往验,其所居有无邻右?曾否遗失物件?夫以五十九岁之妇,其非图奸可知。若未失物,则非图财可知。非奸非盗,平白将一老妇打死,岂非怪事?近来不通刑名办案,专以颟顸笼统自诩空灵,殊不知初禀之

① 《樊山政书》卷一八《批米脂县印委李赵禀》,第502页。

> 不可说煞者,乃有关罪名出入者也。即如此案并未获犯讯供,说不到罪名上去。至该令前往勘验,原不仅坐听喝报泛填尸格而已,其地或独居,或聚处,其家或失物,或不失物,均应随禀申叙。验毕,理应讯问尸子,因何夫妇并出?几日还家?还家时,是何景象?门户大开乎?抑虚掩乎?其母死于房内乎?死于门外乎?凡应讯应叙情节,一概不提。[①]

该说的一概不说,不该说的倒是禀告了一大堆。此禀含含糊糊,"令人闷损",可以想象樊增祥看到这样的文字的心情。对于此等禀详,樊增祥往往给以严词批驳,并以撤参威胁:"以后倘再作此等不通文字,定即撤参不贷。"[②] 通过以上两则反面例证,就能理解"明白"对于省级司法文辞审理的极端重要性了。

2. 判断——悉得其宜

樊增祥曾夸凤翔知府"叙事详尽,笔意入古,判断极得人心天理之平"。[③] 大致说的是通过良好的判断达到了事实与规则的完美结合。

事实叙述清晰明白后,法律文书紧接着要说理,对于事实涉及的行为进行判断,选择适用的规则并说明理由。这里之所以没有用"法律"而是用"规则",原因是樊增祥对于规则的理解是"情法交尽",[④] 所谓"判断各案,实获我心。情理外无法律",[⑤] 对于情理的理解往往靠的是具体生活的体验,达到的是"人心天理之平"。当然,判断合乎情理,两造能为之所折服并不是一件容易的事情。作为整体意义上

① 《樊山政书》卷三《批沔县禀》,第59—60页。
② 《樊山政书》卷四《批郃阳县记令详》,第97页。
③ 《樊山政书》卷九《批凤翔府尹守昌龄详》,第238页。
④ 《樊山政书》卷二《批陈令维藻禀》,第40页。
⑤ 《樊山政书》卷一九《批韩城县词讼册》,第556页。

的“情理”与作为社会成员个体认识之“情理”还是有很大差别的,这就要求官员能够仔细考察俗情,具体问题具体分析,才能做出良好的判断。所以樊增祥常会夸奖判断准确的文书:“判断此案,人情入理,确不可易。”① 判词一定要写得合情合理,让人信服。对于民众而言,温情的情理比冰冷的律例更容易接受。古往今来,司法判断都需要审慎的精神,综合法理、事理、情理做出判断。

(二)驯雅

在樊增祥的眼中,民间村夫、村妇,通常言语粗俗不堪。官员审案,与民人言语,自然就要用他们能够接受的语言说道理;但是给上级的案件禀详则不能不加修饰,这是案卷与禀详的不同,禀详要驯雅。他说:“凡事只要将事势情理说得明白,即使官话打不去,而通人断无不准之理。本司尝谓凡作州县对百姓说话要口才,对上司说话要文笔,无言语、无文学,而能政事者未之有也。”② 与不同的人说不同的话,对文人群体而言,自有其独有之趣味。因此,官员审案无论案情如何污秽,在法律文书中要力求雅致,所谓“乃于秽亵之中力求驯雅”。③ 樊增祥曾批斥清涧县令的禀词:

> 兹阅来禀,知系县公亲笔,意在铺陈治绩,炫露才华。……又云“清邑常患缺粪,因查有东洋造粪之法颇多,择其用牛马畜骨酦酵法最为便宜,此法行之,亦免臭骨乱抛”等语。语曰“人苦不自知”,天下不通人专好舞弄笔墨,该令即其一也。以后再

① 《樊山政书》卷一九《批蒲城县徐令普详》,第541页。

② 《樊山政书》卷一四《批雒南县禀》,第386页。

③ 《樊山政书》卷九《批渭南县禀》,第260页。

以此等不通不雅之语言形诸禀牍，定予撤参。①

该令亲笔上禀，本想“炫露才华”，但其使用的“常患缺粪”“造粪之法”“臭骨乱抛”等词过于粗俗。虽是民间常用字词，对老百姓这样说也没有问题，但在禀中如是说，显然不合樊藩司的口味，被认为“不雅”。樊增祥还警告，如果以后不加以改正，会遭到“撤参”。可以理解，在“书面司法”的过程中，如果能有一份较为雅致的文书值得会心一笑或者说出其心意，对于每天面对枯燥公务的上级来说，是一件极为有趣的事情。

此外，樊增祥认为只有高水平的文雅官员才讲得清“情理法”。他非常欣赏长武县令的判词，认为其“多方设难，澜翻不穷”，文采绝佳，类似赵翼。在论证“理”在何处、“法”谓如何、“情”之表现等方面，能“推求至当”，做得出色。所以他指令“登秦报”，供人欣赏。这种认识，在中国古代普遍存在，并不限于樊增祥。②

(三) 简洁

司法公文要求的雅驯并不是把它做成骈俪文章，司法公文毕竟是对事、对理的表述，所以在明白、雅驯的基础上，要尽可能的简洁。之所以简洁，有两方面的原因：一是可以减少文书阅读量，节约时间。省级臬、藩两司每天要阅读大量的来自上级、下级、平级以及百姓的文书，简明扼要对于效率意义重大。二是抓住重点，不能“眉毛胡子一把抓”，在《批咸宁县印委会详》中，樊增祥说：

① 《樊山政书》卷一一《批清涧县禀》，第 292 页。

② 《樊山政书》卷一八《批长武县李令焕墀词讼册》，第 512 页。参见霍存福：《“情理外无法律”——樊增祥“情理法”观》，未刊稿。

> 来详叙事意取详明,而词欠简要,若能剔去枝词,专露筋节,则此稿可存也。鄙人教同寅作吏,兼教同寅作文,学究气太重矣。[①]

可以看出,公文叙事要抓住主干,剔除末节。所谓“辨论之文,须将原批宾主分清,然后下笔”。[②] 当然简洁并不是简单的文字数量少,法律文书中需要说明的一定要说清楚,不能因简而失要,所以樊增祥说:“凡办案叙供,固须简洁,亦须周到。”[③]

(四) 实际

上述三方面是对司法文书的形式要求,第四点“实际”是对司法文书的实质要求。樊增祥言:“大凡作文惧逢里手,论事怕遇行家。所谓真人前道不得假话也。禀牍不在说得好看,须有实际。”[④] 按照樊增祥的理解,好的禀牍实际包含两个方面:一是描述真实;二是能解决纠纷。樊增祥久居县令之位,对于州县的舞文弄墨、弄虚作假的伎俩十分清楚。身为两司之后,对于词讼只能通过文书了解,因此最为担心的就是弄虚作假(同时也说明州县作假风气之盛),假的详报纵然文采斐然也无济于事。在《批兴化县禀》中,樊增祥对兴化县袁令说:

> 袁令来禀羯赡绵密,此禀文字亦佳。然袁令胸中空洞无倚,所言者公。该令此禀乃兴绅之能文者所为,吾爱其文而不能谓

① 《樊山政书》卷五《批咸宁县印委会详》,第130页。
② 《樊山政书》卷一四《批华阴县崔令禀》,第383页。
③ 《樊山政书》卷一五《批安康县详》,第407页。
④ 《樊山政书》卷一《批宝鸡县杨令调元禀》,第13页。

其无私也。[①]

樊增祥"爱其文"是因为他的禀文文字极佳,但因为其文"空洞",不能算"实际的"公文。

古人讲"文以载道","辞之所以能鼓天下者,乃道之文也"。唯有大力倡导言之有物、清新质朴的文风,不作无病呻吟之语,不慕浮华柔媚之风,才能使得社会朝兴旺发达的方向发展。当代中国对于司法文风也是极度重视,习近平总书记在2019年1月召开的中央政法工作会议上说:"法律并不是冷冰冰的条文,背后有情有义。要坚持以法为据、以理服人、以情感人,既要义正词严讲清'法理',又要循循善诱讲明'事理',感同身受讲透'情理',让当事人胜败皆明、心服口服。"为此,最高人民法院于2018年6月发布《关于加强和规范裁判文书释法说理的指导意见》,提出裁判文书要阐明事理、释明法理、讲明情理和讲究文理。这种新时代司法文体"四理"要求,我们从樊增祥对司法文体的追求中可以看到痕迹。

四、司法公文中的谐语

所谓谐语,南朝刘勰解释为:"谐之言皆也,辞浅会俗,皆悦笑也。"[②] 体现在语言简单而俗气,能让人为之一笑。谐语作为一种常见的交际语言,从古至今都大量存在于各类文献中。士绅群体针对自己看不惯的一些事情,有时会用之来委婉地表达自己的看法与主张。

---

① 《樊山政书》卷二〇《批兴化县禀》,第585页。

② [南朝梁]刘勰著,王利器校笺:《文心雕龙校证》,上海古籍出版社1980年版,第270页。

士绅大多具有良好的文化素养,而良好的文化素养带给士人们较为活跃的思想,以及较为丰富的内心,在批评他人、他事的时候喜欢玩弄"文字游戏",同时也增加了文书的趣味性。

樊增祥在《樊山政书》自序中说,他的老师张之洞最爱读他的公文,对他公文的评价两个有方面:一是"云门下笔有神,每言出若口,必与人异",这是夸赞他与众不同的神奇文笔;二是"藩司官不为小,而好作谐语是其一病",这是批评他偶尔会游戏文字,作为省级官员不甚严肃。樊增祥在编辑《樊山政书》时,为了表明其师张之洞所说为实,他"汰其甚游戏者,而仍间存谐语,聊志吾过"。[①]《樊山政书》中的谐语,被认为是该书的一大特色,刘愫贞在评价樊增祥的批牍时认为:"其语言水平达到了极高的程度——那种把典雅与俚俗交融到如此统一的程度,恐怕是前无古人,后无来者。"[②]樊增祥公文中的谐语,与内容能够融合在一处且俗而不粗。

《樊山政书》中的谐语大致可以分为两类:一类是不甚严肃的文字,有讽刺、揶揄两造之意;一类是福报方面的文字,是对一些无奈之案的解释。[③]

(一)揶揄之语

樊增祥经常用文字戏弄他所不以为然的行为和言语。

---

① 《樊山政书》自序,第1页。

② 刘愫贞:《判词语体论》,巴蜀书社2009年版,第328页。

③ 《樊山政书》中的典故之语也可归于谐语,很多时候樊增祥用典故来达到"温婉"的反讽,其用典并不生僻,比如用"《霍光传》不可不读"暗讽汉中府守(《樊山政书》卷二《批署汉中府刘守树德请假禀》,第54页)。参见刘家楠:《樊增祥的司法实践与司法理念研究》,中国政法大学2014年博士论文,第49—51页。

有针对不当诉求的调笑。一人误娶被拐的有夫之妇，诉请退还“礼银”，樊增祥如此答复：

> 况得妇已将一年，律以女间之意，岂无夜合之资，而竟双宿多时，仍将财礼归还，分厘不短？①

既然婚姻无效，就不是夫妻，同吃同住了快一年，就是到妓院找人陪睡也要花去大把的钱，何来退礼银之诉求？这样的讽刺，对有“文字洁癖”的人来说确实不雅，但对普通民众而言是颇有说服力的。

有对不善之人之讽刺。一秀才冒充尸兄妄图讹闹，被人识破。审问得知是他的亲哥哥指使的，他的哥哥也是个秀才，这下两个秀才都要被斥革。樊增祥批语：

> 两家争一死者，必有一虚，一家出两生员，同归于尽，必如此而后一了百了也。②

樊增祥大有幸灾乐祸之意。

有对怪异行为之挖苦。一男子招赘女婿，后来觉得女婿不孝，居然撮合女儿与他人苟合，被女婿撞见。该男子就和同奸夫将女婿杀死。对此种不伦行为，樊增祥如是说：

> 乃为之岳者，竟欲开为公共马头，许其迭相占领而奸此女者，亦遂视为长江流域可以彼此通商。③

用“公共马头（码头）”“彼此通商”等词挖苦此男子拿女儿贞洁为儿

① 《樊山政书》卷一四《批朝邑县曾令词讼册》，第382页。
② 《樊山政书》卷一五《批兴平县详》，第410页。
③ 《樊山政书》卷一五《批沔县详》，第408页。

戏的不齿行径。紧接着,樊增祥还以此例来调侃当时如火如荼的革命,他说:“彼本夫自有之权利,一旦奸妇欲自由,奸夫欲平权,不惟损其名誉,亦复大违公法。是以得其影响,立形冲突,愤然有革命流血之思想。”[①]“权利”“自由”“平权”“公法”这些革命者口中的神圣词汇,被樊增祥用来表示奸妇要求和奸的“自由”,奸夫要求再和奸的“权利”,此种调侃,可见其对革命的态度。

(二) 福报之语

福报观念在古代社会的影响力很大。与儒家直言劝谏的方式不同,报应观从个人(无论是官还是民)最为切身的实际利益出发,以近乎“威逼利诱”的方法,形成并巩固古人的正义观,并约束他们的言行举止。福报观念在神话故事、宗教传说、公案、各类民间戏剧、文人笔记中广泛流传,对人的行为约束是其他文化因素所不能比拟的。[②]

在樊增祥的眼中,诉讼中的一方当事人遇到莫名的待遇,或与其积善或造恶有关。福报之语之所以也是谐语的一种,是因为其与严肃的司法公文的格调不相适应。

以《批鄠县陈令禀》中的刘成娃案为例:刘成娃的侄子刘骡娃行窃中杀了人,因被害人家属与刘成娃有矛盾,所以诬告刘成娃也参与了犯罪。虽经后来询问明白得还清白,但刘成娃已经被关押七年之久。樊增祥对于刘成娃的遭遇感到同情,除了谴责前任官员“造孽”外,如此解释刘成娃的遭遇:

---

① 《樊山政书》卷一五《批沔县详》,第408页。

② 吕丽、郭庭宇:《报应观对中国古代司法理念的影响》,载于《吉林广播电视大学学报》2018年第8期,第80页。

> 吾意刘成娃者，必其先积有过恶，故适遇方、吴两革令，几永堕于黑暗地狱也。又必具有善心，故于官经五任以后，卒得贤父母为之振拔也。[①]

刘成娃被冤被押，樊增祥推测归根到底还是他“先积有过恶”的一种恶报，也许是前世所为，也许是今世所为，谁又能说得清楚呢。而后来被昭雪释放的原因也归结为其曾“具有善心”的善报。这种解释，与其说是推卸官府颟顸的责任，不如说是对刘成娃的安慰。

还有两例：

一则为一寡妇屡次被窃，樊增祥同情之余，认为这是前世没有“积德”的原因，劝她向学堂义仓捐助。[②] 经常被梁上君子光顾，已算极为倒霉。为解此厄运，还要向学堂捐款，可谓祸不单行。樊增祥对此案的处理极为草率，估计是因为对寡妇平时行径不满所致。

一则为意外伤害案，此案“因捡瓜起衅，事属细微”，而互殴时一方踢上另一方右腿也并非致命，又未损骨，但被踢的另一方猝然身死，实属倒霉。樊增祥把此事也归结为报应，他推测：“殆前生冤孽耶？”[③]

这种善恶报应论调，在现代人眼中是匪夷所思的，但在古代民众那里却颇有市场。自然，后一例情形之所以出现，在根本上又有当时法医尸检不能确诊的缘故。

樊增祥在司法公文中的谐语是他情感的流露，与文书严肃的风格并不相称，且一些表达方式并不是很合乎规范，这也是他的谐语被张之洞诟病的原因。但是樊增祥的批词之所以受到欢迎，一个重要

① 《樊山政书》卷一一《批鄠县陈令禀》，第 294 页。

② 《樊山政书》卷八《批华州唐牧禀》，第 207 页。

③ 《樊山政书》卷一四《批临潼县李令禀》，第 377 页。

的原因是他的文辞方式能让“受方”理解与接受。如同霍存福教授所说:作为大众话语体系的法谚,因具有“写实”的风格而为民众所接受认可。[①] 前文所谓的“对百姓说话要口才,对上司说话要文笔”[②]便是基于不同的受方而说的。可以说,樊增祥握有语言、书写与文辞三途,文辞及语体特点尤为突出。通过游刃有余的运用,将司法理念融汇于文辞的世界中,造就其独特的司法模式。[③]

①霍存福:《法谚:法律生活道理与经验的民间形态——汉语谚语的法文化分析》,载于《吉林大学社会科学学报》2007年第2期,第153页。

②《樊山政书》卷一四《批雒南县禀》,第386页。

③刘家楠:《樊增祥的司法实践与司法理念研究》,中国政法大学2014年博士论文,第56页。

结　语

清末法制变革去今已有百余年，每读《樊山政书》，就能触及到那个时期的动荡与多变。在多种情绪的交融下，樊增祥将法律制度和司法理念融进了严肃但不刻板的文字中。

《樊山政书》体现的是转型时期新旧交替中的彷徨与矛盾。樊增祥自称是接受"新法"的"旧人"，似乎是在说明自己能游刃于二者之间。在面对西方法律制度、教案裁判、文体等新事物的时候，樊增祥多有感触，也形成了对于变法的独特观念，但这些观念对于其司法实践的影响并不多，传统的司法理念与逻辑在纠纷的处理中仍然被贯彻和固守。

樊增祥作为旧时的文人，对于沿袭了两千年的制度弊端有切身的认识，其成长、为政的经历更让他看清了固有制度的弊端。所以对于转型时期的变革，樊增祥能够把握社会发展的大趋势，予以总体上的支持。樊增祥的"新"主要体现在三个方面。

第一，樊增祥对于西方文明的看法比较客观。从"为政在人"的观念出发，樊增祥认为西方文明的关键在于"无不学之君，无不学之臣，无不学之士与民"，[①] 因此他提出了"开民智"的主张。虽然樊增

① 《樊山政书》卷一〇《书王令景峩试卷后》，第285页。

祥并不赞同"民权",但是对于传统愚民制度进行了批判。第二,在对教案的处理上具有近代法律思维,他要求州县官员务必"持平",原因是"条约具在,教民与平民构讼,俱由地方官主断,教堂不得干预"。[①]第三,对于新的变法措施能够接受。尽管樊增祥在实施新政时遇到了很多问题,但这并没有妨碍他积极采取各种措施予以落实。

但樊增祥的根本在于"旧","举世维新,岂可无人存古"[②]是樊增祥心态的写照。樊增祥的"旧"也主要体现在三个方面。

第一,樊增祥认为无论如何变,伦常制度都是国家存在的根本,任何与此相悖的变革都是不能接受的。这也同样体现在他的司法实践中。第二,在司法理念上,樊增祥坚持旧有的情理观念和经验。他对于词讼册的批答以及在两司职司中,与传统的司法模式相比较,少有变化。第三,在法律文体上,樊增祥表现出对于传统的坚持和痴迷,体现出古代读书、作官一体的信念。

樊增祥的"旧"是因为他对生他养他的土地与制度饱含感情,他对传统充满敬畏,所谓:"但凡历久相安之事,总以不改旧章为妥。"[③]樊增祥之所以坚守"旧"与西方文明对于中国的影响相关。西方文明虽然在世界各地显示出创造力和勃勃生机,但与中国文明接触时,却表现出破坏性远大于建设性。它虽然加速了旧秩序的瓦解,但却没有提供替代它的新秩序。中国人背着传统的重负,在现代化的世界里近乎在黑暗中摸索,探求一条适应时代巨变的生存之道。[④]其中的矛盾与彷徨不言而喻。

---

① 《樊山政书》卷一四《批孝义厅文丞禀》,第 396 页。

② 《樊山政书》卷一五《批延安府禀》,第 409 页。

③ 《樊山政书》卷三《批富平县民纪国玺等呈词》,第 76 页。

④ 《中国近代史》,第 358 页。

参考文献

(一) 古籍文献

1. [清] 樊增祥:《樊山政书》,那思陆、孙家红点校,中华书局 2007 年版。

2. [清] 樊增祥:《樊樊山诗集》,涂晓马、陈宇俊点校,上海古籍出版社 2004 年版。

3. [清] 樊增祥:《樊山续集》,清光绪二十八年西安臬署刻本。

4. [清] 樊增祥:《樊山集》,清光绪十九年渭南县署刻本。

5. [清] 赵尔巽等撰:《清史稿》,中华书局 1977 年版。

6. 田涛、郑秦点校:《大清律例》,法律出版社 1999 年版。

7. [清] 徐宗亮:《归庐谈往录》。收录于沈云龙主编:《近代中国史料丛刊》,第七十五辑,文海出版社 1966 年版。

8. [清] 汪辉祖:《佐治药言 · 学治臆说》,徐明、文青点校,辽宁教育出版社 1998 年版。

9. [清] 张之洞:《劝学篇》,广西师范大学出版社 2008 年版。

10. [清] 张之洞:《张文襄公全集》,中国书店 1990 年影印本。

11. [清] 薛允升:《读例存疑》。

12. [清] 吴坛著,马建石、杨育棠主编:《大清律例通考校注》,中国政法大学出版社 1992 年版。

13. [清] 徐栋辑:《牧令书》。

14. [清]纪昀:《阅微草堂笔记》,浙江古籍出版社 2010 年版。
15. [清]吴荫培:《奏罪犯习艺所新章请责成各省府州县一律分设折》,载于《东方杂志》1905 年第 2 卷第 9 期。
16. [清]陈忠倚:《皇朝经世文三编》。
17.《新编樊山批、公、判牍精华》,上海文华书局排印本,民国四年(1915)初版。
18. 朱寿朋:《光绪朝东华录》,中华书局 1958 年版。
19.《官箴书集成》,黄山书社 1997 年版。
20.《大清法规大全·法律部》卷一〇。

(二) 著作

1. 霍存福:《汉语言的法文化透视》,法律出版社 2015 年版。
2. 唐德刚:《从晚清到民国》,中国文史出版社 2015 年版。
3. 张晋藩主编:《制度、司法与变革:清代法律史专论(司法卷)》,法律出版社 2015 年版。
4. 吴吉远:《清代地方政府司法职能研究》,故宫出版社 2014 年版。
5. 黄源盛:《中国法史导论》,广西师范大学出版社 2014 年版。
6. 赵树好:《晚清教案交涉研究》,人民出版社 2014 年版。
7. 魏淑民:《清代乾隆朝省级司法实践研究》,中国人民大学出版社 2013 年版。
8. 梁慧星:《裁判的方法》,法律出版社 2012 年版。
9. 萧公权:《中国政治思想史》,新星出版社 2010 年版。
10. 王亚南:《中国官僚政治研究》,商务印书馆 2010 年版。
11. 李贵连:《沈家本年谱长编》,山东人民出版社 2010 年版。
12. 那思陆:《中国审判制度史》,上海三联书店 2009 年版。

13. 徐忠明:《情感、循吏与明清时期司法实践》,上海三联书店 2009 年版。
14. 刘愫贞:《判词语体论》,巴蜀书社 2009 年版。
15. 霍存福:《权力场》,法律出版社 2008 年版。
16. 徐立志整理:《历代判例判牍》第十一卷《樊山批判》,中国社会科学出版社 2005 年版。
17. 王伯琦:《近代法律思潮与中国固有文化》,清华大学出版社 2005 年版。
18. 李贵连:《沈家本评传》,南京大学出版社 2005 年版。
19. 王志强:《法律多元视角下的清代国家法》,北京大学出版社 2003 年版。
20. 中国第一历史档案馆编:《清中前期西洋天主教在华活动档案史料》,中华书局 2003 年版。
21. 苏　萍:《谣言与近代教案》,上海远东出版社 2001 年版。
22. 郑　秦:《清代法律制度研究》,中国政法大学出版社 2000 年版。
23. 韩延龙、苏亦工:《中国近代警察史》(上),社会科学文献出版社 2000 年版。
24. 王亚新、梁志平编:《明清时期的民事审判与民间契约》,法律出版社 1998 年版。
25. 张晋藩主编:《中国法制通史》第八卷《清》,法律出版社 1998 年版。
26. 朱　勇主编:《中国法制通史》第九卷《清末中华民国》,法律出版社 1998 年版。
27. 王森然:《近代名家评传》(二集),三联书店 1998 年版。
28. 汪世荣:《中国古代判词研究》,中国政法大学出版社 1997 年版。
29. 钱　穆:《国史大纲》,商务印书馆 1996 年版。
30. 瞿同祖:《中国法律与中国社会》,中华书局 1981 年版。
31. 蔡芳炳、诸匡鼎编:《于清端公政书》,文海出版社 1976 年版。
32. [美]庞德:《法律史解释》,商务印书馆 2016 年版。
33. [美]徐中约:《中国近代史》,计秋枫等译,世界图书出版公司 2013 年版。

34. [美]黄宗智、尤陈俊主编:《从诉讼档案出发:中国的法律、社会与文化》,法律出版社 2009 年版。

35. [德]拉伦茨:《法学方法论》,陈爱娥译,商务印书馆 2003 年版。

36. [美]D. 布迪、C. 莫里斯:《中华帝国的法律》,江苏人民出版社 2003 年版。

37. [美]孔飞力:《叫魂:1768 年中国妖术大恐慌》,陈兼、刘昶译,上海三联书店 1999 年版。

38. [美]黄宗智:《民事审判与民间调解:清代的表达与实践》,中国社会科学出版社 1998 年版。

39. [德]韦伯:《经济与社会》(下),林荣远译,商务印书馆 1997 年版。

40. [英]梅因:《古代法》,商务印书馆 1996 年版。

41. [德]韦伯:《儒教与道教》,洪天富译,江苏人民出版社 1993 年版。

42. [美]费正清等编:《剑桥中国晚清史》(上、下卷),中国社会科学出版社 1985 年版。

(三)期刊论文

1. 孙家红:《欲速则不达:清末法政速成教育之反思》,载于《社会科学论坛》2019 年第 4 期。

2. 霍存福:《沈家本"情理法"观所代表的近代转换——与薛允升、樊增祥的比较》,载于《华东政法大学学报》2018 年第 6 期。

3. 吕丽、郭庭宇:《报应观对中国古代司法理念的影响》,载于《吉林广播电视大学学报》2018 年第 8 期。

4. 薛超睿:《清末在陕名宦樊增祥仕途履历考述》,载于《渭南师范学院学报》2017 年第 15 期。

5. 霍存福:《"情理外无法律"——樊增祥"情理法"观》,未刊稿。

6. 康建胜:《古代治庸的规范、实效及启示》,载于《求索》2017 年第 3 期。

7. 陶飞亚、李强:《晚清国家基督教治理中的官教关系》,载于《中国社会科学》2016 年第 3 期。
8. 常建华:《乡约·保甲·族正与清代乡村治理——以凌燽〈西江视臬纪事〉为中心》,载于《华中师范大学学报(人文社会科学版)》2016 年第 1 期。
9. 胡　谦:《从〈樊山政书〉看晚清州县刑罚嬗变》,载于《兰台世界》2015 年 12 月下旬期。
10. 马小红:《中国法史及法史学研究反思——兼论学术研究的规律》,载于《中国法学》2015 年第 2 期。
11. 康建胜:《汪辉祖的司法实践及"情理法"观》,载于《兰州学刊》2015 年第 7 期。
12. 魏淑民:《清代司法实践中督抚和按察使的差异化行为特征》,载于《中州学刊》2015 年第 6 期。
13. 苏全有:《从〈樊山政书〉看清末政府官员的奸民观念》,载于《新乡学院学报》2014 年第 9 期。
14. 汪雄涛:《清代司法的中层影像:一个官员的知府与臬司经历》,载于《政法论坛》2014 年第 6 期。
15. 柏　桦:《清代的上控、直诉与京控》,载于《史学集刊》2013 年第 2 期。
16. 胡　谦:《清代州县词讼审断中的"律例"与"情理"——以〈樊山政书〉为中心的考察》,载于《石家庄学院学报》2014 年第 2 期。
17. 俞　江:《明清州县细故案件审理的法律史重构》,载于《历史研究》2014 年第 2 期。
18. 胡　谦:《从〈樊山政书〉词讼册批语看清代州县讼案审断监督》,载于《兰台世界》2014 年 4 月中旬期。
19. 徐忠明:《内结与外结:清代司法场域的权力游戏》,载于《政法论坛》2014 年第 1 期。

20. 柏　桦:《清代的上控、直诉与京控》,载于《史学集刊》2013 年第 2 期。

21. 杜军强:《清代法律推理中的事实——以司法判决中的案件事实界定为例》,载于陈金钊、谢晖主编:《法律方法》第 13 卷,山东人民出版社 2013 年版。

22. 魏淑民:《张力与合力:晚清两司处理州县小民越讼的复杂态度——以樊增祥及其〈樊山政书〉为例》,载于《河南社会科学》2013 年第 8 期。

23. 方维规:《"夷""洋""西""外"及其相关概念——论 19 世纪汉语涉外词汇和概念的演变》,载于《北京师范大学学报(社会科学版)》2013 年第 4 期。

24. 武树臣:《论中华法系的多元性格与时代意义》,载于《学术前沿》2013 年第 1 期下。

25. 秦燕春:《文人"情色"——"丽才"易顺鼎与"吏才"樊增祥》,载于《书屋》2013 年第 2 期。

26. 刘伟、石武英:《清末州县巡警的创办与基层社会》,载于《社会科学》2012 年第 12 期。

27. 吴　钩:《中国历史演进的自由线索》,载于《东方论坛》2012 年第 5 期。

28. 苗月宁、滕淑珍:《清初两司兼任问题探析》,载于《鲁东大学学报(哲学社会科学版)》2012 年第 4 期。

29. 邓建鹏《词讼与案件:清代的诉讼分类及其实践》,载于《法学家》2012 年第 5 期。

30. 尤陈俊:《"厌讼"幻象之下的"健讼"实相?——重思明清中国的诉讼与社会》,载于《中外法学》2012 年第 4 期。

31. 康建胜:《传统儒法之争与合——以电影〈武侠〉中的情、法冲突为例》,载于《甘肃理论学刊》2012 年第 1 期。

32. 胡兴东:《比、类和比类——中国古代司法思维形式研究》,载于《北方法学》2011 年第 6 期。

33. 韦　力:《樊增祥:生平恩怨两文襄》,载于《收藏》2011 年第 10 期。

34. 苏全有:《从〈樊山政书〉看樊增祥的施政风格》,载于《大连大学学报》2011 年第 1 期。

35. 赵晓耕、沈玮玮:《健讼与惧讼:清代州县司法的一个悖论解释》,载于《江苏大学学报(社会科学版)》2011 年第 6 期。

36. 潘　宇:《明清州县司法审判中的“人情”因素——以“一女二嫁”“典雇妻女”“买休卖休”案件为中心》,载于《法制与社会发展》2011 年第 1 期。

37. 曾伟希:《鹿传霖致樊增祥信函二通》,载于《文物春秋》2010 年第 4 期。

38. 苏全有:《论清末政府阶层中西文化观的两种形态》,载于《南阳理工学院学报》2010 年第 5 期。

39. 李文军:《清代地方诉讼中的“客民”——以〈樊山政书〉为中心的考察》,载于《唯实》2010 年第 2 期。

40. 万彩红:《樊增祥政法类著作考略》,载于《当代图书馆》2009 年第 1 期。

41. 陈景良:《用现实的眼光洞察法史,于法史研究中体悟现实》,载于《法学研究》2009 年第 2 期。

42. [美]黄宗智:《中国国家的性质:中西方学者对话(一)》专辑,载于《开放时代》2008 年第 2 期。

43. 霍存福:《法谚:法律生活道理与经验的民间形态——汉语谚语的法文化分析》,载于《吉林大学社会科学学报》2007 年第 2 期。

44. 高汉成:《罚金刑在近代刑法中的确立——以 1907 年大清刑律草案的相关规定为视点》,载于《政法论坛》2007 年第 4 期。

45. 赵娓娓:《晚清知县对婚姻讼案之审断——晚清四川南部县档案与〈樊山政书〉的互考》,载于《中国法学》2007 年第 6 期。

46. 徐忠明:《清代中国司法裁判的形式化与实质化——以〈病榻梦痕录〉所

载案件为中心的考察》,载于《政法论坛》2007 年第 2 期。

47. 邓建鹏:《清代健讼社会与民事证据规则》,载于《中外法学》2006 年第 5 期。

48. 李贵连、胡震:《清代发审局研究》,载于《比较法研究》2006 年第 4 期。

49. 张小也:《清代的地方官员与讼师——以〈樊山批判〉与〈樊山政书〉为中心》,载于《史林》2006 年第 3 期。

50. 王志强:《制定法在中国古代司法判决中的作用》,载于《法学研究》2006 年第 5 期。

51. 王 标:《空间的想像和经验——民初上海租界中的逊清遗民》,载于《杭州师范学院学报(社会科学版)》2006 年第 1 期。

52. 霍存福:《唆讼、吓财、挠法:清代官府眼中的讼师》,载于《吉林大学社会科学学报》2005 年第 6 期。

53. 罗志田:《抵制东瀛文体:清季围绕语言文字的思想论争》,载于《历史研究》2001 年第 6 期。

54. 霍存福:《中国传统法文化的文化性状与文化追寻——情理法的发生、发展及其命运》,载于《法制与社会发展》2001 年第 3 期。

55. 何勤华:《清代法律渊源考》,载于《中国社会科学》2001 年第 2 期。

56. 余凯思:《宗教冲突:德国传教士与山东地方社会》,载于苏位智、刘天路编:《义和团运动一百周年国际学术讨论会论文集》,山东大学出版社 2000 年版。

57. 俞 江:《清末民法学的输入与传播》,载于《法学研究》2000 年第 6 期。

58. 赵晓耕:《近代不平等条约与清末法制的变革》,载于《浙江社会科学》1999 年第 1 期。

59. [日]寺田浩明:《清代民事审判:性质及意义——日美两国学者之间的争论》,载于《北大法律评论》第 1 卷第 2 辑,法律出版社 1999 年版。

60. 胡旭晟:《描述性的法史学与解释性的法史学——我国法史研究新格局评析》,载于《法律科学》1998 年第 6 期。

61. 李贵连:《晚清“就地正法”考》,载于《中南政法学院学报》1994 年第 1 期。

62. 霍存福:《沈家本会通中西论》,载于《烟台大学学报》1991 年第 3 期。

63. 关文发:《试论明代督抚》,载于《武汉大学学报(社会科学版)》1989 年第 6 期。

64. 邓治凡:《清末文学家樊增祥》,载于《武汉教育学院学报(哲学社会科学版)》1988 年第 2 期。

65. 贾熟村:《对樊燮控告左宗棠案的考察》,载于《近代史研究》1986 年第 2 期。

66. 刘厚章、郑正:《鄂西籍近代文学家樊樊山生平纪略》,载于《鄂西大学学报》1986 年第 1 期。

(四) 学位论文

1. 刘家楠:《樊增祥的司法实践与司法理念研究》,中国政法大学 2014 年博士论文。

2. 陈佳佳:《凌燽与清中叶江西地方社会治理——以〈西江视臬纪事〉为中心》,江西师范大学 2014 年硕士论文。

3. 潘宏恩:《樊增祥评传》,苏州大学 2013 年博士论文。

4. 张　可:《清代审级制度研究》,中国政法大学 2011 年博士论文。

5. 田荔枝:《我国判词语体流变研究》,山东大学 2010 年博士论文。

6. 周　容:《论李慈铭与樊增祥的诗歌理论及其创作》,上海大学 2009 年博士论文。

7. 苗月宁:《清代两司行政研究》,南开大学 2009 年博士论文。

8. 孙洪军:《清代按察使历史角色及其嬗变研究》,苏州大学 2008 年博士论文。

后 记

中国法律史常被称为"法学中的奢侈品",大抵指其实用性不足,不太符合法学经世致用的旨趣。研习法律史是一件艰苦的事情,一个看似简单的制度,纵然花费大量的时间,也未必能完全弄明白其"所以然",但若是沉浸其中,就会被其中逻辑严密的立法技术、情理相参的司法智慧所折服。古代中国的法律制度,在国家治理和社会控制方面起到了重要的作用,为中华民族的繁荣、绵延做出重大贡献。只要我们仍然承认中华民族的延续性,就可以运用主观的价值判断,去发现、分析古代法律制度,归纳经验,论断得失。

对于《樊山政书》的兴趣缘于我的博士生导师霍存福教授的指引,我本科是法学"出身",在法律史的研究上欠缺一些史学方面的功底。于是"退而求此次",将主要的精力放在从古代法律制度所存在的社会环境中分析其对于现代社会的"有用性"方面,这本书是我这些年在此领域努力的一个成果。

恩师霍存福教授是我法律史学习的领路人,他治学严谨,宽厚敦朴,品格高尚,是我为学做人的楷模。这本书是在我的博士论文的基础上充实修改而成,霍老师曾对我的博士论文进行了逐字逐句的修改,认真仔细的态度令人感动。我深感霍老师不仅指导了我如何去写论文,更教会了我如何去做一名合格的高校教师。囿于个人能力与学识的限制，这本书并没有完全达到霍老师的期望和要求，本书出版之际，我很忐忑地询问霍老师能否给本书作序，霍老师欣然应允，让我又喜又愧。对于本书存在的问题，我将在今后按照霍老师拟定的目标做进一步的研究。

感谢兰州大学法学院对于本书出版给予的资金支持。

感谢我的妻子卫霞博士，她充满灵性，乐观向上，在学术上常给我意外的启发。这本书如果没有她的鼓励和支持无法完成。

感谢所有的批评与建议，让我认清现实，努力前行；感谢所有的善意与宽容，让我心怀感念，期待未来。

康建胜

于甘肃兰州

2019 年岁末